普通高等院校"十三五"规划教材

预算会计

YU SUAN KUAI JI

王　悦　张　南　焦争昌◎主　编
赵士娇　刘亚芬　隋志纯　赵玉荣◎副主编

U0360438

清华大学出版社
北　京

内 容 简 介

本书的内容分为三部分：第一部分为总论，主要介绍预算会计的定义、适用范围、特点、基本前提、一般原则、组成体系、核算对象和会计要素；第二部分为政府财政会计，系统地介绍财政预算收入的核算、政府财政会计支出的核算、财政资产和负债的核算、财政会计的财务报表等；第三部分为政府会计，系统地介绍政府会计收入和费用的核算、政府会计净资产的核算、政府会计资产的核算、政府会计负债的核算、政府会计预算的核算、政府会计报表等。

本书可作为高等院校财经类专业开设政府会计、预算会计等课程的教材，也可作为政府财政部门总预算会计与行政事业单位财会人员的自学参考书。

图书在版编目（CIP）数据

预算会计 / 王悦，张南，焦争昌主编. —北京：清华大学出版社，2019（2024.12重印）

（普通高等院校"十三五"规划教材）

ISBN 978-7-302-52906-4

Ⅰ.①预… Ⅱ.①王… ②张… ③焦… Ⅲ.①预算会计-高等学校-教材 Ⅳ.①F810.6

中国版本图书馆 CIP 数据核字(2019)第 083529 号

责任编辑：刘志彬
封面设计：李伯骥
责任校对：宋玉莲
责任印制：丛怀宇

出版发行：清华大学出版社
　　　网　　　址：https://www.tup.com.cn，https://www.wqxuetang.com
　　　地　　　址：北京清华大学学研大厦 A 座　　　邮　　编：100084
　　　社 总 机：010-83470000　　　邮　　购：010-62786544
　　　投稿与读者服务：010-62776969，c-service@tup.tsinghua.edu.cn
　　　质量反馈：010-62772015，zhiliang@tup.tsinghua.edu.cn
印 装 者：三河市东方印刷有限公司
经　　　销：全国新华书店
开　　本：185mm×260mm　　　印　　张：17.5　　　字　　数：427 千字
版　　次：2019 年 6 月第 1 版　　　印　　次：2024 年 12 月第 12 次印刷
定　　价：49.00 元

产品编号：080200-01

前　言

　　会计分为企业会计和非企业会计两大体系。预算会计是非企业会计最重要的组成部分，包括政府财政会计、行政单位会计和事业单位会计三大部分。为了积极贯彻落实党的十八届三中全会提出的"建立权责发生制政府综合财务报告制度"的重大改革举措，构建科学、规范的政府会计核算标准体系，夯实政府财务报告的编制基础，财政部于 2017 年 10 月 24 日印发了《政府会计制度——行政事业单位会计科目和报表》（以下简称《政府会计制度》），自 2019 年 1 月 1 日起施行。"预算会计"是建立在管理学、财政学、预算学等学科基础上的一门综合性的会计应用学科，它是高校财经类专业的骨干课程，也是管理学、会计学专业的必修课程。预算会计的理论性强、实务操作性强、学科交叉性强，对于高校财经类专业的学生来说，一本高质量的《预算会计》教材对其专业知识的学习具有一定的推动作用，这也是我们编写这本书的动力所在。本书主要体现以下 4 大特征。

　　1. 与时俱进

　　我国政府财政会计核算目前所使用的会计科目是按照 2016 年 1 月 1 日起执行的《财政总预算会计制度》制定的；行政单位会计和事业单位会计部分根据 2019 年 1 月 1 日实施的最新的《政府会计制度》编写而成。

　　2. 适用面广

　　在核心知识安排方面，尽可能地吸收当代行政与事业单位会计理论与实务的最新发展成果，适合普通高等院校财经类、经管类专业学生使用。

　　3. 结构新颖

　　体例完整、思路清晰、内容新颖、重点突出。通过学习目标、复习思考题、业务题等将理论性、实践性和前瞻性恰当结合，有助于学生加深对相关知识与技能的理解和运用，从而提高综合分析能力和解决问题的能力。

　　4. 注重能力

　　在行政与事业单位会计的理论方面，突出应知应会；在预算会计的实务方面，突出专业动手能力的培养。全书所选例题具有较强的可操作性，注重训练实务技能。

在编写本书的过程中参阅和借鉴了许多作者的文献，它们对于本书的形成功不可没。我们在参考文献中已尽可能列出所有的文献，但难免有挂一漏万之处，在此对未列入的参考文献的作者表示歉意，并对所有引用文献的作者表示衷心的感谢。必须指出的是，对于漏列的参考文献，我们将在本书修订时补正。

由于作者水平有限，本书的不足之处在所难免，恳请读者批评指正。

编　者

2018 年 12 月

目　录

第三部分　政　府　会　计

第一部分 总 论

第一章
预算会计的基本理论

学习目标

1. 了解预算会计与企业会计的差别；
2. 熟悉预算会计的组成体系；
3. 理解预算会计的基本前提与一般原则；
4. 掌握预算会计的对象；
5. 掌握预算会计的六大要素。

第一节 预算会计的定义、适用范围和特点

一、预算会计的定义

预算会计主要由政府财政会计、行政单位会计和事业单位会计组成。

会计按其适用范围和核算对象分为两大类：一类是企业会计，反映和监督社会再生产过程中生产、流通领域的企业经营资金的活动，这些企业的主要特征是以营利为目的；另一类是非企业会计，即政府与非营利组织，反映和监督社会再生产过程中分配领域、精神生产和社会福利领域的政府财政机关、行政单位的财政资金，以及事业单位、其他非营利组织业务资金的活动，这些单位的主要特征是不以营利为目的，而以社会效益为目的。预算会计属于非企业会计。

政府与非营利组织会计中，政府会计以政府总预算会计、行政单位会计为主要组成部分，也是这本书将要重点介绍的内容。另外，政府会计中还有参与总预算执行环节的会计（收入征缴会计、国库会计等）、政府性基金会计、财政托管基金会计等，本书不会涉及这些内容。

政府与非营利组织会计中，非营利组织会计包括公立非营利组织会计（事业单位会计）

和民办非营利组织会计。因此，预算会计是政府与非营利组织会计的重要组成部分。本书不包括民办非营利组织会计。

预算会计是各级政府财政部门和行政事业单位采用一定的技术、方法，反映和监督政府财政资金和事业单位业务资金活动过程与结果的一种管理活动。

预算会计以货币为主要计量单位，对各级政府财政资金和各类事业单位业务资金活动的过程与结果进行完整、连续、系统的反映和监督，借以加强预算管理和财务管理，提高资金的使用效益。它是政府宏观管理的重要信息系统，也是各单位经济管理的重要组成部分。

预算会计采用设置会计科目和账户、进行复式记账、填制和审核会计凭证、登记会计账簿、进行财产清查、编制会计报表等一系列会计核算方法，对各级政府财政部门以及行政事业单位的资金活动过程与结果进行连续、完整、系统地反映和监督。

预算会计的主体是各级政府财政部门和行政事业单位。政府财政部门包括中央财政部门和地方各级财政机关；行政事业单位是行政单位和事业单位的总称。

二、预算会计的适用范围

政府财政部门、行政单位、事业单位的业务活动不同于企业的生产经营活动，表现为处于非物质生产领域，以社会效益为基本目的，其资金活动过程与企业也不一样。

（一）政府财政会计的适用范围

政府财政机关是各级政府中负责组织国家财政收支、办理国家预算决算的工作部门，它以各级政府为会计主体，对各级政府的财政收支进行管理和核算。

在我国，财政资金的收入、拨出和留解是由中国人民银行代理的国库经办的，财政收入主要是由税务机关、海关、国有资产监管机构征收解缴的。

（二）行政单位会计的适用范围

行政单位是指管理国家事务、组织经济建设和文化建设、维护社会公共秩序的国家机关及其派出机构。各级行政单位按照核定的预算从同级财政部门或上级单位领取经费。

（三）事业单位会计的适用范围

事业单位是指不具有物质产品生产和国家事务管理职能，主要以精神产品和各种劳务形式向社会提供生产性或生活性服务的单位。各级各类事业单位按照核定的预算从同级财政部门或上级单位领取经费，还可以根据国家规定取得事业收入。

三、预算会计的特点

（一）出资者关注资金的限制性，不关注营利性

政府与事业单位的资金供给者称为出资者，涉及纳税人、捐赠人、受益人等广大的利益群体，他们要求资金使用者按照法律规定或者出资者的意愿把资金耗费在指定的用途上。在政府财政会计中，为了开展政务与事业活动，主要通过取得税收收入、行政事业费收入等用于财政支出，出资人既不要求增值也不要求回报。政府和事业单位的出资者不要求投资回报和资本回收，但要求按法律规定或出资者的意愿把资金用在指定用途上，即要求资金有限制性。

（二）预算会计的确认基础并不统一

预算会计的确认基础有两种：收付实现制和权责发生制。收付实现制对于收入和费用

是以款项的实际收付为标准确定归属期；权责发生制对于收入和费用是以其是否体现本期经营成果和生产消耗为标准来确定归属期。在政府财政会计中，为了如实反映当期预算收入和预算支出的货币金额，平时都以收付实现制为会计确认基础。行政单位除了财政拨款收入以外，一般没有业务收入。

事业单位除了取得财政拨款收入以及政府给予的其他补助收入以外，大多情况下都可以取得业务收入，还有一些事业单位不享受财政补贴，完全依靠自身取得的事业收入弥补其支出。由此可见，政府财政会计和行政单位会计原则上执行收付实现制，事业单位会计可以同时以收付实现制和权责发生制为会计确认基础。

第二节　预算会计的基本前提与一般原则

一、预算会计的基本前提

会计核算的基本前提就是基本假设。预算会计的基本前提是对会计活动的服务对象、核算期间、不确定条件等做出的假定，是会计核算的前提条件。预算会计的基本前提有四个：会计主体假设、持续运营假设、会计分期假设和货币计量假设。

（一）会计主体假设

会计主体假设是指会计应当仅为特定的会计主体服务。需要单独核算收入、支出和结余，以及对外编制会计报表的任何经济实体，都可以构成一个会计主体。

（二）持续运营假设

持续运营假设是指在可以预见的未来，会计主体的业务活动将持续不断地进行下去。严格地说，任何一个经济实体的持续期间都是不确定的。

（三）会计分期假设

会计分期假设是对会计主体的持续运营活动确定间隔相等的时间段落，以便会计上能够及时地分期核算运营活动。

（四）货币计量假设

货币计量假设是指预算会计应使用货币单位计量、记录经济业务及编制会计报表。

二、预算会计的一般原则

会计原则在会计准则中居于主导地位，指导会计要素的确认、计量和会计方法的选择。会计原则大体上可划分为两类：会计信息质量要求和会计确认计量要求。

（一）会计信息质量要求

▶ 1. 相关性原则

相关性原则是指会计所提供的信息应满足政府加强预算管理和国家宏观经济管理的需要，满足有关方面了解政府预算执行情况及结果的需要，满足行政事业单位加强内部财务管理或经济管理的需要。

▶ 2. 客观性原则

客观性原则是指会计核算必须以实际发生的经济业务为依据，如实记录和反映各项财政财务收支情况与结果，做到内容真实、数字准确、资料可靠。

▶ 3. 可比性原则

可比性原则是指会计核算应按照规定的会计处理方法进行，会计指标应口径一致、相互可比。

▶ 4. 一致性原则

一致性原则是指任一会计主体前后各期的会计处理程序和会计处理方法必须保持一致，以便对前后各期的会计资料进行纵向比较。

▶ 5. 及时性原则

及时性原则是指会计核算应及时进行，讲求时效，便于会计信息的有效利用。

▶ 6. 清晰性原则

清晰性原则是指会计记录和会计报表必须清晰、明了，数据记录和文字说明要能够一目了然地反映经济活动的来龙去脉，便于会计信息使用者理解、检查和利用。

▶ 7. 重要性原则

重要性原则是指会计报告应在全面反映各级政府和行政事业单位财政财务收支情况及其结果的同时，单独反映重要的经济业务，并在会计报表中做重点说明。

（二）会计确认计量要求

▶ 1. 收付实现制和权责发生制

收付实现制要求以实际收到或付出的货币资金为标准来确定本期的收入或支出。权责发生制要求以应收应付作为确定本期收入和费用的标准，而不问货币资金是否在本期收到或付出。

▶ 2. 专款专用原则

专款专用原则是指对于有指定用途的资金应按照规定的用途使用并单独反映，即限制性原则。

▶ 3. 历史成本原则

历史成本原则是指行政事业单位会计对各项财产物资按照取得时的实际成本计价，即使物价发生剧烈变动，也不得随意调整账面记录。

▶ 4. 配比原则

广义的配比原则是指有关收入和支出在同一会计期间进行配比。狭义的配比原则是指某个会计期间的收入必须与该期间的支出相配比，从而合理确定本期实现的结余或发生的超支。

第三节　预算会计的组成体系

▌一、预算会计的组成

预算会计的组成体系与政府预算的组成体系是一致的，而政府预算的组成体系又与国家政权结构和行政区划的划分是一致的，都是一级政权建立一级政府预算。

同时，中国人民银行在办理国库业务过程中设立的国库会计、中国建设银行在办理基本建设拨贷款过程中设立的基建拨贷款会计，以及税务部门在办理税款征解过程中设立的税收会计等，在执行政府预算业务的过程中均担负一定的会计任务，因此，也属于财政会计。

二、预算会计的分级

（一）政府财政会计的分级

按照我国政府的行政体制，政府分为中央政府和地方各级政府，各级政府按照"统一领导，分级管理"的方式，贯彻"合理划分各级政府事权、财权，事权与财权相匹配"的原则。

（二）行政事业单位会计的分级

行政事业单位会计组织系统主要依据预算经费的管理层次来进行设置，因此与预算的管理层次相对应。根据国家机构建制和经费领报关系或财务隶属关系，行政单位会计、事业单位会计可以分为主管会计单位、二级会计单位和基层会计单位三级。

在划拨资金的方式下，向同级财政部门领拨经费，并对下一级会计单位转拨经费的行政事业单位为一级会计单位。

在国库单一账户体系下，资金不再通过各级会计单位的账户层层下拨，而是由财政国库统一管理和支付。各预算级次单位的财务关系亦有所变化。

预算会计的组成与分级如图 1-1 所示。

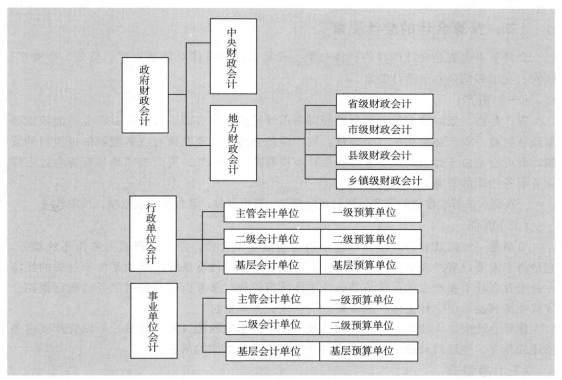

图 1-1　预算会计的组成与分级

第四节　预算会计的对象和会计要素

一、预算会计的对象

（一）政府财政会计的对象

各级政府执行国民收入的集中和分配。为了履行宪法赋予的使命，保障和推进经济与社会持续、健康、协调发展，各级政府通过编制和执行政府收支预算而有计划地集中一部分国民收入，并按照政府的施政方针以及国民经济和社会发展计划进行再分配。

（二）行政单位会计的对象

行政单位的资金来源于各级政府财政部门从本级政府预算集中的资金中分配和拨付。行政单位通过编制单位预算和部门预算，需要按照核定的预算向财政部门领取经费，形成单位的资金收入。

（三）事业单位会计的对象

事业单位的资金来源渠道比较多，除可以取得政府拨款和有关机构的拨款外，还可以依靠开展业务活动取得事业收入，以及取得各种专项资金、捐赠收入等，从而形成事业单位的业务资金。

二、预算会计的会计要素

会计要素也就是会计核算的具体对象。预算会计的具体对象是资产、负债、净资产、收入、支出和结余六个会计要素。

（一）资产

资产是指一级财政掌管或控制的能以货币计量的经济资源。资源具有服务功能或能带来经济利益。资产必须满足三个条件：资产应是会计主体现在拥有或者能够加以控制的资源；资产应是由于过去的经济业务或会计事项而产生的结果；资产必须是具有为会计主体业务服务功能的资源。

一级财政掌管或使用的资产包括财政性存款、有价证券、暂付及应收款项、预拨款项。

（二）负债

负债是一级财政和行政事业单位承担的能以货币计量，需以资产或劳务偿还的债务，它是将来需要以资产或劳务偿还的责任。负债必须满足以下条件：负债是由于过去的经济业务或者会计事项产生的；负债是会计主体承担的现时义务；这种现时义务的履行预期会导致经济利益流出会计主体，通常要以资产或劳务来偿付。

预算会计中，负债是一级财政和行政事业单位承担的能以货币计量，需以资产或劳务偿还的债务。一级财政的负债包括应付及暂收款项、举债的债务。

（三）净资产

净资产是资财供给者提供的，是会计主体用以执行公共事务、开展业务活动及其他活动的基本资金来源。政府与事业单位的净资产是一级财政和行政事业单位资产扣除负债以后的余额。净资产具有以下特点：净资产是资财供给者提供的，对剩余资产没有要求权，但有资金使用的限制权；净资产具有长期使用的性质，资财供给者不能抽走资金；净资产是政府和事业单位资产的基本来源，政府单位收支结余会使净资产增加。

在预算会计中，一级财政的净资产包括各项结余、预算周转金等。

（四）收入

收入是指一级财政和行政事业单位为了实现其职能或开展业务活动依法取得的非偿还性资金，包括一级财政的预算收入和行政事业单位的收入。政府与事业单位的收入具有以下特点：收入是政府和单位经济利益的增加；收入具有非偿还性。

在预算会计中，一级政府的财政收入是纳入政府财政预算管理的，根据法令和法规所筹集的财政资金，包括一般公共预算本级收入、政府性基金预算本级收入、专用基金收入、资金调拨收入等。行政事业单位收入是为了开展业务活动或者其他活动依法取得的非偿还性资产，包括财政拨款预算收入、事业预算收入、上级补助预算收入、附属单位上缴预算收入、经营预算收入和其他预算收入等。

（五）支出

支出是指一级财政和行政事业单位为实现其职能或开展业务活动，对财政资金的再分配所发生的资金耗费和损失，包括一级财政的支出和行政事业单位的支出。对于政府和事业单位来说，支出与收入在数量上没有严格的比例关系。

在预算会计中，财政支出是一级政府为实现其职能对财政资金的再分配，包括一般公共预算本级支出、政府性基金预算本级支出、专用基金支出、资金调拨支出等。行政事业单位支出是保证机构正常运转和完成工作任务所发生的各项资金耗费及损失，包括行政支出、事业支出、经营支出和其他支出等。

（六）结余

结余是净资产的重要组成部分，因此，也可以不单独设置"结余"这一会计要素，而是将结余包括在净资产要素中。结余是财政和行政、事业单位各项收入与支出相抵后的余额。目前包括在净资产要素中的结余仅属于累计结余，并不是指当期结余。

在预算会计中，财政结余是财政收支的执行结果，包括一般公共预算结转结余、政府性基金预算结转结余和专用基金结余。行政单位结余是指当年预算工作目标已完成或者因故终止而剩余的资金，事业单位结余是在一定期间内各项收入与支出相抵后的余款，行政事业单位结余包括资金结存、财政拨款结转、财政拨款结余、非财政拨款结转、非财政拨款结余、专用结余、经营结余和其他结余等。

三、会计要素之间的关系

会计要素之间的关系即会计要素等式，它是复式记账建立的基础，也是设计会计报表结构的基本依据。

（一）会计基本等式

政府与事业单位的资产供给者有两种类型：一种是出资人。政府与事业单位的出资人提供资金给政府与事业单位永久使用，不要求收回资金，但是限定资金的使用范围。另一种是债权人，债权人直接向政府与事业单位供应资金，或者在业务往来中向政府与事业单位暂时提供其应收款项，政府与事业单位偿还所欠款项时，通常还会按一定利率定期付出利息。因此，有一定数额的资产，就必然有一定数额的负债和净资产；反之，有一定数额的负债和净资产，就必然有相等数额的资产存在。资产与负债和净资产之间的这种相辅相成的关系用公式表示为

$$资产＝负债＋净资产$$

这一会计等式反映了预算资金运动的静态方式。

（二）经济业务变动对等式的影响

在政府与事业单位经营过程中发生的经济活动，会引起各个会计要素发生增减变化。在一定时期内发生的经济业务可以分为两类：一类是只涉及资产和负债（基金）的经济业务；另一类是涉及收入和支出的经济业务。

涉及收入和支出的经济业务，收入减去支出，便是结余（或超支）。因此，在政府与事业单位的各项经济业务中，除了只涉及资产和负债、净资产的经济业务以外，还有不少业务是与收入和支出有关的。

在一定时期内所获得的收入大于所发生的支出，其差额即为结余；若收入小于所发生的支出，其差额即为负结余，又称超支。因此，可以得到收入、支出和结余三个会计要素的等式如下：

$$收入－支出＝结余$$

这一会计等式反映了预算资金运动的动态方式。

预算资金的运动是静态运动方式和动态运动方式的统一体，这个统一体可以反映出所有要素之间存在的有机联系。政府财政会计与事业单位会计在年末将有关的收入、支出账户连续记录当年的累计发生额，而作为净资产组成部分的各种结余在日常的业务活动中未能及时揭示出来。在这种情况下，会计各个要素之间的关系用公式表述为

$$资产＋支出＝负债＋净资产＋收入$$

这一会计等式可以称为反映资金静态和动态运动的会计等式。等式的左边称为资产类会计要素；等式的右边称为负债类会计要素。

综上所述，基本会计等式将有所扩展：

（1）在会计年度开始之际，基本的会计等式即为前述的"资产＝负债＋净资产"。

（2）在会计年度期间，基本的会计等式就转化为"支出＋资产＝负债＋净资产＋收入"。

（3）在会计年度结束之后，将支出与收入相配合，结算出结余（或超支），此项结余（或超支）与年度开始时的净资产归并在一起。于是，会计年度终了结账之后，会计等式又恢复为期初的形式，即"资产＝负债＋净资产"。

复习思考题

1. 预算会计与企业会计的差别是什么？
2. 预算会计的会计要素与企业会计的会计要素有哪些差别？
3. 预算会计核算的基本前提是什么？
4. 预算会计核算的一般原则有哪些？
5. 预算会计的组成体系是什么？
6. 预算会计的特征有哪些？

第二部分　政府财政会计

第二章
政府财政会计概述

第一节 政府财政会计的概念、特点与任务

一、财政预算与政府财政会计

（一）财政预算

财政预算是由政府编制、经立法机关审批、反映政府一个财政年度内的收支状况的计划。从形式上来看，它是按照一定标准将政府财政收支计划分门别类地反映在一个收支对照表中；从内容上来看，它是对政府年度财政收支的规模和结构所做的安排，表明政府在财政年度内计划从事的主要工作及其成本，以及政府如何为这些成本筹集资金。因此，财政预算是政府活动计划的一个财务反映，它体现了政府及其财政活动的范围、政府在特定时期所要实现的政策目标和政策手段。预算作为一种管理工具，在日常生活乃至国家行政管理中被广泛采用。与一般预算不同的是，财政预算是具有法律效力的文件，作为财政预算基本内容的级次划分、收支内容、管理职权划分等，都是以《中华人民共和国预算法》（以下简称《预算法》）的形式规定的，预算的编制、执行和决算的过程也是在《预算法》的规范下进行的。财政预算编制后要经国家立法机构审查批准后方能公布并组织实施。预算的执行过程受法律的严格制约，不经法定程序，任何人无权改变预算规定的各项收支指标，通过对预算的法制化管理使政府的财政行为置于民众的监督之下。根据《预算法》规定，各

级政府进行复式预算，现阶段分为一般公共预算、政府性基金预算、国有资本经营预算和社会保障基金预算。

（二）政府财政会计

政府财政会计简称总预算会计或总会计，它是各级政府财政部门核算、反映并监督政府财政预算执行和各项财政性资金活动的一门专业会计，在政府会计核算体系中居于核心地位。政府财政会计核算的是各级政府在总预算执行过程中，各项财政资金的集中、分配及其结果，以及由此所形成的资产、负债和净资产。一方面按照核定的预算，从国民经济各个部门集中财政资金，形成政府财政各项收入；另一方面根据批准的预算，将集中的资金财政分配出去，形成政府财政各项支出。政府财政收入与政府财政支出相抵的差额，形成各级政府预算执行的结果，即预算结余或预算超支(赤字)。在执行总预算的过程中，由一级财政部门掌管的货币资金和债权形成一级财政的资产；由发行公债和与上下级财政、预算单位结算的暂存应付款项形成一级财政的负债。各项结余和预算周转金形成了一级财政的净资产，如图 2-1 所示。

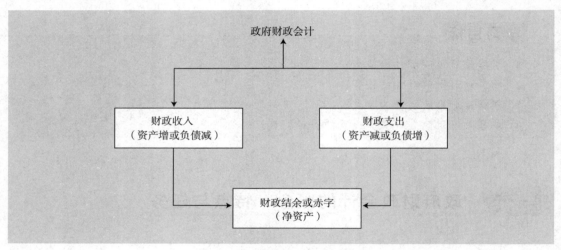

图 2-1　一级财政的净资产构成

政府财政会计是政府财政预算管理的重要组成部分，其组成体系与政府预算组成体系一致。政府财政按照统一领导、分级管理的原则，实行一级政府一级预算，设立中央，省、自治区、直辖市，设区的市、自治州，县、自治县、不设区的市、市辖区，乡、民族乡、镇五级预算。政府财政会计是由中央和地方各级政府的财政部门具体实施的。各级政府预算均设立相应的政府财政会计，也分设中央、省、市、县、乡五级政府财政会计，具体负责核算、反映和监督本级政府预算的执行。各级政府财政会计以本级政府财政预算管理为中心，以经济和社会发展为目的，进行会计核算，反映预算执行，实行会计监督，参与预算管理，合理调度财政资金，构成全国相互联系的政府财政会计体系。政府财政会计虽然由各级财政部门负责，但政府财政会计的主体并不是各级财政部门，也不是狭义的政府机关，而是各级政府，各级财政部门只是政府的代理执行机构。

二、政府财政会计的特点

（一）政策性和计划性

政府财政预算是与国民经济和社会发展计划相适应的基本财政计划，各级政府预算经本级人大审核批准后即具有法律效力，是具有强制力的国家收支计划。政府财政预算对国民收入的分配和再分配活动是依法有计划进行的，是国家意志在财政分配上的集中体现。政府财政会计在核算、反映和监督政府财政预算执行的过程中，无不记录和反映国家法律法规的贯彻情况和政策取向，与企业会计侧重于盈亏核算相比，具有很强的政策性。同时，政府财政会计核算的对象属于分配领域的财政资金，要始终围绕政府财政预算有计划地进行，促进增收节支，坚持财政预算收支平衡，保证各项事业发展计划和行政任务的圆满完成。它不可能像企业会计对生产流通领域的经营资金核算那样，通过对物品资产进行精确、严密的成本核算与收入配比来确定损益，因此政府财政会计是非营利的，属于计划管理型会计。

（二）广泛性和统一性

政府财政会计核算体系涉及的范围很广，凡是编制和执行政府财政预算的地区、部门和单位，其预算收支活动都要受到政府财政会计核算科目分类体系的约束，这不仅包括众多的行政单位、事业单位、财政系统、税务系统、国库系统等，凡按政府收支分类科目规定办理税款等财政资金缴存手续的企业甚至个体经营者，均属于政府财政会计核算涉及的范围。

政府财政预算是全国统一的预算，政府财政会计要想及时、定期反映整个国家预算执行情况、报告年度国家决算和各个地方决算，必须以政府财政预算执行为中心，组织全国统一核算的政府财政会计核算体系。为了及时、准确、完整地逐级汇编反映政府财政预算执行情况的会计报表，政府财政会计的收支分类核算的指标体系也必须是全国统一的，即统一执行政府收支分类科目。

（三）宏观性和社会性

政府财政会计是执行政府财政预算的会计，政府财政预算收支情况是国民经济和社会发展计划执行情况在财政上的集中反映。政府财政会计在执行政府财政预算的收支分配过程中，通过进行经常、大量、连续的财务核算和情况反映，对政府财政预算执行和国民经济活动的运行情况起了"晴雨表"的作用和宏观监督的作用。例如，通过对预算收入缴款的分析，可以从宏观上掌握国民经济发展计划的完成情况；通过定期对政府财政会计报表进行分析，可以了解财政收支总量及结构、产业结构、市场物价、经济增长速度等重要的宏观经济指标的变动趋势，为领导机构宏观经济决策服务。

三、政府财政会计的任务

政府财政会计的主要职责是进行会计核算，反映预算执行，实行会计监督，参与预算管理，合理调度财政资金，其基本任务可概括为以下方面。

（一）正确办理政府财政会计的日常核算事务

政府财政会计应正确办理各项财政收支、资金调拨及往来款项的会计核算工作，及时组织年度政府决算、行政事业单位决算的编审工作和汇总工作，完成上下级财政之间的年终结算工作。

（二）合理调度财政资金，提高财政资金的使用效益

根据财政收支的特点妥善解决财政资金库存和用款单位需求的矛盾，在保证按计划及时供应资金的基础上，合理调度财政资金，提高财政资金的使用效益。

（三）实行会计监督，参与预算管理

政府财政会计应负责协调参与预算执行的国库会计、收入征解会计等专业会计之间的业务关系，与其共同做好预算执行的核算、反映和监督工作。

（四）组织和指导本行政区域预算会计工作

各级政府财政会计应负责制定本行政区域有关预算会计具体核算办法的补充规定，负责检查和指导下级政府财政会计与本级行政事业单位会计的工作，负责组织预算会计人员进行培训，不断提高预算会计人员的政策业务水平。

（五）做好预算会计的事务管理工作

负责预算会计的基础工作管理，参与预算会计人员专业技术资格考试、评定，以及会计工作证核发工作。

第二节 政府财政会计科目

一、政府财政会计科目的设置

会计科目是对会计核算对象按其经济内容和用途所做的科学分类，政府财政会计科目是各级政府财政会计设置账户、核算和归集各项经济业务的依据，也是汇总、检查国家财政资金活动情况和结果的统一项目。各级政府财政会计科目应按照政府财政会计制度规定的会计科目设置。

我国政府财政会计核算目前所使用的会计科目是按照 2016 年 1 月 1 日起执行的《财政总预算会计制度》制定的。目前应用的主要会计科目如表 2-1 所示。

表 2-1　主要会计科目表

序　号	编　码	科 目 名 称	序　号	编　码	科 目 名 称
一、资产类			16	3033	预算周转金
1	1001	国库存款	四、收入类		
2	1004	其他财政存款	17	4001	一般公共预算本级收入
3	1005	财政零余额账户存款	18	4002	政府性基金预算本级收入
4	1006	有价证券	19	4007	专用基金收入
5	1007	在途款	20	4011	补助收入
6	1011	预拨经费	21	4012	上解收入
7	1021	借出款项	22	4021	调入资金
8	1031	与下级往来	23	4041	债务收入
二、负债类			五、支出类		
9	2011	应付国库集中支付结余	24	5001	一般公共预算本级支出
10	2012	与上级往来	25	5002	政府性基金预算本级支出
11	2015	已结报支出	26	5007	专用基金支出
12	2022	借入款项	27	5011	补助支出
三、净资产类			28	5012	上解支出
13	3001	一般公共预算结转结余	29	5021	调出资金
14	3002	政府性基金预算结转结余	30	5041	债务还本支出
15	3007	专用基金结余			

二、会计科目使用要求

会计科目是各级总预算会计设置账户、确定核算内容的依据，各级总预算会计必须按下列要求使用会计科目：

（1）各级政府财政会计应按相关制度规定设置会计科目，按本科目使用说明使用，不需要的可以不用，不得擅自更改科目名称。

（2）如果科目表未对明细科目的设置做出规定，则各级总预算会计可根据需要自行设置。

（3）为便于编制会计凭证、登记账簿、查阅账目和实行会计电算化，《财政总预算会计制度》统一规定了会计科目编码，各级总预算会计不得随意变更或打乱科目编号。

（4）总预算会计在填制会计凭证、登记账簿时，应填列科目名称或者同时填制名称和编码，不得只填编码不填名称。

复习思考题

1. 什么是政府财政会计？政府财政会计的会计主体是什么？
2. 政府财政会计的特点是什么？
3. 政府财政会计核算应设置哪些会计科目？

第三章
财政预算收入的核算

学习目标

1. 了解财政预算收入的概念；
2. 熟悉财政预算收入征收机关；
3. 理解国家金库的职责和权限；
4. 掌握财政预算收入的收纳、划分和报解；
5. 掌握财政预算收入的核算。

第一节 财政预算收入的概念和内容

一、财政预算收入的概念

财政预算收入是指财政收入，即国家为实现其职能，依据法令和法规取得的非偿还性资金。

财政预算收入是各级政府财政资金的来源，是维持国家机器正常运转的基础。

财政预算收入是纳入国家财政预算管理的、依据法律和法规筹集的财政资金。国家有五级政府，每一级政府都有各自的财政预算收入。

根据财政部 2017 年发布的《政府收支分类科目》的规定，通过政府财政会计的预算收入可分为一般公共预算本级收入、政府性基金预算本级收入和国有资本经营预算收入等。下面重点介绍一般公共预算本级收入和政府性基金预算本级收入的内容。

二、预算收入的内容

（一）一般公共预算本级收入

一般公共预算本级收入是指通过一定的形式和程序，有计划、有组织地由国家支配，纳入一般公共预算本级管理的资金。按照收入的形式和性质划分，主要分为以下几类。

▶ 1. 税收收入

税收收入是指根据国家税法统一设定的税种组织的收入。税收收入分为增值税收入、消费税收入、企业所得税收入、企业所得税退税收入、个人所得税收入、资源税收入、城市维护建设税收入、房产税收入、印花税收入、城镇土地使用税收入、土地增值税收入、车船税收入、船舶吨税收入、车辆购置税收入、关税收入、耕地占用税收入、契税收入、烟叶税收入、其他税收收入等。

▶ 2. 非税收入

非税收入是指除税收收入以外，由各级政府、国家机关、事业单位、代行政府职能的社会团体及其他组织依法利用政府权力、政府信誉、国家资源、国有资产或提供特定公共服务、准公共服务取得的，纳入一般公共预算本级管理的财政性资金。非税收入分为专项收入、行政事业性收费收入、罚没收入、国有资本经营收入、国有资源(资产)有偿使用收入和其他收入。

▶ 3. 债务收入

债务收入是指国家通过信用方式从国内外取得的收入。债务收入分为国内债务收入(财政部代理发行地方政府债券收入)、国外债务收入(地方向国外借款收入)。

▶ 4. 转移性收入

转移性收入是指纳入一般公共预算本级管理的各项转移性收入。转移性收入分为返还性收入、一般性转移支付收入、专项转移支付收入。

(二) 政府性基金预算本级收入

政府性基金预算本级收入是指通过财政安排或按规定收取，由财政管理，并具有指定用途的政府性基金。1997年6月颁布的《政府财政会计制度》取消预算内、预算外收支界限后，政府财政的收支体系也随之变化，将一部分原来属于预算外的收入纳入预算管理，但对这部分新纳入预算管理的收入又需要保持其专用性，不能与原来的预算收入统一分配。因此，将原有预算管理的资金收入称为一般预算收入，为了避免与预算体系中其他预算收入混淆，从2012年起，各级政府的一般预算收入改称一般公共预算本级收入，在口径上与2012年以前的"一般预算收入"相同，这部分后纳入预算管理的收入称为政府性基金预算收入。政府性基金预算本级收入主要包括以下几类。

▶ 1. 非税收入

非税收入是指纳入政府性基金预算管理的各项非税收入，主要是各项政府性基金收入，包括农网还贷资金收入、铁路建设基金收入、民航发展基金收入等陆续纳入政府性基金预算管理的各项基金预算收入。

▶ 2. 转移性收入

转移性收入是指纳入政府性基金预算管理的各项转移性收入，如政府性基金转移收入、地震灾后恢复重建补助收入、上年结余收入中政府性基金预算上年结余收入、调入资金中政府性基金预算调入资金。

第二节　财政预算收入的组织机构

财政预算收入的组织机构包括征收机关和出纳机关。

一、财政预算收入的征收机关

国家预算收入的执行是由财政部门负责组织的。由于各项预算收入的性质和来源不同，其征收方法也有所不同，国家成立了相应的征收机关，具体负责征收和监缴各项预算收入。我国的征收机关主要有税务机关、财政机关、海关、执收单位等。

▶ 1. 税务机关

税务机关负责征收增值税、消费税等各种工商税收，以及企业所得税、个人所得税等。除了由海关征管的中央税和中央与地方共享税，其他中央税和中央与地方共享税由各地国家税务机关负责征管。地方税务机关只负责地方税的征收管理。

▶ 2. 财政机关

财政机关主要负责征收国有资本经营收入、国有资源或资产有偿使用收入、债务收入、其他收入等。

▶ 3. 海关

海关负责征收关税和进出口产品的增值税、消费税等。

▶ 4. 执收单位

不属于上述范围的预算收入，以国家规定负责管理执行征收职能的单位为征收机关，又称执收单位。例如，排污费由环保部门负责征收，水资源保护费由水利部门负责征收。

二、财政预算收入的出纳机关

国家金库简称国库，是政府预算收入的出纳机关，是负责办理政府预算资金的收纳、划分、报解和库款支拨，以及报告财政预算执行情况的唯一机构。一切预算收入都必须缴入国库，一切预算支出都必须从国库支拨。国库工作是政府预算执行工作的重要组成部分，是政府预算管理的一项基础工作。

（一）国家金库的设立

我国的国家金库由政府委托给中国人民银行管理。组织管理国库工作是中国人民银行的一项重要职责。我国国家金库机构是按照国家统一领导、分级管理的财政体制设立的，原则上一级财政设立一级国库，国家各级国库都由中国人民银行负责经理。

目前，我国国库设有总库、分库、中心支库、支库四级。中国人民银行总行负责经理总库；各省、治区、直辖市分行负责经理分库；计划单列市分行可设置分库，其国库业务受省分库领导；省辖市、自治州和成立一级财政的地区，由市、地（州）分、支行经理中心支库；县（市）支行（城市区办事处）经理支库。支库以下可设国库经收处，业务由专业银行的分支机构办理，负责收纳、报解财政库款，国库经收处不是一级独立的国库，其业务工作受支库领导。中央金库与地方金库分别对中央财政和地方财政负责。

（二）国家金库的职责

（1）收纳、划分和报解各项国家预算收入。

（2）为同级财政机关开立账户、支拨库款。

（3）对各级财政库款和预算收入进行会计核算。

（4）协助财政机关、税务机关组织预算收入。

（5）组织管理下级国库的工作。

（6）其他工作。

（三）国家金库的权限

（1）监督征收机关的预算收入的及时缴库。

（2）监督、检查预算收入的划分、报解。

（3）正确办理收入退库。

（4）监督、检查财政库款的支拨。

（5）拒绝办理违反国家规定的事项。

（6）拒绝受理不合规定的凭证。

第三节 财政预算收入的收纳、划分和报解

一、财政预算收入的收纳

（一）预算收入的缴库方式

财政预算收入的收缴分为直接缴库和集中汇缴两种收缴方式。

▶ **1. 直接缴库**

直接缴库是指缴款单位或缴款人按有关法律、法规规定，直接将应缴收入缴入国库单一账户的收缴方式。在直接缴库方式下，直接缴库的税收收入由纳税人或税务代理人提出纳税申报，经征收机关审核无误后，由纳税人通过开户银行将税款缴入国库单一账户。直接缴库的其他收入，比照上述程序缴入国库单一账户。

▶ **2. 集中汇缴**

集中汇缴是指由征收机关（有关法定单位）按有关法律、法规规定，将所收的应缴收入汇总缴入国库单一账户的收缴方式。在集中汇缴方式下，小额零散税收和法律另有规定的应缴收入，由征收机关于收缴收入的当日汇总缴入国库单一账户。非税收收入中的现金缴款，比照上述程序缴入国库单一账户。

（二）预算收入的列报基础

国库收到预算收入后，根据财政管理体制的规定和预算级次，将固定收入分别列入各级财政的预算收入报表，将共享收入按规定的划分比例分别列入各级财政的预算收入报表。国库的预算收入报表有日报、月报和年报，预算收入一般以本年度缴入基层国库（支金库）的数额为准。总预算会计凭国库报送的属于本级财政的预算收入日报表及其所附凭证入账，具体内容如下：

第一，县（含县本级）以上各级财政的各项预算收入（含固定收入与共享收入）均以缴入基层国库数额为准；

第二，已建立乡（镇）国库的地区，乡（镇）财政的本级收入以乡（镇）国库收到数为准；

第三，未建立乡（镇）国库的地区，乡（镇）财政的本级收入以收到县级财政返还数为准；

第四，基层国库在年度库款报解整理期（新年度 1 月 1 日开始的 10 天）内收到国库经收处报来的上年度收入，记入上年度账，整理期结束后再收到的上年度收入一律记入新年度账。

二、财政预算收入在中央和地方之间的划分

为了适应各级政府行使职权的需要，根据事权与财权相结合的原则，须将预算收入在各级政府之间进行划分。

（一）一般公共预算收入的划分

一般情况下，一般公共预算收入是通过分税制财政管理体制进行划分的，分为固定收入和共享收入两部分。固定收入是指按确定的收入归属划分为某级财政独享、不参与分成的收入，又可以分为中央固定收入和地方固定收入。共享收入又称分成收入，是指上下级财政之间共同参与分享的预算收入。共享收入按各级财政的财力情况以一定的比例或其他方法进行分配，首先在中央和地方之间进行划分，然后在地方各级政府之间进行划分，具体的收入内容和分配方式通过财政管理体制加以规定。在现行分税制的财政管理体制下，按照事权和财权相结合的原则，一般公共预算收入的划分如下。

（1）中央固定收入，主要有消费税（含进口环节海关代征的部分）、车辆购置税、关税、海关代征的进口环节增值税、中国人民银行上缴收入等。

（2）地方固定收入，主要有城镇土地使用税、耕地占用税、土地增值税、房产税、城市房地产税、车船税、契税等。

（3）中央政府和地方政府共享收入，主要有以下几类。

① 增值税（不含进口环节海关代征的部分）：中央政府分享 50%，地方政府分享 50%。

② 企业所得税：中铁总公司、各银行总行及海洋石油企业缴纳的部分归中央政府，其余部分中央与地方政府按 60% 与 40% 的比例分享。

③ 个人所得税：除储蓄存款利息所得的个人所得税外，其余部分的分享比例与企业所得税相同。

④ 资源税：海洋石油企业缴纳的部分归中央政府，其余部分归地方政府。

⑤ 城市维护建设税：中铁总公司、各银行总行、各保险总公司集中缴纳的部分归中央政府，其余部分归地方政府。

⑥ 印花税：证券交易印花税收入的 94% 归中央政府，其余 6% 和其他印花税收入归地方政府。

地方各级预算收入的划分依据省（自治区、直辖市）以下逐级制定的财政管理体制加以确定；省在该省预算收入范围内确定省与其所属各市（区）的划分；市在该市预算收入范围内确定市与其所属县（区）的划分；县在该县预算收入范围内确定所属乡（镇）的划分。由于各地情况不同，其划分的范围和分配方式也不相同。

（二）政府性基金预算收入的划分

政府性基金预算收入也要按预算级次划分为中央政府性基金预算收入、地方政府性基金预算收入和中央、地方共享政府性基金预算收入。

（1）中央政府性基金预算收入，主要有国家重大水利工程建设基金收入、中央水利建设基金收入、铁路建设基金收入、民航发展基金收入、旅游发展基金收入等。

（2）地方政府性基金预算收入，主要有地方教育附加收入、新菜地开发建设基金收入、地方水利建设基金收入、城市公用事业附加收入、国有土地使用权出让收入、国有土地收益基金收入、农业土地开发资金收入等。

（3）中央、地方共享政府性基金预算收入，主要有彩票公益金收入（按各得50％的比例在中央与地方之间分配）等。

三、财政预算收入的报解

财政预算收入的报解是指通过国库，按预算收入的划分和预算体制规定的留解比例，向上级国库和同级财政机关报告预算收入情况，并将属于上级财政的预算收入解缴到相应级次的国库。

（一）支库预算收入的报解

支库是基层国库，各级预算收入款项以缴入支库作为正式入库。国库经收处只是代收，不能作为正式入库。支库收纳的预算收入款项，一般应于当日办理库款的报解，确实来不及的，可以在次日上午办理，但月底日收纳的预算收入必须当日报解。属于本级预算固定收入的，应按缴款书编制预算收入日报表一式三份，一份留存，一份附缴款书回执联送交征收机关，一份送财政机关；属于分成收入的，还应编制分成收入计算日报表，按上级规定的分成比例对参与分成的收入办理分成留解，分成收入计算日报表一式三份，一份留存，一份送县财政机关，一份随划款报单上报中心支库。

（二）中心支库预算收入的报解

中心支库直接收纳的预算收入的报解，基本上与支库报解的程序相同。中心支库收到支库上报的地（市）级预算收入日报表、分成收入计算表和上划库款报单，经审核无误后，应分别加以汇总，编制地（市）级预算收入日报表一式两份，一份留存，一份送财政机关。

（三）分库预算收入的报解

分库直接收纳的预算收入的报解，基本与支库报解的程序相同。分库预算收入报解主要包括分库直接收纳的中央、省级预算收入的报解和支库、中心支库上划的预算收入的报解。分库收到中心支库上划的中央预算收入和省级预算收入缴款书，属于中央预算收入的缴款书，留分库备查；属于省级预算收入的缴款书连同本级收纳的预算收入缴款书，随收入日报表送同级财政部门。

（四）总库预算收入的报解

总库直接收纳的预算收入的处理方法，可以比照支库方法办理。总库预算收入的报解主要包括总库直接收纳的预算收入和分库上划的预算收入的报解。总库收到分库上划的预算收入库款、收入日报表和分成收入计算表，经审核后编制汇总的中央预算收入日报表一式两份，一份留存，一份报财政部。

第四节 财政预算收入的具体核算方法

一、一般公共预算本级收入的核算

为了核算各级财政部门组织的纳入一般公共预算本级的各项收入，应设置"一般公共预算本级收入"账户。其贷方登记国库报来的预算收入日报表所列当日一般公共预算本级收入数，如当日收入数为负数时，以红字记入（采用计算机记账的，用负数反映），平时余额在贷方，反映当期一般公共预算本级收入的累计数，年终借方登记结转"一般公共预算结转结余"数，结转后年末应无余额。本账户应根据《政府收支分类科目》中的一般公共预算本级收入科目（不含一般公共预算本级调拨收入类）设置相应的明细账。

【例3-1】某日，甲县财政收到国库报来的预算收入日报表，如表3-1所示。

表3-1 甲县预算收入日报表

县支库 　　　　　　　　　　20××年×月×日 　　　　　　　　　　单位：元

科 目 编 码	科 目 名 称	本 日 收 入
（略）	税收收入——增值税	8 000
	税收收入——企业所得税	5 500
	税收收入——个人所得税	3 500
	税收收入——车船税	3 580
	本日合计	20 580
	本年累计	239 110

借：国库存款 　　　　　　　　　　　　　　　　　　　　　　20 580
　　贷：一般公共预算本级收入——税收收入——增值税 　　　　　8 000
　　　　　　　　　　　　　　　　　　　　　——企业所得税 　　5 500
　　　　　　　　　　　　　　　　　　　　　——个人所得税 　　3 500
　　　　　　　　　　　　　　　　　　　　　——车船税 　　　　3 580

【例3-2】某日，×市财政收到国库报来的预算收入日报表，如表3-2所示。

表3-2 ×市预算收入日报表

市分库 　　　　　　　　　　20××年×月×日 　　　　　　　　　　单位：元

科 目 编 码	科 目 名 称	本 日 收 入
（略）	税收收入——企业所得税	760 000
	税收收入——增值税——企业增值税	520 000
	税收收入——增值税——出口货物退增值税	−830 000
	税收收入——企业所得税退税	−650 000
	本日合计	−200 000
	本年累计	1 296 430

```
借：国库存款                                              －200 000
    贷：一般公共预算本级收入——税收收入——企业所得税            760 000
                            ——增值税——企业增值税            520 000
                            ——增值税——出口货物退增值税
                                                          －830 000
                            ——企业所得税退税                 －650 000
```

在本日预算收入日报表中，各种补贴退库数大于实际收缴入库数，收退相抵，当日预算收入为负数，总账应用红字登记，明细账应根据预算收入日报表所列具体收退项目，分别用红字或蓝字记账。

二、政府性基金预算本级收入的核算

为了核算各级财政部门管理的政府性基金预算收入，应设置"政府性基金预算本级收入"账户。其贷方登记取得的基金预算收入，平时余额在贷方，反映当期基金预算收入累计数，年终借方登记结转"政府性基金预算结转结余"数，结转后，年末应无余额。根据基金管理要求，基金全额纳入预算管理，实行收支两条线，收入全部上缴国库，先收后支、专款专用。因此进行基金的会计核算时，不仅要与一般公共预算本级收支相区别，同时由于每项基金都有不同的用途，基金预算收入应根据不同的基金种类按应列入基金预算收入的项目分别进行明细核算，并在年终分别结出各项基金的结余。

【例3-3】某日，×市财政收到国库报来市级预算收入日报表，如表3-3所示。

表3-3 ×市预算收入日报表

市分库　　　　　　　　　　　　20××年×月×日　　　　　　　　　　　　单位：元

科目编码	科目名称	本日收入
（略）	新菜地开发建设基金收入	76 000
	政府住房基金收入	45 000
	城市公共事业附加收入	30 000
	本日合计	151 000
	本年累计	4 181 573

```
借：国库存款                                              151 000
    贷：政府性基金预算本级收入——新菜地开发建设基金收入         76 000
                            ——政府住房基金收入              45 000
                            ——城市公共事业附加收入            30 000
```

三、未建立国库的乡（镇）预算收入

未建立国库的乡（镇）财政，其预算收入都是由县（市）国库收纳并向县（市）财政报送预算收入日报表，成为县（市）财政的预算收入，但乡（镇）财政又须作为预算收入入账，这就会使预算收入重复，所以对未设国库的乡（镇）财政预算收入应做如下处理：首先，县（市）财政根据本县（市）的乡（镇）财政管理体制，与征收机关共同制定"乡（镇）财政预算收入报表",由征收机关分乡(镇)填报,县(市)财政和有关乡(镇)财政各一份;其次,县(市)财政根据"乡(镇)财政预算收入报表"审查核对无误后,根据乡(镇)应得数拨款,乡(镇)财政总预算会计根据县(市)财政的拨款通知和审核后的"乡(镇)财政预算收入报表",将转来的预算收入入账。

第五节 财政预算资金调拨收入的核算

一、补助收入的核算

(一)预算补助的内容

预算补助是指按财政体制规定或因专项需要由上级财政补助给下级财政的款项。对于上级财政来说是补助支出,对于下级财政则是补助收入。预算补助按具体内容可分为体制补助和单项补助两种。

▶ 1. 体制补助

体制补助是指上级财政对支出大于收入的地区,在财政体制划定的预算收支范围内弥补其支出大于收入部分的款项。

▶ 2. 单项补助

单项补助是指没有纳入预算包干体制,按规定年终单独结算、由上级财政专项补助的款项,以及一些临时性补助。上级财政对下级财政的某些一次性、不宜固定包干的预算支出,可采用单项补助方式。例如,自然灾害、企业上划、价格调整等导致下级财政减收增支的事项可由上级给予单项补助。

(二)补助收入的账务处理

为了核算补助收入业务,政府财政会计应设置"补助收入"账户。该账户的贷方登记取得的补助收入数,借方登记退还上级补助及年终转销数,平时贷方余额反映上级补助收入累计数,年末转账后没有余额。

上级财政"补助支出"账户的余额应与所属下级财政"补助收入"账户的余额之和相等。有基金预算补助收入的地区,应在"补助收入"账户下设置"一般公共预算补助收入""政府性基金预算补助收入"两个明细账户。

政府财政会计在核算本级财政收到上级拨来的补助款时,应借记"国库存款"科目,贷记"补助收入"科目。财政部门与上级财政的往来款项中一部分转作上级补助收入时,应从"与上级往来"科目转入"补助收入"科目,借记"与上级往来"科目,贷记"补助收入"科目。财政部门退还上级补助时,应借记"补助收入"科目,贷记"国库存款"科目。年终,将"补助收入——一般公共预算补助收入"科目余额转入"一般公共预算结转结余"科目,借记"补助收入——一般公共预算补助收入"科目,贷记"一般公共预算结转结余"科目,将"补助收入——政府性基金预算补助收入"科目余额转入"政府性基金预算结转结余"科目。借记"补助收入——政府性基金预算补助收入"科目,贷记"政府性基金预算结转结余"科目。

【例 3-4】某市财政局 2018 年发生以下经济业务，据以编制会计分录。

收到省财政局按照规定拨付的所得税基数返还收入 7 000 000 元。

借：国库存款		7 000 000
贷：补助收入——一般公共预算补助收入		7 000 000

收到省财政局拨来的抗震救灾专项补助款 570 000 元。

借：国库存款		570 000
贷：补助收入——一般公共预算补助收入		570 000

收到省财政局用基金预算资金拨来的专项补助款 33 000 元。

借：国库存款		33 000
贷：补助收入——政府性基金预算补助收入		33 000

在基金预算资金的补助款中，因计算有误，多拨了 3 000 元，市财政局收到省财政局通知，应将多拨的 3 000 元退回省财政局，先转作往来款处理。

借：补助收入——政府性基金预算补助收入		3 000
贷：与上级往来		3 000

收到省财政局通知，将往来款 3 000 元转作对该市的基金预算补助。

借：与上级往来		3 000
贷：补助收入——政府性基金预算补助收入		3 000

二、上解收入的核算

(一) 预算上解的内容

预算上解也称下级上解，是指按财政体制规定，将下级财政的一部分预算资金解缴到上级财政。预算上解，按其具体内容和方式可分为体制上解和单项上解。

▶ 1. 体制上解

体制上解是上级财政对预算收入大于支出的地区核定上解比例或数额，由国库逐日根据预算收入的入库情况和规定的上解比例或上解数额办理分成上解，年终再按体制和已上解数额进行结算。

▶ 2. 单项上解

单项上解是指下级财政部门按规定要求专项上解的款项和其他一次性、临时性的上解款项。由于打破了原来收入级次归属，就要在上下级财政之间调整收支。

(二) 上解收入的账务处理

为了核算上解收入业务，政府财政会计应设置"上解收入"科目。"上解收入"科目属于收入类会计科目，用来核算下级财政上缴的预算上解款，具体包括：按体制规定由国库在下级预算收入中直接划解给本级财政的款项；按体制结算后下级财政补缴给本级财政的款项和各种专项上解款项。该科目贷方登记上解收入的增加数，借方登记退还数和年终结转数，平时余额在贷方，反映下级上解收入累计数。年终，该科目贷方余额应全数转入"一般公共预算结转结余"等科目。该科目应按上解资金类别设置明细科目，即"一般公共预算上解收入"和"政府性基金预算上解收入"两个明细科目。

政府财政会计在核算本级财政收到下级上解款时，应借记"国库存款"科目，贷记"上解收入"科目。如果发生收入退回，应按退回数，借记"上解收入"科目，贷记"国库存款"科目。年终，将"上解收入——一般公共预算上解收入"科目的余额全数转入"一般公共预算结转结余"科目，借记"上解收入——一般公共预算上解收入"科目，贷记"一般公共预算结转结余"等科目。将"上解收入——政府性基金预算上解收入"科目的余额全数转入"政府性基金预算结转结余"科目，借记"上解收入——政府性基金预算上解收入"科目，贷记"政府性基金预算结转结余"等科目。

【例 3-5】某市财政 2018 年发生以下有关经济业务，据以编制会计分录。

收到市中心支库报来的所附各支库上报的"分成收入计算日报表"，计列所属各县报来增值税收入总额 300 000 元。按规定的增值税分成比例，市级财政享受 8%。

属于市级财政的收入＝300 000×8%＝24 000(元)。

借：国库存款 24 000
　　贷：上解收入——一般公共预算上解收入 24 000

在年终财政体制结算中，应收所属甲县财政应解未解政府性基金款项 640 000 元。

借：与下级往来——甲县 640 000
　　贷：上解收入——政府性基金预算上解收入 640 000

市财政局收到所属甲县的一般公共预算上解款 140 000 元。

借：国库存款 140 000
　　贷：上解收入——一般公共预算上解收入 140 000

市财政局将多收的所属甲县的一般公共预算上解款 60 000 元退还给甲县财政局。

借：上解收入——一般公共预算上解收入 60 000
　　贷：国库存款 60 000

年终，市财政局将"上解收入——一般公共预算上解收入"科目贷方余额 520 000 元和"上解收入——政府性基金预算上解收入"科目贷方余额 390 000 元进行年终结转。

借：上解收入——一般公共预算上解收入 520 000
　　贷：一般公共预算结转结余 520 000
借：上解收入——政府性基金预算上解收入 390 000
　　贷：政府性基金预算结转结余 390 000

三、调入资金的核算

(一) 调入资金的概念

调入资金是为平衡一般公共预算本级收支，从预算外收入或自筹收入中调入资金以及按规定从其他渠道调入资金以弥补一般公共预算本级资金的不足。调入资金属于预算内外资金的横向调度，属于本级财政预算资金的横向调拨，涉及上下级预算的收支变动。调入资金仅限于地方弥补财政总决算赤字，在年终决算时一次性使用。

(二) 调入资金的账务处理

为了核算各级财政部门因平衡预算收支而从预算外资金结余以及其他渠道调入的资金，政府财政会计应设"调入资金"科目。该科目属于收入类会计科目。该账户贷方登记调入资金数，借方登记年终转销数，平时贷方余额反映当年累计的调入资金数。该账户平时各月反映累计发生额，年末结转后无余额。调入资金时，应借记"国库存款"科目，贷记

"调入资金"科目；年终，该科目贷方余额应转入"一般公共预算结转结余"科目，借记"调入资金"科目，贷记"一般公共预算结转结余"科目。

【例3-6】某市财政2018年发生以下有关经济业务，据以编制会计分录。

经研究决定，将本级财政掌管的基金预算结余440 000元调入预算资金安排支出，以平衡本级决算。根据批准文件和有关付款凭证编制记账凭证。

```
借：国库存款                                    440 000
    贷：调入资金                                  440 000
借：调出资金                                    440 000
    贷：国库存款                                  440 000
```

经研究决定，将自筹资金900 000元调入一般公共预算本级资金使用。

```
借：国库存款                                    900 000
    贷：调入资金                                  900 000
```

市财政局将预算外资金310 000元调入预算内。

```
借：国库存款                                    310 000
    贷：调入资金                                  310 000
```

同时，预算外资金财政专户会计应编制如下会计分录：

```
借：政府调剂支出                                 310 000
    贷：财政专户存款                              310 000
```

第六节 专用基金收入的核算

一、专用基金收入的内容

专用基金收入是指财政会计管理的各项具有专门用途的资金收入，如粮食风险基金、国家级开发区专项建设基金、国家级产业基地扶持基金、国家级生态区建设基金、教育扶持和重点大学教育及建设基金等，多用于国家级战略项目或国家鼓励发展项目。专用基金收入在管理上要求专款专用，不能随意改变用途，先收后支，量入为出。专用基金收入是由财政部门按规定设置或取得，并在基金预算收入之外单独管理的资金收入，一般要求开立财政专户。

二、专用基金收入的核算

政府财政会计设置"专用基金收入"科目，用来核算财政部门按规定设置或取得的专用基金收入。该科目贷方登记取得的专用基金收入，借方登记专用基金收入的退回或转出数，平时余额在贷方，反映专用基金收入的累计数。月末，应将该科目贷方余额全部转入"专用基金结余"科目。政府财政会计在核算从上级财政部门或通过本级预算支出安排取得的专用基金收入时，应借记"其他财政存款"科目，贷记"专用基金收入"科目。退回专用基金收入时，做相反的会计分录。月末转账时，将"专用基金收入"科目余额全部转入"专用基金结余"科目，借记"专用基金收入"科目，贷记"专用基金结余"科目。专用基金收入的核算应以政府财政会计实际收到的数额为准。

【例 3-7】某市财政 2018 年发生以下有关经济业务，据以编制会计分录。

收到市中心支库报来的"预算收入日报表"及所附的有关拨款凭证，收到省财政局拨入的粮食风险基金收入 660 000 元。

借：其他财政存款——专用基金存款　　　　　　　　　　　　　　660 000
　贷：专用基金收入——粮食风险金收入　　　　　　　　　　　　　　660 000

市财政局从本级预算支出安排取得专用基金收入 32 000 元。

借：一般公共预算本级支出　　　　　　　　　　　　　　　　　　　32 000
　贷：国库存款　　　　　　　　　　　　　　　　　　　　　　　　　32 000

同时，

借：其他财政存款——专用基金存款　　　　　　　　　　　　　　　32 000
　贷：专用基金收入　　　　　　　　　　　　　　　　　　　　　　　32 000

市财政局退回从上级财政部门取得的专用基金收入 120 000 元。

借：专用基金收入　　　　　　　　　　　　　　　　　　　　　　　120 000
　贷：其他财政存款——专用基金存款　　　　　　　　　　　　　　　120 000

┤ 业务题 ├

某市财政 2018 年发生以下经济业务，根据业务编制会计分录。

1. 收到市中心支库报来的预算收入日报表、分成收入计算日报表及所附的税收缴款书等，计列当日收到的增值税总额为 400 000 元，中央分享 75%，地方分享 25%，属于本级财政分成的收入为 100 000 元。

2. 2018 年 1 月 8 日收到市中心支库报来的预算收入日报表，列报当日的预算收入为一50 000 元。

3. 收到市中心支库报来的预算收入日报表及专用缴款书，计列当日收到公安行政事业性收费收入 55 000 元，法院行政事业性收费收 23 000 元。

4. 2018 年 1 月 3 日收到市中心支库报来的上年预算收入日报表，列报预算收入 57 000 元已收到。

5. 收到国库报来的基金预算收入日报表，计列当日基金预算收入 66 000 元。

6. 某市财政收到林业基金收入 34 500 元。

7. 某市财政收到国库报来的上年度旅游发展基金收入 44 000 元。

第四章
政府财政会计支出的核算

学习目标

1. 了解政府财政预算支出的内容；
2. 熟悉政府财政支付的方式；
3. 理解政府财政预算支出的核算；
4. 掌握政府财政预算调拨支出的核算；
5. 掌握政府财政预算支出及周转金的核算。
6. 掌握政府财政专用基金支出及结余的核算。

政府财政会计支出是指各级政府为实现其职能，满足经济建设、文化建设、行政管理和国防外交等方面的资金需要，对筹集的财政资金进行的再分配。财政资金从财政拨款到用款单位将资金转化为成果，是财政资金活动的第二阶段，通称支出阶段，包括预算支出、资金调拨支出、专用基金支出等。

第一节　预算支出的内容

一、预算支出的定义

预算支出是国家对集中的预算收入有计划地分配和使用而安排的支出，预算支出分为一般公共预算本级支出、政府性基金预算支出、国有资本经营预算支出和社会保险基金预算支出。

二、预算支出的内容

（一）一般公共预算本级支出

一般公共预算本级支出是国家对集中的一般公共预算本级收入有计划地分配和使用而

安排的各项支出，反映了一般公共预算本级资金分配的实际结果。《政府收支分类科目》规定，一般公共预算本级支出分为"类""款""项""目"四个级次，"类"下分"款"，"款"下分"项"，"项"下分"目"。在"目"级以下，可按实际需要设置"节"级科目，前四级由财政部统一规定，"节"级科目由各级财政部门确定。《2017年政府收支分类科目》将一般公共预算本级支出分为25类、数百款、若干项、若干个目，这25类分别如下。

（1）一般公共服务支出（201类），反映政府提供一般公共服务的支出，分设29款：人大事务、政协事务、政府办公厅（室）及相关机构事务、发展与改革事务、统计信息事务、财政事务、税收事务、审计事务、海关事务、人力资源事务、纪检监察事务、人口与计划生育事务、商贸事务、知识产权事务、工商行政管理事务、质量技术监督与检验检疫事务、民族事务、宗教事务、港澳台侨事务、档案事务、民主党派及工商联事务、群众团体事务、党委办公厅（室）及相关机构事务、组织事务、宣传事务、统战事务、对外联络事务、其他共产党事务支出、其他一般公共服务支出。

（2）外交支出（202类），反映政府在外交事务方面的支出，分设8款：外交管理事务、驻外机构、对外援助、国际组织、对外合作与交流、对外宣传、边界勘界联检、其他外交支出。

（3）国防支出（203类），反映政府在国防方面的支出，分设5款：现役部队、国防科研事业、专项工程、国防动员、其他国防支出。

（4）公共安全支出（204类），反映政府在维护社会公共安全方面的支出，分设10款：武装警察、公安、国家安全、检察、法院、司法、监狱、国家保密、缉私警察、其他公共安全支出。

（5）教育支出（205类），反映政府在教育事务方面的支出，分设10款：教育管理事务、普通教育、职业教育、成人教育、广播电视教育、留学教育、特殊教育、进修及培训、教育费附加安排的支出、其他教育支出。

（6）科学技术支出（206类），反映政府在科学技术方面的支出，分设10款：科学技术管理事务、基础研究、应用研究、技术研究与开发、科技条件与服务、社会科学、科学技术普及、科技交流与合作、科技重大专项、其他科学技术支出。

（7）文化体育与传媒支出（207类），反映政府在文化、文物、体育、广播影视、新闻出版等方面的支出，分设6款：文化、文物、体育、广播影视、新闻出版、其他文化体育与传媒支出。

（8）社会保障和就业支出（208类），反映政府在社会保障和就业方面的支出，分设20款：人力资源和社会保障管理事务、民政管理事务、财政对社会保险基金的补助、补充全国社会保障基金、行政事业单位离退休、企业改革补助、就业补助、抚恤、退役安置、社会福利、残疾人事业、城市居民最低生活保障、其他城镇社会救济、自然灾害生活救助、红十字事业、农村最低生活保障、其他农村社会救济、补充道路交通事故社会救济基金、残疾人就业保障金支出、其他社会保障和就业支出。

（9）社会保险基金支出（209类），反映政府通过社会保障基金列支的各项支出，分设10款：基本养老保险基金支出、失业保险基金支出、基本医疗保险基金支出、工伤保险基金支出、生育保险基金支出、新型农村合作医疗基金支出、城镇居民基本医疗保险基金支出、新型农村社会养老保险基金支出、城镇居民养老保险基金支出、其他社会保险基金支出。

（10）医疗卫生支出（210类），反映政府在医疗卫生方面的支出，分设8款：医疗卫生管理事务、公立医院、基层医疗卫生机构、公共卫生、医疗保障、中医药、食品和药品监督管理事务、其他医疗卫生支出。

（11）节能环保支出（211类），反映政府在节能环保方面的支出，分设15款：环境保护管理事务、环境监测与监察、污染防治、自然生态保护、天然林保护、退耕还林、风沙荒漠治理、退牧还草、已垦草原退牧还草、能源节约利用、污染减排、可再生能源、资源综合利用、能源管理事务、其他节能环保支出。

（12）城乡社区支出（212类），反映政府在城乡社区事务方面的支出，分设6款：城乡社区管理事务、城乡社区规划与管理、城乡社区公共设施、城乡社区环境卫生、建设市场管理与监督、其他城乡社区支出。

（13）农林水支出（213类），反映政府在农林水事务方面的支出，分设8款：农业、林业、水利、南水北调、扶贫、农业综合开发、促进金融支农支出、其他农林水支出。

（14）交通运输支出（214类），反映政府在交通运输和邮政业方面的支出，分设7款：公路水路运输、铁路运输、民用航空运输、石油价格改革对交通运输的补助、邮政业支出、车辆购置税支出、其他交通运输支出。

（15）资源勘探电力信息等支出（215类），反映政府对资源勘探电力信息等事务的支出，分设9款：资源勘探开发、制造业、建筑业、电力监管、工业和信息产业监管、安全生产监管、国有资产监管、支持中小企业发展和管理支出、其他资源勘探电力信息等支出。

（16）商业服务业等支出（216类），反映政府对商业服务业等事务的支出，分设4款：商业流通事务、旅游业管理与服务支出、涉外发展服务支出、其他商业服务业等事务支出。

（17）金融支出（217类），反映政府在金融方面的支出，分设5款：金融部门行政支出、金融部门监管支出、金融发展支出、金融调控支出、其他金融支出。

（18）援助其他地区支出（219类），反映援助方政府安排并管理的对其他地区各类援助、捐赠等资金支出，分设9款：一般公共服务、教育、文化体育与传媒、医疗卫生、节能环保、农业、交通运输、住房保障、其他支出。

（19）国土海洋气象等支出（220类），反映政府用于国土资源、海洋、测绘、地震、气象等公益服务事业方面的支出，分设6款：国土资源事务、海洋管理事务、测绘事务、地震事务、气象事务、其他国土海洋气象等事务支出。

（20）住房保障支出（221类），反映政府用于住房方面的支出，分设3款：保障性安居工程支出、住房改革支出、城乡社区住宅。

（21）粮油物资储备支出（222类），反映用于粮油物资储备管理等事务方面的支出，分设5款：粮油事务、物资事务、能源储备、粮油储备、重要商品储备。

（22）预备费支出（227类），反映预算中安排的预备费。

（23）国债还本付息支出（228类），反映国债还本、付息、发行等方面的支出，分设12款：国内债务还本、向外国政府借款还本、向国际组织借款还本、中央其他国外借款还本、地方向国外借款还本、国内债务付息、国外债务付息、国内外债务发行、补充还贷准备金、地方政府债券还本、地方政府债券付息、中央境外发行主权债券还本。

（24）其他支出（229类），反映不能划分到上述功能科目的其他政府支出，分设2款：年初预留、其他支出。

（25）转移性支出（230类），反映政府的转移支付以及不同性质资金之间的调拨支出，分设 7 款：返还性支出、一般性转移支付、专项转移支付、调出资金、年终结余、债券转贷支出、援助其他地区支出。

一般公共预算本级支出科目的设置主要是按政府的职能或功能来分类的，它们着重反映政府在做什么，因而这种一般公共预算本级支出科目的分类方法称为支出按职能或功能分类的方法，所形成的一般公共预算本级支出科目也称为一般公共预算本级支出功能分类科目。

但我们应当注意功能分类不同于部门分类：部门分类是机构分类，着重明确承担责任的主体；功能分类是职能分类，着重说明政府做了些什么。高等院校虽然属于教育部门，但并非所有支出都应纳入教育类，例如，从事科研活动的支出就应归为科学技术类，所属医院的支出就应归入医疗卫生类，所属出版社的支出就应归入文化体育与传媒类。需要说明的是，第 227 类预备费和 229 类其他支出中，年初预留款级科目仅供编制预算使用，实际执行中，动用总预备费要按《预算法》的规定办理报批手续，批准安排的支出按其实际用途分别列入相应的类、款、项的预算支出中，年终执行结果不反映预备费支出，政府财政会计也不对预备费进行账务核算。另外需要说明的是，对于 230 类转移性支出，在政府财政会计核算中一般另设科目进行核算，不包括在一般公共预算本级支出之中。

（二）政府性基金预算支出

政府性基金预算支出是指各级财政部门用政府性基金预算收入安排的支出。《2017 年政府收支分类科目》规定，政府性基金预算支出包括 13 类，分别如下。

（1）教育支出（205 类），设 1 款：地方教育附加安排的支出。

（2）科学技术支出（206 类），设 1 款：核电站乏燃料处理处置基金支出。

（3）文化体育与传媒支出（207 类），设 2 款：文化事业建设费安排的支出、国家电影事业发展专项资金支出。

（4）社会保障和就业支出（208 类），设 3 款：大中型水库移民后期扶持基金支出、小型水库移民扶助基金支出、残疾人就业保障金支出。

（5）节能环保支出（211 类），设 2 款：可再生能源电价附加收入安排的支出、废弃电器电子产品处理基金支出。

（6）城乡社区支出（212 类），分设 7 款：政府住房基金支出、国有土地使用权出让收入安排的支出、城市公用事业附加安排的支出、国有土地收益基金支出、农业土地开发资金支出、新增建设用地有偿使用费安排的支出、城市基础设施配套费安排的支出。

（7）农林水支出（213 类），分设 9 款：新菜地开发建设基金支出、育林基金支出、森林植被恢复费安排的支出、中央水利建设基金支出、地方水利建设基金支出、大中型水库库区基金支出、三峡水库库区基金支出、南水北调工程基金支出、国家重大水利工程建设基金支出。

（8）交通运输支出（214 类），分设 9 款：公路水路运输、铁路运输、海南省高等级公路车辆通行附加费安排的支出、转让政府还贷道路收费权收入安排的支出、车辆通行费安排的支出、港口建设费安排的支出、铁路建设基金支出、船舶油污损害赔偿基金支出、民航发展基金支出。

（9）资源勘探电力信息等支出（215 类），分设 6 款：工业和信息产业监管、散装水泥专项资金支出、新型墙体材料专项基金支出、农网还贷资金支出、山西省煤炭可持续发展基金支出、电力改革预留资产变现收入安排的支出。

（10）商业服务业等支出（216 类），设 1 款：旅游发展基金支出。

（11）金融支出（217 类），设 1 款：金融调控支出。

（12）其他支出（229 类），设 2 款：其他政府性基金支出、彩票公益金安排的支出。

（13）转移性支出（230 类），设 3 款：政府性基金转移支付、调出资金、年终结余。

第二节 预算支出的管理

一、预算支出的支付方式

（一）未实行国库集中收付制度的支付方式

未实行国库集中收付制度的地区和单位，财政资金的支付采用资金划拨制度。资金划拨制度是将资金如数划转到预算单位的存款户头上，预算单位按照事先确定的用途和开支标准使用。

（二）实行国库集中收付制度的支付方式

▶ 1. 财政直接支付方式

财政直接支付方式是按照部门预算和用款计划确定的资金用途与用款进度，根据用款单位的申请，由财政部门开具支付令，通过国库单一账户体系，直接将财政资金支付到商品和劳务供应者账户上的支付方式。

财政直接支付的操作流程如图 4-1 所示。

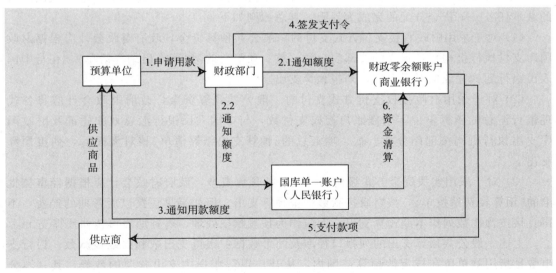

图 4-1 财政直接支付操作流程

▶ 2. 财政授权支付方式

财政授权支付方式是指按照部门预算和用款计划确定的资金用途与用款进度，由预算单位根据财政授权自行开具支付令，通过国库单一账户体系将资金支付到收款人账户的支付方式。

财政授权支付的操作流程如图 4-2 所示。

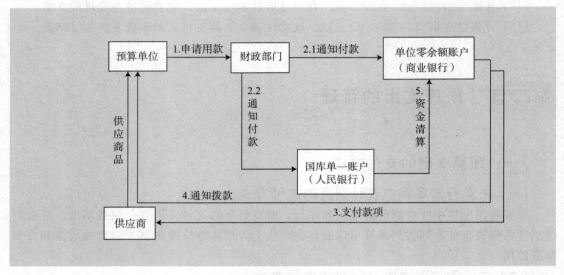

图 4-2 财政授权支付操作流程

二、一般公共预算支出的管理

（一）一般公共预算支出的列报口径

一般公共预算支出的列报口径又称预算支出的列报基础，它是以财政部门在支出阶段的基本任务——资金分配的完成为界限，其总原则如下。

（1）对于采用财政直接支付方式支付的一般公共预算资金，政府财政会计应根据财政国库支付执行机构每日报来的按部门分类、款、项汇总的《预算支出结算清单》，在与中国人民银行划款凭证核对无误后，列报预算支出。

（2）对于采用财政授权支付方式支付的一般公共预算资金，政府财政会计应将各代理银行汇总的预算单位零余额账户授权支付数，与中国人民银行汇总划款凭证及财政国库支出执行机构按部门分类、款、项汇总的《预算支出结算清单》核对无误后，列报预算支出。

（3）对于采用实拨资金方式拨付的一般公共预算资金，政府财政会计应根据经审核批准的《预算经费请拨单》，按财政拨款数列报预算支出。但如果是预拨以后各期的经费，不得直接按预拨数列作本期预算支出，而应作为预拨款项处理，等到期后再转列预算支出。

上述一般公共预算支出的列报口径涉及两个数据：银行支出数和财政拨款数。银行支出数是指用款单位在核定的预算范围内，从开户银行账户中支出款项的数额，其基本公式为

单位本期的银行支出数＝本期存入银行数＋（期初银行存款数－期末银行存款数）

财政拨款数是财政向各部门、各单位拨付资金的实际数额。在政府采购资金直接拨付模式下，政府财政会计将预算资金划入政府采购资金专户时，作为暂存款处理，在向供应商支付货款以后，才将财政安排的预算资金按实际支付数列报支出。

（二）一般公共预算支出管理要求

政府财政会计按拨款数办理预算支出，应遵循以下管理要求。

第一，严格执行《中华人民共和国预算法》，办理拨款支出必须以预算为准，预备费的动用必须经同级人民政府批准。

第二，对主管部门（主管会计单位）提出的"季度分月用款计划"及分"款""项"填制的"预算经费请拨单"，应认真审核。根据经审核批准的拨款申请，结合库款余存情况按时向用款单位拨款。

第三，总预算会计应根据预算管理要求和拨款的实际情况，分"款""项"核算，列报当期预算支出。

第四，主管会计单位应按计划控制用款，不得随意改变资金用途。"款""项"之间如确需调整，应填制"科目流用申请书"，报经同级财政部门核准后使用。总预算会计凭核定的流用数调整预算支出明细账。

第五，总预算会计不得列报超预算的支出，不得任意调整预算支出科目，未拨付的经费原则上不得列报当年支出。因特殊情况确需在当年预留的支出，应严格控制，并按规定的审核程序办理。为了保证列支的预算科目正确无误，总预算会计还应加强与财务管理部门的联系，及时对账，并协助财务管理部门监督单位认真执行预算。

三、政府性基金预算支出的管理

政府性基金预算是专用性较强的财政资金，由前面对政府性基金预算收支的分类可以看出，政府性基金预算支出的分类基本上与政府性基金预算收入的分类相一致，所以，政府性基金预算支出的管理除了参照一般公共预算本级支出的管理要求外，还有其自身特点。政府性基金预算在管理上大致可分为以下两类。

第一类是根据国务院《关于加强预算外资金管理的决定》和《财政部关于将按预算外资金管理的收入纳入预算管理的通知》先后纳入预算管理的政府性基金（收费），其管理实行收支两条线，基金（收费）要按现行体系及时上缴中央或地方金库，使用时由主管部门提出计划，财政部门按规定支付。属于基本建设用途的，由财政部门按计划部门批准的项目安排支出。基金（收费）收支在预算上单独编列反映，按规定专款专用，不得挪作他用，也不得平衡预算。

第二类是原来地方财政按国家规定收取的各项税费附加收入，按国务院上述文件的规定也纳入地方财政预算统一管理。但这部分资金的支出基本上是由同级财政统筹安排的，其中一部分可用来平衡一般公共预算本级收支。

综上所述，对于政府性基金预算支出的管理，应注意以下两个方面。

（1）先收后支。由于政府性基金预算具有较强的专用性，政府财政会计必须认真审查单位请拨的项目是否有足够的资金来源，即该项目的历年滚存结余加上本年已实现的收入减去本年已支拨数是否大于请拨数。如果单位没有足够的资金来源，则不予拨款。

（2）分项核算。由于各项政府性基金都有自己的专门用途，政府财政会计必须按不同的政府性基金项目和财政部制定的政府性基金预算收支科目记好明细账，以真实反映各项政府性基金的实际支出，同时应定期与基金管理部门对账，避免不同政府性基金预算支出相互混淆。

第三节 财政预算支出的核算

一、一般公共预算本级支出的核算

设置"一般公共预算本级支出"账户，核算各级总预算会计办理的应由一般公共预算资金支付的各项支出。按照一般公共预算支出口径确认一般公共预算本级支出时，借记"一般公共预算本级支出"账户，贷记"国库存款"等有关账户。将预拨行政事业单位经费转列支出时，借记"一般公共预算本级支出"账户，贷记"预拨经费"账户。支出收回或冲销转账时，借记有关账户，贷记"一般公共预算本级支出"账户。"一般公共预算本级支出"账户平时余额在借方，反映当期一般公共预算本级支出累计数。年终，"一般公共预算本级支出"账户借方余额应全数转入"一般公共预算结转结余"账户，借记"一般公共预算结转结余"账户，贷记"一般公共预算本级支出"账户。"一般公共预算本级支出"账户应根据《政府收支分类科目》中支出功能分类科目下应列入一般公共预算本级支出的类、款、项科目分设相应明细账。

【例 4-1】某市财政国库支付执行机构每日将按一级预算单位分"类""款""项"或收费项目汇总的《预算支出结算清单》(见表 4-1)与中国人民银行营业管理部或国库代理支库和预算外资金财政专户银行划款凭证核对无误后，送政府财政会计结算资金。

表 4-1 预算支出结算清单

列支表号：××
资金性质：一般公共预算本级支出
第 1 页　共 1 页
列支日期：20××年 4 月 1 日
单位：元

预算科目或收费项目		一级预算单位		预算支号	本日列支金额		
编码	名　称	编码	名　称		合　计	财政直接支付	财政授权支付
(略)	教育——教育管理事务——行政运行	(略)	教育局	(略)	50 000	50 000	
	教育——普通教育——小学教育				200 000	200 000	
	教育——普通教育——初中教育				400 000	400 000	
	教育——普通教育——高中教育				300 000	300 000	
	教育——普通教育——职业教育				150 000	150 000	
	教育——普通教育——技术教育				100 000	100 000	
合计					1 200 000	1 200 000	

借：一般公共预算本级支出——教育——教育管理事务——行政运行　　　50 000

　　　　　　　　　　　　　　——普通教育——小学教育　　　　　　200 000

　　　　　　　　　　　　　　　　　　　　——初中教育　　　　　　400 000

　　　　　　　　　　　　　　　　　　　　——高中教育　　　　　　300 000

　　　　　　　　　　　　　　　　　　　　——职业教育　　　　　　150 000

　　　　　　　　　　　　　　　　　　　　——技术教育　　　　　　100 000

　　贷：国库存款　　　　　　　　　　　　　　　　　　　　　　　1 200 000

　　【例 4-2】收到某市财政国库支付执行机构报来的《预算支出结算清单》，有关预算单位通过授权支付的方式从预算单位零余额账户中支付属于一般公共预算本级支出的款项，政府财政会计经与代理银行转来的预算单位零余额账户授权支付汇总清单及中国人民银行转来的汇总划款凭证核对无误后，列报一般公共预算本级支出。具体支付情况为：公共安全——公安——行政运行 40 000 元，交通运输——公路水路运输——公路养护 60 000 元，文化体育与传媒——文化——群众文化 30 000 元。在采用授权支付的情况下，对财政国库支付执行机构按市财政局批准下达各预算单位零余额账户的用款额度，仅做备查登记，不需要做正式会计分录。政府财政会计经与中国人民银行汇总划款凭证核对无误后，方可列报一般公共预算本级支出：

借：一般公共预算本级支出——公共安全——公安——行政运行　　　40 000

　　　　　　　　　　　　　　——交通运输——公路水路运输——公路养护　60 000

　　　　　　　　　　　　　　——文化体育与传媒——文化——群众文化　30 000

　　贷：国库存款　　　　　　　　　　　　　　　　　　　　　　　　130 000

　　【例 4-3】某市卫生局采用实拨资金方式根据季度用款计划开出预算经费请拨单，如表 4-2 所示。

表 4-2　预算经费请拨单

2018 年第 3 季度 7 月份

请拨单位：市卫生局　　　　　开户银行：××支行　　　　　账户：××××　　　单位：元

预算科目	本级批准计划数	本季累计已领数	本次申请拨款数	批准拨款数
医疗卫生	600 000	204 000	214 000	201 000
公立医院	323 400	104 700	114 000	107 000
基层医疗卫生机构	160 600	59 300	600 00	56 000
公共卫生	116 000	40 000	40 000	38 000

　　上述凭证经财政部门主管业务机构核准，交政府财政会计审查无误后拨款 201 000 元。

借：一般公共预算本级支出——医疗卫生——公立医院　　　　　　107 000

　　　　　　　　　　　　　　——基层医疗卫生机构　　　　　　　56 000

　　　　　　　　　　　　　　——公共卫生　　　　　　　　　　　38 000

　　贷：国库存款　　　　　　　　　　　　　　　　　　　　　　201 000

二、政府性基金预算本级支出的核算

"政府性基金预算本级支出"账户核算各级财政部门用政府性基金预算收入安排的支出。发生政府性基金预算支出时，借记"政府性基金预算本级支出"账户，贷记"国库存款（其他财政存款）"等有关账户。支出收回或冲销转账时，借记有关账户，贷记"政府性基金预算本级支出"账户。年终，本账户借方余额应全数转入"政府性基金预算结转结余"账户冲销，借记"政府性基金预算结转结余"账户，贷记"政府性基金预算本级支出"账户。"政府性基金预算本级支出"账户平时余额在借方，反映当期政府性基金预算支出累计数。政府性基金预算具有专用性，因此"政府性基金预算本级支出"账户应根据《政府收支分类科目》中收入分类科目下应列入政府性基金预算收入的项、目级科目分设相应明细账，明细账的设置应与"政府性基金预算本级收入"账户各明细账保持——对应关系。

【例 4-4】某市财政国库支付执行机构报来的《预算支出结算清单》，财政国库支付执行机构以财政直接支付方式，通过财政零余额账户支付有关预算单位的属于政府性基金预算支出的款项，具体支付情况为：农林水事务——地方水利建设基金支出 800 000 元，农林水事务——新菜地开发建设基金支出 500 000 元，教育——地方教育附加安排的支出 400 000 元。经与中国人民银行营业管理部或国库代理支库划款凭证核对无误后，送政府财政会计结算资金。

借：政府性基金预算本级支出——农林水事务——地方水利建设基金支出 800 000
        ——新菜地开发建设基金支出 500 000
        ——教育——地方教育附加安排的支出 400 000
 贷：国库存款   1 700 000

【例 4-5】收到某市财政国库支付执行机构报来的《预算支出结算清单》，有关预算单位通过授权支付的方式从预算单位零余额账户中支付属于政府性基金预算支出的款项，政府财政会计经与代理银行转来的预算单位零余额账户授权支付汇总清单及中国人民银行转来的汇总划款凭证核对无误后，列报政府性基金预算支出。具体支付情况为：节能环保支出——废弃电器电子产品处理基金支出 200 000 元，社会保障和就业——残疾人就业保障金支出 100 000 元。

借：政府性基金预算本级支出——节能环保支出——废弃电器电子产品处理基金支出
                  200 000
      ——社会保障和就业——残疾人就业保障金支出
                  100 000
 贷：国库存款   300 000

【例 4-6】某市对尚未纳入国库集中支付制度改革的部门和单位，属于政府性基金预算支出的城乡社区事务——政府住房基金支出——廉租住房支出 600 000 元，采用实拨资金方式拨付。

借：政府性基金预算本级支出——城乡社区事务——政府住房基金支出——廉租住房支出
                  600 000
 贷：国库存款——基金预算存款   600 000

第四节 财政预算资金调拨支出的核算

一、补助支出的核算

（一）补助支出核算的会计科目

补助支出是本级财政按财政体制规定或因专项需要补助给下级财政的款项及其他转移支付的支出，包括税收返还支出、按原财政体制结算应补助给下级财政的款项、专项补助或临时性补助等。

按照补助资金来源的不同，分设"一般公共预算补助支出""政府性基金预算补助支出"两个明细科目。

（二）补助支出的账务处理

政府财政会计在核算本级财政对所属下级财政的补助支出时，应借记"补助支出"科目，贷记"国库存款"科目或"其他财政存款"科目；本级财政将其与下级财政的往来款转作对下级的补助支出时，应借记"补助支出"科目，贷记"与下级往来"科目；本级财政收到对下级财政补助支出的退回时，应借记"国库存款"科目或"其他财政存款"科目，贷记"补助支出"科目。年终，"补助支出——一般公共预算补助支出"科目的借方余额应转入"一般公共预算结转结余"等科目，借记"一般公共预算结转结余"科目，贷记"补助支出——一般公共预算补助支出"科目。

"补助支出——政府性基金预算补助支出"科目的借方余额应转入"政府性基金预算结转结余"等科目，借记"政府性基金预算结转结余"科目，贷记"补助支出——政府性基金预算补助支出"科目。

【例 4-7】某市财政 2018 年发生以下有关经济业务，据以编制会计分录。

由于所属甲县发生地震灾害而财政困难，拨付一般公共预算本级补助款 380 000 元。

借：补助支出——一般公共预算补助支出　　　　　　　　　　　　380 000

　　贷：国库存款　　　　　　　　　　　　　　　　　　　　　　　　380 000

按财政体制管理规定拨付给所属乙县基金预算补助款 530 000 元。

借：补助支出——政府性基金预算补助支出　　　　　　　　　　　530 000

　　贷：国库存款　　　　　　　　　　　　　　　　　　　　　　　　530 000

将与所属丙县的往来款项 330 000 元，转作对丙县的一般公共预算本级补助支出。

借：补助支出——一般预算补助支出　　　　　　　　　　　　　　330 000

　　贷：与下级往来——丙县　　　　　　　　　　　　　　　　　　　330 000

市财政局通知丙县财政局将多拨款 30 000 元退回，转作往来款处理。

借：与下级往来——丙县　　　　　　　　　　　　　　　　　　　　30 000

　　贷：补助支出——一般公共预算补助支出　　　　　　　　　　　　　30 000

二、上解支出的核算

(一) 上解支出核算的会计科目

为了核算上解支出业务，政府财政会计应设置"上解支出"账户。该账户的借方登记上解支出的发生数，贷方登记上解支出的退转数及年末转销数，平时借方余额反映上解支出累计数。该科目应按上解资金类别设置明细科目，分设"一般公共预算上解""政府性基金预算上解"两个明细账户。

(二) 上解支出的账务处理

政府财政会计在核算本级财政发生上解支出时，应借记"上解支出"科目，贷记"国库存款"科目；如果发生上解支出退还时，应按退还数，借记"国库存款"科目，贷记"上解支出"科目；年终，将"上解支出——一般公共预算上解"科目余额转入"一般公共预算结转结余"科目时，借记"一般公共预算结转结余"等科目，贷记"上解支出——一般公共预算上解"科目。将"上解支出——政府性基金预算上解"科目余额转入"政府性基金预算结转结余"科目时，借记"政府性基金预算结转结余"等科目，贷记"上解支出——政府性基金预算上解"科目。

【例 4-8】某市财政 2018 年发生以下有关经济业务，据以编制会计分录。

市财政上解省财政 430 000 元一般公共预算本级上解款时，市财政会计应做如下会计分录：

借：上解支出——一般公共预算上解		430 000
贷：国库存款		430 000

市财政收到省财政退还的上解款 110 000 元时，市财政会计应做如下会计分录：

借：国库存款		110 000
贷：上解支出——一般公共预算上解		110 000

根据财政体制规定，市财政上解省财政基金预算款项 660 000 元。

借：上解支出——政府性基金预算上解		660 000
贷：国库存款		660 000

三、调出资金的核算

(一) 调出资金核算的会计科目

为了核算调出资金业务，政府财政会计应设置"调出资金"账户。该账户的借方登记调出资金数，贷方登记年末转销数，平时借方余额反映调出资金累计数。

某些地区财政部门如果将一般公共预算本级与基金预算分设存款账户，在对调出资金进行账务处理的同时，应调整国库存款的明细账。

(二) 调出资金的账务处理

为了核算各级财政部门从基金预算的地方财政税费附加收入结余中调出用于平衡预算收支的资金，政府财政会计应设置"调出资金"科目。该科目属于支出类会计科目。调出基金预算资金时，借记"调出资金"科目，贷记"国库存款"。同时，同级财政的一般公共预算资金会增加，借记"国库存款"科目，贷记"调入资金"科目。年终转账时，应将本科目借方余额转入"政府性基金预算结转结余"等科目，借记"政府性基金预算结转结余"科目，贷记

"调出资金"科目。

【例 4-9】某市财政 2018 年发生以下有关经济业务，据以编制会计分录。

市财政局从基金预算结余中调出 780 000 元，用于平衡预算收支。

借：调出资金	780 000
贷：调入资金	780 000

期末将调出资金、调入资金转入有关结余科目。

借：调入资金	780 000
贷：一般公共预算结转结余	780 000
借：政府性基金预算结转结余	780 000
贷：调出资金	780 000

第五节　专用基金支出的核算

专用基金支出是地方财政部门用专用基金收入安排的相应支出。各项专用基金均有其支出的具体范围和列支办法，我国目前设置的专用基金主要有粮食风险基金等。粮食风险基金的具体使用范围如下：

第一，平衡粮食市场，即委托国有粮食企业吞吐调节粮食供求、保持合理储备、支付代垫利息费用；

第二，平抑粮价，弥补以低于成本售出粮食发生的价差损失；

第三，对于移民和边远地区农民吃粮困难给予的补贴。

政府财政会计应按照规定的用途开支，并做到先收后支、量入为出。

为了核算各级财政部门用专用基金收入安排的支出，应设置"专用基金支出"账户。其借方登记用专用基金收入安排的支出数，贷方登记支出的收回数，期末余额在借方，反映当期专用基金支出的累计数，年末借方登记转入专用基金结余数，结转后无余额。本账户按专用基金的种类设置明细账。

【例 4-10】某省总预算会计根据有关文件拨付粮食部门粮食风险基金 8 000 000 元。

借：专用基金支出——粮食风险基金	8 000 000
贷：其他财政存款	8 000 000

第六节　财政总预算会计净资产的核算

一、结转结余的概念和内容

结转结余是指各级政府财政预算收支或其他资金收支的执行结果，是可以结转下年度继续按原用途使用或重新安排使用的各项财政资金，而且连续两年未用完的结转金应作为结余资金管理。财政资金的各项结转结余必须实行分类管理、分别核算，不得混淆，并在每年结算一次。年终时，财政总预算会计将各项收入与其对应的支出核销后，即该类财政资金当年的结转结余。当年结转结余加上历年滚存结转结余为本年终滚存结转结余。财政总预算会计核算的结转结余主要包括以下内容。

（1）一般公共预算结转结余是指各级政府财政一般公共预算类资金收入与支出的差额，是各级政府财政一般公共预算收支的年度执行结果。年度终了时，财政总预算会计应当将一般公共预算类收入和支出分别结转一般公共预算结转结余，结出年终滚存的结转结余资金，并用于安排下年度的一般公共预算支出。

（2）政府性基金预算结转结余是指各级政府财政政府性基金预算类资金收入与支出的差额，是各级政府财政政府性基金预算收支的年度执行结果。年度终了时，财政总预算会计应当将政府性基金预算类收入和支出分别转入政府性基金预算结转结余，结出年终滚存的结转结余资金，并用于安排下年度的政府性基金预算支出。

（3）专用基金结余是指各级政府财政专用基金类收入与支出相抵后的差额，反映各级政府财政管理的专用基金的年度收支结果。专用基金结余应当在每年年终时进行结算结出专用基金收支相抵后的滚存结余。

二、一般公共预算结转结余的核算

为核算和监督政府财政纳入一般公共预算管理的收支相抵形成的结转结余，财政预算会计应当设置"一般公共预算结转结余"科目。该科目属于净资产类科目，其贷方记录一般公共预算有关收入年终转账数，借方记录一般公共预算有关支出年终转账数设置和补充预算周转金数。年终余额在贷方，反映一般公共预算收支相抵后的滚存结余。

年终转账时，财政部门应当将一般公共预算的有关收入科目贷方余额转入"预算结转结余"科目的贷方，借记"一般公共预算本级收入""补助收入——公共预算补助收入""上解收入——一般公共预算上解收入""地区间援助收入""调入资金"等科目，贷记"一般公共预算结转结余"科目；将一般公共预算的有关支出科目借方余额转入"一般公共预算结转结余"科目的借方，借记"一般公共预算结转结余"科目，贷记"一般公共预算本级支出""上解支出——一般公共预算上解支出""补助支出——一般公共预算补助支出""地区间援助支出""调出资金"等科目。

【例 4-11】某市财政 2018 年发生以下有关经济业务，据以编制会计分录。

年末转账前有关收入项目的累计余额为：一般公共预算本级收入 330 000 000 元，一般公共预算补助收入 55 000 000 元，一般公共预算上解收入 90 000 00 元，调入资金 20 000 000元。

借：一般公共预算本级收入	330 000 000
补助收入——一般公共预算补助收入	55 000 000
上解收入——一般公共预算上解收入	90 000 000
调入资金	20 000 000
贷：一般公共预算结转结余	495 000 000

年末转账前有关支出项目的累计余额为：一般公共预算本级支出 310 000 000 元，一般公共预算补助支出 52 000 000 元，一般公共预算上解支出 80 000 000 元。

借：一般公共预算结转结余   442 000 000

    贷：一般公共预算本级支出   310 000 000

        补助支出——一般公共预算补助支出   52 000 000

        上解支出——一般公共预算上解支出   80 000 00

三、政府性基金预算结转结余的核算

为核算和监督政府财政纳入政府性基金预算管理的收支相抵形成的结转结余，财政总预算会计应当设置"政府性基金预算结转结余"科目。该科目属于净资产类科目，其贷方记录政府性基金预算有关收入年终转账数，借方记录政府性基金预算有关支出年终转账数。年终余额在贷方，反映政府性基金预算收支相抵后的滚存结转结余。"政府性基金预算结转结余"科目应当根据管理需要，按照政府性基金的种类进行明细核算。

年终转账时，财政部门应将政府性基金预算的有关收入科目贷方余额按照政府性基金种类分别转入"政府性基金预算结转结余"科目下相应明细科目的贷方，借记"政府性基金预算本级收入""补助收入——政府性基金预算补助收入""上解收入——政府性基金预算上解收入""调入资金——政府性基金预算调入资金"等科目，贷记"政府性基金预算结转结余"科目；将政府性基金预算的有关支出科目借方余额按照政府性基金种类分别转入"政府性基金预算结转结余"科目下相应明细科目的借方，借记"政府性基金预算结转结余"科目，贷记"政府性基金预算本级支出""上解支出——政府性基金预算上解""补助支出——政府性基金预算补助支出""调出资金——政府性基金预算调出支出"等科目。

【例 4-12】某市财政 2018 年发生以下有关经济业务，据以编制会计分录。

某市财政年末转账前有关收入账户的余额为：政府性基金预算本级收入 680 000 000 元，上级财政拨付的基金补助收入 44 000 000 元，下级财政上解的基金预算收入 20 000 000元。

借：政府性基金预算本级收入   680 000 000

    补助收入——政府性基金预算补助收入   44 000 000

    上解收入——政府性基金预算上解收入   20 000 000

    贷：政府性基金预算结转结余   744 000 000

年末转账前有关支出项目的余额为：基金预算支出 610 000 000 元，对下级财政的基金补助支出 42 000 000 元，对上级财政的基金预算上解支出 223 000 元，调出资金 4 000 000元。

借：政府性基金预算结转结余   656 223 000

    贷：政府性基金预算本级支出   610 000 000

        补助支出——政府性基金预算补助支出   42 000 000

        上解支出——政府性基金预算上解支出   223 000

        调出资金   4 000 000

四、专用基金结余的核算

专用基金结余是政府财政会计管理的专用基金执行结果，政府财政会计应设置"专用基金结余"科目，该科目属于结余类会计科目。月末转账时，将"专用基金收入"科目余额转入该科目，借记"专用基金收入"科目，贷记"专用基金结余"科目；将"专用基金支出"科目余额转入该科目，借记"专用基金结余"科目，贷记"专用基金支出"科目。年终，贷方余额反映本年专用基金的滚存结余数，应转入下年度。

【例4-13】某市财政2018年发生以下有关经济业务，据以编制会计分录。

年末转账前的专用基金收入账户余额29 000 000元，据以进行年末转账。

借：专用基金收入   29 000 000

　　贷：专用基金结余   29 000 000

年末转账前的专用基金支出账户余额25 000 000元，据以进行年末转账。

借：专用基金结余   25 000 000

　　贷：专用基金支出   25 000 000

第七节　预算周转金的核算

预算周转金是各级财政部门在执行预算的过程中设置的，供调剂年度内季节性收支差额，保证及时用款而设置的周转资金。

为了解决季度或月份中可能出现的短期、临时性的收支不平衡，财政部门应设置一定数额的预算周转金，以保证年度总预算的顺利执行。

预算周转金一般用年度一般预算结余资金设置、补充或由上级财政部门拨入。由本级预算安排预算周转金时，用上年一般预算结余设置或补充；由上级财政拨入资金设置或补充时，直接计入预算周转金的增加。一般来说，新成立的一级财政或者经济欠发达地区的一级财政，由于原来没有预算周转金或者预算周转金不足，上级财政在财力充足的情况下，可以拨给下级财政一定数额的预算周转金。

预算周转金只供平衡预算收支的临时周转使用，不能用于安排财政开支，未经上级财政机关批准，预算周转金年终必须保证原数，不能随意减少。预算周转金的数额应当随着预算支出规模的扩大，逐年有所补充。为了简化手续，预算周转金存款不需要单独设立专项存款账户，而是合并在"国库存款"账户内统一核算。

如果"国库存款"账户余额小于核定的预算周转金数，则表明该级财政已经动用了预算周转金存款，本级财政剩余的可使用资金达到警戒水平，必须尽快筹集资金或者合理压缩支出，否则会影响财政款项的及时拨出。虽然"国库存款"账户余额小于核定的预算周转金数，但是预算周转金的账面数字不能减少。

为了核算预算周转金，各级财政会计应设置"预算周转金"总账账户。"预算周转金"账户贷方登记设置、补充数或上级拨入数，借方登记核减数或上级抽回数，余额反映现有预算周转金的实际数。政府财政会计在核算设置或补充预算周转金时，应借记"一般公共预算结转结余"科目，贷记"预算周转金"科目，年终余额结转下年。预算周转金一般只设置总账，不设置明细账。

【例4-14】某市财政2018年发生以下有关经济业务，据以编制会计分录。

经研究决定，用上年结余的预算资金补充预算周转金332 000元。

借：一般公共预算结转结余 332 000
　　贷：预算周转金 332 000

收到省财政增拨 670 000 元资金，用于补充预算周转金。

借：国库存款 670 000
　　贷：预算周转金 670 000

省财政决定，将以前拨付的预算周转金抽回 340 000 元。

借：预算周转金 340 000
　　贷：国库存款 340 000

【例 4-15】某县财政 2018 年发生以下有关经济业务，据以编制会计分录。

县财政局经上级财政机关批准，从本县上年一般预算结余中设置预算周转金 550 000 元。

借：一般公共预算结转结余 550 000
　　贷：预算周转金 550 000

县财政局收到上级财政机关拨来的预算周转金 730 000 元。

借：国库存款 730 000
　　贷：预算周转金 730 000

业务题

某市财政 2018 年发生以下经济业务，根据业务编制会计分录。

1. 由于所属甲县发生地震灾害而导致财政困难，拨付一般公共预算补助款 380 000 元。
2. 市财政收到省财政退还的上解款 110 000 元。
3. 省总预算会计根据有关文件拨付粮食部门粮食风险基金 6 000 000 元。
4. 经研究决定，用上年结余的预算资金补充预算周转金 50 000 元。
5. 市财政安排一般公共预算支出 5 000 000 元。

第五章
财政资产和负债的核算

学习目标

1. 了解财政性存款的内容；
2. 熟悉财政性存款的核算；
3. 理解国库集中收付制度的内容；
4. 掌握财政性资产的核算；
5. 掌握暂存款和借入款的核算。

第一节 财政资产的核算

政府财政会计所核算的资产是指一级政府掌握或控制的能以货币计量的经济资源。由于财政属于分配领域，不同于企事业单位，不核算成本、商品、财产、物资等，因而其资产仅由货币资产和债权资产两部分组成，没有实物资产。其中，货币资产包括财政性存款、有价证券、在途款，没有现金；债权资产包括借出款项、暂付及应收款项、预拨款项等。

一、财政性存款

（一）财政性存款的概念

财政性存款是财政部门代表政府掌管的财政资金，财政部门对其拥有支配权。政府财政会计根据同级人民代表大会通过的年度预算和有关职能部门根据上述预算核定的单位预算，具体支配库款，并负责管理、调度和统一收付。财政性存款按财政资金存放的地点分为国库存款和其他财政存款。国库存款是指各级政府财政会计存放在国库的款项，包括一般公共预算存款和基金预算存款。其他财政存款是指未存入国库，根据国务院或财政部有关规定，存放在指定专业银行的各项财政性存款，主要包括未设国库的乡镇财政在专业银行的预算资金存款，以及部分由财政部指定存入专业银行的专用基金存款等。此外，为办理财政授权支付和与国库单一账户清算，还应设置财政零余额账户存款。财政性存款的开户一般采用"自开证明"的方式，即由财政机关开具证明，加盖机关公章，并提交印鉴卡到同级国库或指定的银行办理开户，待第一笔收入（预算收入或上级财政拨入）收到后，该户即开始成立。财政性存款开户一般应预备财政机关公章，以及机关首长、预算部门负责人和政府财政会计的印鉴。

（二）财政性存款的管理原则

政府财政会计在管理财政性存款的过程中，应遵循以下原则。

▶ 1. 集中资金、统一调度

应由财政部门掌管的资金都应纳入财政存款的有关存款户，由政府财政会计统一收纳、支拨和管理。调度资金应按照事业进度和资金使用情况，保证满足计划内各项正常支出的需求，以便充分发挥资金效益，把资金用活、用好。

▶ 2. 严格控制存款开户

财政部门的预算资金除财政部有明确规定外，一律由政府财政会计统一在国库或指定的银行开立存款账户，不得将预算资金或其他财政性资金任意转存国家规定之外的其他金融机构。

▶ 3. 执行预算，计划支拨

政府财政会计应根据人民代表大会通过的年度预算和经有关职能部门批准的单位季度分月用款计划拨付资金，不得办理超预算、无计划的拨款，以保证财政预算和单位财务收支计划的实现。

▶ 4. 转账结算，不提现金

财政是分配财政资金的部门，不是具体的使用单位，不需要支付现金，所以，政府财政会计的各种支拨凭证都不得提取现金。不提现金不仅适应了政府财政会计的实际情况，而且还保障了国库存款的安全。

▶ 5. 在存款余额内支付，不得透支

财政预算资金和银行信贷资金是两个不同的资金筹集、分配的渠道，财政的各项国库存款只能在存款余额内支取，不得透支。政府财政会计必须根据本级财政收支和库存的实际情况，做好预算资金的调度工作，解决资金的季节性平衡问题。

（三）财政性存款的核算

▶ 1. 国库存款

为了核算各级政府财政会计在国库的预算资金存款，应设置"国库存款"账户，其借方登记国库存款的增加数，贷方登记国库存款的减少数，期末余额在借方，反映国库存款的结存数。政府财政会计收到预算收入时，根据国库报来的预算收入日报表入账；收到上级预算补助时，根据国库转来的有关结算凭证入账；办理库款支付时，根据支付凭证回单入账。为避免相互流用，"国库存款"按政府预算收支账户分设"一般公共预算存款"和"基金预算存款"进行明细核算。

【例 5-1】政府财政会计收到国库转来的预算收入日报表，本日共收入 6 000 000 元，其中一般公共预算本级收入 4 500 000 元，基金预算收入 1 500 000 元。

借：国库存款 6 000 000
　　贷：一般公共预算本级收入 4 500 000
　　　　政府性基金预算本级收入 1 500 000

【例 5-2】政府财政会计根据财政有关职能部门的批准拨付经费 2 000 000 元，收到国库预算拨款凭证回单。

借：一般公共预算本级支出 2 000 000
　　贷：国库存款 2 000 000

有外币收支业务的政府财政会计，还应按外币的种类设置外币存款明细账。发生外币收支业务时，应根据中国人民银行公布的人民币外汇汇率折合为人民币记账，并登记外国货币金额和折合率。年度终了，应将外币账户余额按照期末中国人民银行颁布的人民币外汇汇率折合为人民币，作为外币账户期末人民币余额。调整后的各种外币账户人民币余额与原账面余额的差额，作为汇兑损益列入有关支出账户。

▶ 2. 其他财政存款

对于一般公共预算存款和基金预算存款，财政部门一律在国库开立存款账户，另外有一些财政资金存款会因各种原因未能在国库开立存款账户。例如，未设国库的乡镇财政因无法在国库开户，只能在国库外的其他金融机构开户；粮食风险基金等专用基金经财政部批准，也可在相应的其他金融机构开户；未纳入预算并实行财政专户管理的资金存款也未在国库开户。各级政府财政会计为了核算这些未列入国库存款账户反映的各项财政性存款，应设置"其他财政存款"账户，其借方登记其他财政存款的增加数，贷方登记其他财政存款的减少数，期末余额在借方，反映其他财政存款的实际结存数。政府财政会计收到其他财政存款时，应根据经办行报来的收入日报表或银行收款通知入账；政府财政会计支付其他财政存款时，应根据有关支付凭证的回单入账。其他财政存款的内容比较复杂，为了便于分类管理，避免资金混淆，一般可先按资金的性质分设乡镇财政"预算资金存款"和"专用基金存款"等明细账，然后再按缴存地点分开户行进行明细核算。需要说明的是，以上各项内容不是每一个地方财政都有，如有的地方县以上财政及已建立了国库的乡镇财政即不需要设置"预算资金存款"明细账。

【例 5-3】未设国库的某乡财政收到县财政拨来的应得的预算收入 300 000 元。

借：其他财政存款 300 000
　　贷：一般公共预算本级收入 300 000

【例 5-4】未设国库的某乡财政拨付给乡农技站经费 20 000 元。

借：一般公共预算本级支出 20 000
　　贷：其他财政存款 20 000

（四）国库集中收付制度

国库集中收付制度是指以国库单一账户体系为基础，将所有财政性资金都纳入国库单一账户体系管理的一项国库管理制度。这项制度要求：各预算单位的预算资金统一由财政部门监管，不再拨付给各单位分散管理；政府的所有财政收入都要直接缴入国库和财政专户，财政支出则通过批准的预算，将预算额度下达（而不是下拨）给预算单位；预算单位需要购买货物或支付劳务费用时，由财政部门按预算控制额度向国库发出付款指令，将款项由财政部门在国库开设的单一账户直接划入商品和劳务供应者或用款单位的账户。我国传统的财政性资金缴库和拨付方式是通过征收机关和预算单位设立的多重账户分散进行的，实行国库单一账户后，征收机关和执法机关目前设立的各种收入过渡账户，以及各部门和各单位设置的各类预算外资金账户都将随之消亡。

▶ 1. 国库单一账户体系

国库单一账户体系由财政部门开设的银行账户、财政部门为预算单位开设的银行账户以及特设银行账户组成。

1）财政部门开设的银行账户

财政部门开设的银行账户具体分为财政部门在中国人民银行开设的国库单一账户、在商业银行开设的财政零余额账户和在商业银行开设的财政专户。

（1）财政部门在中国人民银行开设的国库单一账户为国库存款账户，用于记录、核算和反映纳入预算管理的财政收入与支出活动，并用于与财政部门在商业银行开设的零余额账户以及财政部门为预算单位在商业银行开设的预算单位零余额账户按日进行清算实现支付。国库单一账户只在政府财政会计中使用，行政单位和事业单位会计中不设置该账户。

（2）财政部门在商业银行开设的财政零余额账户用于政府直接支付以及与国库单一账户进行清算。作为过渡性账户，代理银行根据财政部门开具的支付指令向有关货品或劳务供应商支付款项，并按日向国库单一账户申请清算后，该账户的余额即为零，故称财政零余额账户。

（3）财政部门在商业银行开设的财政专户用于对少数尚未纳入预算的财政资金进行管理，按收入和支出设置分类账，收入和支出均按部门设分户账，用于记录、核算和反映未纳入预算并实行财政专户管理资金的收支活动，并用于这些财政资金的日常收支清算。财政专户只在财政部门设立和使用，行政单位和事业单位会计中不设置该账户。继续设置财政专户是由于目前仍有一些财政资金尚未纳入预算管理，随着财政体制改革的深化，这些资金逐渐纳入预算管理，该账户的作用将逐渐缩小。

2）财政部门为预算单位开设的银行账户

财政部门为预算单位开设的银行账户主要是财政部门为预算单位在商业银行开设的零余额账户，用于财政授权支付，以及与国库单一账户进行清算，属于过渡性账户，反映预算单位的授权支付用款额度。该账户每日发生的支付，于当日营业终了前由代理银行在财政部门批准的用款额度内与国库单一账户清算；营业中单笔支付额为5 000万元以上的（含5 000万元），应当及时与国库单一账户清算。预算单位零余额账户可以办理转账、提取现金等结算业务，可以向本单位按账户管理规定保留的相应账户划拨工会经费、住房公积金及提租补贴，以及经财政部门批准的特殊款项，但不得违反规定向本单位其他账户和上级主管单位、所属下级单位账户划拨资金。由于代理银行根据预算单位开具的授权支付指令向有关货品或劳务供应商支付款项，并按日向国库单一账户申请清算后，该账户的余额即为零，故称为预算单位的零余额账户。预算单位零余额账户在行政单位和事业单位会计中使用。

3）特设银行账户

特设银行账户是指经国务院和省级人民政府批准，授权财政部门开设的特殊过渡性账户，用于记录、核算和反映预算单位的特殊专项支出活动，并用于与国库单一账户进行清算。一般情况下，该账户为实拨资金账户。例如，对粮食风险基金可按规定为其设立专门账户，但此类账户的数量必须严格加以控制。预算单位不得将特设专户资金转入本单位其他银行存款账户，也不得将本单位其他银行账户资金转入特设账户。特设银行账户只在按规定申请设置了特设专户的预算单位中使用。

▶ 2. 财政支出的支付方式

在国库单一账户制度下，财政支出的支付方式可分为财政直接支付和财政授权支付两种。

1）财政直接支付

财政直接支付是指由财政部门开具支付指令，通过国库单一账户体系将财政资金直接支付到货品或劳务供应商账户的支付方式。实行财政直接支付的支出主要包括工资支出、工程采购支出、物品和服务采购支出、转移支出等。财政直接支付主要通过转账方式进行，也可以采用"国库支票"支付。财政国库支付执行机构根据预算单位的要求签发支票，并将签发给收款人的支票交给预算单位，由预算单位转给收款人，收款人持支票到其开户银行入账，收款人开户银行再与代理银行进行清算，每日营业终了前，由国库单一账户与代理银行进行清算。

2）财政授权支付

财政授权支付是指预算单位根据财政部门的授权自行开具支付指令，通过国库单一账户体系将资金支付到货品或劳务供应者账户的支付方式。实行财政授权支付的支出主要包括未纳入工资支出，工程采购支出，物品、服务采购支出管理的购买性支出和零星支出，其具体支出项目由财政部门在确定部门预算或制定财政资金支付管理办法时确定。具体支出项目包括：单件物品或单项服务购买额不足 10 万元的购买支出；年度财政投资不足 50 万元的工程采购支出；特别紧急的支出和经财政部门批准的其他支出。财政授权支付下，预算单位在月度用款限额内自行开具支付指令，通过财政国库支付执行机构转由代理银行向收款人付款，并与国库单一账户清算。

上述财政支付流程以现代银行支付系统和财政信息系统的国库管理操作系统为基础，在其尚未建立和完善前，财政国库支付执行机构或预算单位的支付指令通过人工操作转到代理银行，代理银行通过现行银行清算系统向收款人付款，并在每天轧账前，与国库单一账户进行清算。财政国库支付执行机构在财政部层面称为国库支付中心，在地方层面称为国库支付局或国库支付中心，其重要职责之一是办理财政资金的支付业务。财政国库支付执行机构会计是政府财政会计的延伸，为此，政府财政会计应根据财政国库支付执行机构业务活动的特点设置"财政零余额账户存款"。

"财政零余额账户存款"账户属于资产类账户，用于核算财政国库支付执行机构直接办理资金支付的业务，其贷方登记财政国库支付执行机构当天发生的直接支付资金数，借方登记当天国库单一账户存款划入冲销数。该账户当日资金结算后，余额为零。

【例 5-5】某市财政国库支付执行机构为某预算单位直接支付以一般公共预算安排的款项 500 000 元。

财政国库支付执行机构编制会计分录如下：

借：一般公共预算本级支出——财政直接支付　　　　　　　　　　　　　　　500 000
　　贷：财政零余额账户存款　　　　　　　　　　　　　　　　　　　　　　　　500 000

【例 5-6】某市财政国库支付执行机构汇总编制了《预算支出结算清单》，其中汇总的财政直接支付应结算资金数额为 500 000 元，该清单与中国人民银行国库划款凭证核对无误，并已送政府财政会计结算资金。

国库支付执行机构编制会计分录如下：

借：财政零余额账户存款　　　　　　　　　　　　　　　　　　　　　　　　　500 000

　　贷：已结报支出——财政直接支付　　　　　　　　　　　　　　500 000

政府财政会计编制会计分录如下：

　　借：一般公共预算本级支出　　　　　　　　　　　　　　　　500 000

　　　　贷：国库存款　　　　　　　　　　　　　　　　　　　　　　500 000

二、有价证券

(一) 有价证券的概念

　　政府财政会计核算的有价证券是指中央政府以信用方式发行的国家公债。地方各级财政购买有价证券的资金来源于财政结余（包括预算结余和基金结余）。用财政结余购买有价证券，从资产角度来看，虽然是由国库存款或其他财政存款转化为有价证券，但由于有价证券能在约定的时期转化为国库存款或其他财政存款，所以在资产划分上仍将其与存款归为一类，视同货币资产进行管理。

(二) 有价证券的管理

　　政府财政会计对于有价证券的要求如下：

　　第一，只能用各级财政结余资金（包括一般公共预算本级结余和基金预算结余）购买国家指定的有价证券；

　　第二，支付购买有价证券的资金不得列作支出；

　　第三，当期有价证券兑付的利息及转让有价证券取得的收入与账面成本的差额，应分别按购入有价证券时的资金来源作为一般公共预算本级收入或基金预算收入等入账；

　　第四，购入的有价证券（包括债券收款单）要视同货币妥善保管，防止遗失。

(三) 有价证券的核算

　　为了进行有价证券的核算，政府财政会计应设置"有价证券"账户，其借方登记购入有价证券增加的本金数，贷方登记到期兑付或提前转让有价证券减少的本金数，期末余额在借方，既反映现存有价证券的本金数，也反映已转化为有价证券、暂时不能安排使用的结余数（一般公共预算结转结余和政府性基金预算结转结余）。有价证券按购券的资金来源设置明细账，在持有多种有价证券时，还应进一步按有价证券种类进行明细核算。

　　【例5-7】某市财政用一般公共预算资金购买国库券600 000元。

　　借：有价证券——一般公共预算资金购入　　　　　　　　　　600 000

　　　　贷：国库存款　　　　　　　　　　　　　　　　　　　　　　600 000

　　【例5-8】某市用政府性基金预算资金购买的2年期国库券300 000元提前1年转让，取得转让净收入320 000元。

　　借：国库存款　　　　　　　　　　　　　　　　　　　　　　320 000

　　　　贷：有价证券——政府性基金预算资金购入　　　　　　　　　300 000

　　　　　　政府性基金预算本级收入　　　　　　　　　　　　　　　　20 000

　　【例5-9】某市持有的4年期国库券700 000元到期兑付，其中，用一般公共预算资金购入400 000元，用政府性基金预算资金购入300 000元，国库券的年利率为10%。

　　国库券本息合计＝700 000×(1＋5×10%)＝1 050 000(元)。

　　借：国库存款　　　　　　　　　　　　　　　　　　　　　1 050 000

贷：有价证券——一般公共预算资金购入	400 000
——基金预算资金购入	300 000
一般公共预算本级收入	200 000
政府性基金预算本级收入	150 000

三、在途款

（一）在途款的概念

在途款是在决算清理期和库款报解整理期内发生的、跨年度收支业务需要过渡处理的资金。由于库款的报解需要一定的传递时间，年终就会存在国库经收处，或各级国库已在年前收纳，但尚未转划到支库或尚未报解到上级国库的各种收入。为了保证国库经收处当年收到的预算收入及时反映到当年的决算中去，就需要对资金活动发生在新年度但会计事项却属于上一年度的上、下年度间的交接资金进行过渡处理。

（二）在途款的核算

为了在年终决算中全面反映各级实际预算收入总额，解决上、下年度间的库款结算问题，应设置"在途款"账户。决算清理期内收到属于上年度收入时，借记"在途款"账户，贷记"一般公共预算本级收入""补助收入""上解收入"等收入账户；收回属于上年度拨款或支出时，借记"在途款"账户，贷记"预拨经费"或"一般公共预算本级支出"账户。年终余额结转下年新账，在途款冲转数记入新账贷方，记入新账后"在途款"账户无余额。

【例 5-10】在决算清理期内收到国库报来预算的收入日报表，列示所属上年度的一般公共预算本级收入 250 000 元。

在上年度旧账上编制会计分录如下：

借：在途款	250 000
贷：一般公共预算本级收入	250 000

在下年度新账上编制会计分录如下：

借：国库存款	250 000
贷：在途款	250 000

【例 5-11】在决算清理期内收到国库报来的收回上年度各单位一般公共预算本级支出 50 000 元。

在上年度旧账上编制会计分录如下：

借：在途款	50 000
贷：一般公共预算本级支出	50 000

在下年度新账上编制会计分录如下：

借：国库存款	50 000
贷：在途款	50 000

四、债权资产

（一）借出款项

借出款项是指政府财政按照对外借款管理相关规定借给预算单位临时急需的，并需按期收回的款项。在预算执行过程中，如果预算单位产生临时性资金需求，可以按规定向财政部门申请借款，并需要按期归还。借出款项是本级政府财政对预算单位的债权，反映本级政府财政向预算单位收回相应款项的权利。

为核算和监督政府财政按照对外借款管理相关规定借给预算单位临时急需的，并需按期收回的款项，财政总预算会计应当设置"借出款项"科目。该科目属于资产类科目，其借方记录政府财政款项借出数，贷方记录收回借款数，期末余额在借方，反映政府财政借给预算单位尚未收回的款项。"借出款项"科目应当按照借款单位等进行明细核算。

将款项借出时，财政部门应当按照实际支付的金额，借记"借出款项"科目，贷记"国库存款"等科目。收回借款时，财政部门应当按照实际收到的金额，借记"国库存款"等科目，贷记"借出款项"科目。

【例5-12】市教育局因修理危险校舍，向市财政紧急借款4 000 000元。

借：借出款项——教育局　　　　　　　　　　　　　　　　　　　　4 000 000
　　贷：国库存款　　　　　　　　　　　　　　　　　　　　　　　　　　4 000 000

上述修理校舍款项经研究预算已经落实，转作一般公共预算本级支出。

借：一般公共预算本级支出　　　　　　　　　　　　　　　　　　　　4 000 000
　　贷：借出款项——教育局　　　　　　　　　　　　　　　　　　　　4 000 000

（二）预拨及应收款项

▶ 1. 预拨及应收款项的概念

预拨及应收款项是指往来结算中形成的债权，包括在预算执行过程中上下级财政之间结算形成的债权以及对用款单位借垫款形成的债权。预拨及应收款项应按实际发生数记账，对已发生的暂付及应收款项，各级财政机关应按规定及时清理结算，不得长期挂账，年末原则上应无余额。

▶ 2. 预拨及应收款项的核算

1）与下级往来的核算

财政上下级之间，由于财政资金周转调度的需要，以及补助、上解结算等事项而形成的应补未补、应解未解等待结算资金称为上下级往来。这种往来结算既可能是上级财政欠下级财政的款，也可能是下级财政欠上级财政的款，所以不论是与上级往来还是与下级往来都有可能形成债权，也都有可能形成债务。但在一般情况下，多数表现为下级财政对上级财政的欠款，因此在政府财政会计核算中，通常将与下级往来作为债权列在资产类，将与上级往来作为债务列在负债类。

为了核算与下级财政的往来待结算款项，应设置"与下级往来"账户，其借方登记借给下级财政的款项及应由下级财政上缴的收入，贷方登记借款的收回、转作补助支出或体制结算应给下级财政的补助。期末如为借方余额，反映为下级财政应归还本级财政的款项；期末如为贷方余额，则反映为本级财政欠下级财政的款项，此时在资产负债表上可用负数或红字反映。本账户应按资金的性质和下级财政部门名称设置明细账。

【例5-13】省财政局同意所属×市财政局的申请，借给临时周转金3 500 000元。

借：与下级往来——×市财政　　　　　　　　　　　　　　　　　　3 500 000
　　贷：国库存款　　　　　　　　　　　　　　　　　　　　　　　　　3 500 000

【例5-14】省财政局将借给×市的款项1 000 000元转作对该市的补助。

借：补助支出　　　　　　　　　　　　　　　　　　　　　　　　　　1 000 000
　　贷：与下级往来——×市财政　　　　　　　　　　　　　　　　　　1 000 000

【例 5-15】省财政局收到×市偿还的款项 1 500 000 元。

借：国库存款 1 500 000

　　贷：与下级往来——×市财政 1 500 000

2）其他应收款

其他应收款是指政府财政临时发生的其他应收、暂付、垫付款项，以及项目单位拖欠外国政府和国际金融组织贷款本息及相关费用导致相关政府财政履行担保责任而代偿的贷款本息费。其他应收款是本级政府财政与预算单位或其他单位的往来待结算款项，反映本级政府财政对预算单位或其他单位的债权，而与下级往来是本级政府财政与下级政府财政之间的往来待结算款项，不仅包括本级政府财政对下级政府财政的债权，也包括对下级政府财政的债务。本级政府财政的其他应收款需要收回或经批准转作预算支出。

为核算和监督政府财政的其他应收款，财政总预算会计应当设置"其他应收款"科目。该科目属于资产类科目，其借方记录其他应收款发生数及代偿贷款本息数等，贷方记录收回或转作预算支出的款项。该科目应及时清理结算，年终原则上应当无余额。"其他应收款"科目应当按照资金性质、债务单位等进行明细核算。

发生其他应收款项时，财政部门应当借记"其他应收款"科目，贷记"国库存款""其他财政存款"等科目。

（三）预拨款项

预拨款项是按规定拨给用款单位的待结算资金，主要是预拨经费。

▶ **1. 预拨经费的概念及管理原则**

预拨经费是财政部门预拨给行政、事业单位而尚未列为预算支出的经费，包括两种情况：一是年度预算执行中，总预算会计用预算资金预拨给有关用款单位应在以后各期列支的款项；二是会计年度终了前预拨给用款单位的下年度经费。前者主要是有些用款单位距财政部门路途较远，且交通、通信不便，当期汇款不能及时到达，影响按时支付，需要上一个月即拨付下一个月的经费；后者如列入下年的农田水利建设计划，须在今年抓紧准备或施工，在此情况下，往往需要提前拨付，但又不能在本年度列为支出。

预拨经费的管理应掌握下述原则：

第一，预拨经费应掌握个别、特殊的原则，并控制在计划额度内，不得任意预拨；

第二，预拨经费应在规定列支期间及时列支，不能长期挂账。

▶ **2. 预拨经费的核算**

为了核算按规定预拨给用款单位的待结算资金，应设置"预拨经费"账户，其借方登记预拨给用款单位的款项，贷方登记用款单位交回的款项和转列支出的款项，期末余额在借方，反映尚待转列支出或尚待收回的预拨经费数。规定在当年列支的，余额不得跨年；规定在下年度列支的，年终余额结转下年。本账户应按接受拨款的单位设置明细账。

【例 5-16】根据下年度计划和水利局申请预拨下年度水利经费 1 000 000 万元。

借：预拨经费——水利局——下年度水利经费 1 000 000

　　贷：国库存款 1 000 000

上述经费下年度转作一般公共预算本级支出。

借：一般公共预算本级支出 1 000 000

　　贷：预拨经费——水利局——下年度水利经费 1 000 000

第二节 财政负债的核算

政府财政会计所核算的负债是指一级财政所承担的能以货币计量、需以资产偿付的债务。财政虽然是分配资金的部门，但在预算执行过程中，上下级财政之间、财政与预算单位之间，因资金调度也存在人欠、欠人的事项，再加上中央及地方预算依法举借的债务，都会形成财政的负债事项。

政府财政会计核算的负债内容包括三个方面：

第一，在预算执行期间，上下级财政或财政与其他部门的结算中形成的应付及暂收款项；

第二，按法定程序及核定的预算举借债务而形成的借入款；

第三，因实行国库单一账户制度而出现的已结报支出。

一、应付及暂收款项

（一）应付及暂收款项的概念

应付及暂收款项是指往来结算中形成的债务，包括在预算执行过程中上下级财政之间结算形成的债务，以及财政与其他部门结算中发生的暂存款和收到的其他性质不明的款项等。

（二）应付及暂收款项的核算

▶ 1. 与上级往来的核算

与上级往来的核算是指下级财政与上级财政往来待结算款项。在一般情况下，这种往来结算通常表现为下级财政对上级财政的欠款，因而政府财政会计将其作为债务列为负债类核算。

为了核算与上级财政往来待结算的款项，应设置"与上级往来"账户，其贷方登记从上级财政借入的款项或体制结算中发生的应上缴上级财政的款项，借方登记借入款项的偿还或转作上级补助收入，以及体制结算中应由上级财政补给的款项。期末余额一般在贷方，反映为本级财政欠上级财政的款项，如在借方则反映为上级财政欠本级财政的款项，在编制资产负债表时，应以负数或红字反映。本账户应及时清理结算，年终未能结清的余额结转下年。

有基金预算往来的地区，可按资金性质分设明细账。

【例5-17】市财政局收到省财政厅借给的临时周转金1 500 000元。

借：国库存款 1 500 000
　　贷：与上级往来 1 500 000

按省财政厅通知上述借款中的1 000 000元转作对本市的补助。

借：与上级往来 1 000 000
　　贷：补助收入 1 000 000

市财政偿还省财政借给的款项1 500 000元。

借：与上级往来 1 500 000
　　贷：国库存款 1 500 000

▶ 2. 其他应付款的核算

政府财政会计核算的其他应付款是指各级财政部门临时发生的应付、暂收和收到的其他性质不明的款项。其他应付款是财政部门和所属预算单位及其他单位之间结算产生的债务，不包括上下级财政之间的债务，上下级财政往来单设账户进行核算。"其他应付款"账户的贷方登记收到的其他应付款项，借方登记暂存款项冲转退还和转作收入的数额，期末余额在贷方，反映尚未结清的其他应付款项。本账户应按资金性质、债权单位或款项来源进行明细核算。

【例 5-18】某县财政收到县支库转来性质不明的款项 50 000 元，作为应清理的债务入账。

借：国库存款   50 000
  贷：其他应付款   50 000

经县财政查明，上述性质不明的款项系某单位应缴上级财政的款项，误入县支库，应予退回。

借：其他应付款   50 000
  贷：国库存款   50 000

二、借入款

（一）借入款的概念

借入款是指中央及地方财政按照法定程序及核定的预算举借的债务，包括中央预算按全国人民代表大会批准的数额举借的国内和国外债务，以及地方预算根据国家法律或国务院特别规定举借的债务。上下级财政之间临时性借垫款项及财政部门暂存其他单位的款项等不属于借入款范畴，应单设账户另行核算。通过借债的办法筹措必要的建设资金是国际上通行的做法，但是借债并不是无限度的，必须考虑社会的承受能力、债务的使用效益和今后财政的偿付能力。因此，借债必须有合理的规模和结构。合理的借债规模，从内债来讲，一般是指当年的内债余额不超过当年的国内财政收入；从外债来讲，一般是指外债偿债率（当年外债还本付息额占商品及劳务出口外汇收入的比率）不超过20%；从借债期限来讲，长期、中期和短期债务应当各自占有一定的比例，形成多元化的期限结构；从借债利率来讲，高、中、低利率所占的比重以及固定利率和浮动利率所占的比重要适度。

我国对国债规模的管理实行年度额度管理制度，即国债发行规模是由财政部在每年第四季度根据国家财政预算收支情况测算编制下年度国债发行计划，并作为国家预算的一部分报经国务院批准后，由国务院提请全国人民代表大会审议批准的。国债发行计划一经通过就具有法律规定性，如果年度执行中需要追加或削减规模，仍要报请全国人大常委会审议批准。同时应当指出的是，按照《中华人民共和国预算法》的规定，现阶段我国地方政府一般不得发行地方政府债券，但为了有效扩大内需、促进国民经济稳定增长，国务院决定1998 年增发一定数量国债，并将其中一部分转贷给地方政府使用，称为"国债转贷"。2009 年，为应对国际金融危机、刺激经济、增强地方政府安排配套资金的能力和提高政府的投资能力，国务院决定允许地方政府发行债券，列入省级预算管理，由国家财政部代发行的方式发行地方债券。2011 年，国务院又批准在上海市、浙江省、广东省和深圳市试点地方政府自行发债。

(二)借入款的核算

▶ 1. 国债的发行

【例 5-19】中央财政发行经全国人民代表大会批准的某期国库券,收到国库收入凭证,当日实际收款 7 000 000 000 元。

借:国库存款   7 000 000 000

     贷:借入款——×期国债   7 000 000 000

▶ 2. 国债的偿还

【例 5-20】某期国库券到期还本付息,发行额为 2 000 000 000 元,期限 2 年,年利率 4%。

借:借入款——×期国债   2 000 000 000

     一般公共预算本级支出   300 000 000

     贷:国库存款   2 300 000 000

三、已结报支出

政府财政预算的执行机构由各级政府财政部门、行政事业单位主管部门和负责拨款、付款的银行组成。在国库集中收付制度下,财政国库支付执行机构通过国库单一账户体系,将支出支付到货品和劳务的供应商或用款单位。行政事业单位主管部门按照预算管理的要求,核算和监督拨入经费的使用。中国人民银行和各级财政部门一起履行对国库单一账户和有关代理银行的管理与监督职能。财政国库支付执行机构所办理的财政资金支付业务是财政部门审核、监督财政资金收付工作的延伸,为便于财政国库资金已结清的支出数额与有关各方进行核对,正确反映财政直接支付、财政授权支付两种不同的财政支出支付方式的实际数额,政府财政会计应根据国库支付执行机构核算的特点,在负债类账户中增设"已结报支出"总账账户。

"已结报支出"账户属于负债类账户,用于核算财政国库资金和财政专户存款资金已结清的支出数额。财政国库支付执行机构办理资金结算时,借记"财政零余额账户存款"账户,贷记"已结报支出"账户,当天业务结束后,本账户余额应等于一般公共预算本级支出与基金预算支出之和。年终结账时,借记"已结报支出"账户,贷记"一般公共预算本级支出""基金预算支出"账户,年终结转后"已结报支出"账户余额为零。"已结报支出"账户按财政支出的支付方式设置"财政直接支付"和"财政授权支付"两个二级账户进行明细核算。

【例 5-21】某市财政国库支付执行机构为某预算单位直接支付以一般公共预算本级安排的款项 700 000 元。

借:一般公共预算本级支出——财政直接支付   700 000

     贷:财政零余额账户存款   700 000

【例 5-22】某市财政国库支付执行机构汇总编制《预算支出结算清单》,财政直接支付应结算的款项 700 000 元。经与中国人民银行国库划款凭证核对无误送交政府财政会计结算资金。

财政国库支付执行机构编制会计分录如下:

借:财政零余额账户存款   700 000

     贷:已结报支出——财政直接支付   700 000

政府财政编制会计分录如下：

借：一般公共预算本级支出   700 000

  贷：国库存款   700 000

【例 5-23】财政国库支付执行机构收到代理银行报来的《财政支出日（旬、月）报表》。其中，以一般公共预算安排的授权支出 300 000 元，以基金预算安排的授权支出 150 000 元。经与中国人民银行国库划款凭证核对无误。

财政国库支付执行机构编制会计分录如下：

借：一般公共预算本级支出——单位零余额账户额度   300 000

   政府性基金预算本级支出——单位零余额账户额度   150 000

  贷：已结报支出——财政授权支付   450 000

政府财政会计编制会计分录如下：

借：一般公共预算本级支出   300 000

   政府性基金预算本级支出   150 000

  贷：国库存款   450 000

【例 5-24】年终，财政国库支付执行机构将预算支出与有关方面核对一致，其中，一般公共预算支出中的财政直接支付 600 000 元，一般公共预算支出中的单位零余额账户额度 300 000 元，基金预算支出中的零余额账户额度 150 000 元。

国库支付执行机构编制会计分录如下：

借：已结报支出——财政直接支付   600 000

         ——财政授权支付   450 000

  贷：一般公共预算本级支出——财政直接支付   600 000

               ——财政授权支付   300 000

   政府性基金预算本级支出——财政授权支付   150 000

业务题

某市财政 2018 年发生以下经济业务，根据业务编制会计分录。

1. 市财政收到市中心支库报来的预算收入日报表及所附的缴款书回执联，计列当日本级预算收入 540 000 元。

2. 市财政收到市中心支库报来的基金预算收入日报表，计列各种基金预算收入 427 000 元。

3. 市财政接到受托专业银行的收款通知，系收到粮食风险基金收入 67 000 元。

4. 市财政用上年一般公共预算资金 822 000 元购买国库券。

5. 市财政以前年度使用一般公共预算资金购买的国库券到期，兑付本利 800 000 元，其中利息收入为 50 000 元，本金为 750 000 元。

6. 1 月 2 日，市财政收到市中心支库报来的预算收入日报表及所附的缴款书等，计列收到属于上年度的税收收入 41 000 元。

7. 经批准，市财政对市民政局的办公楼维修借款 14 000 元转作经费支出。

8. 经批准，市财政借给市水利局临时急需的款项 255 000 元，用于该局下属某事业单位的设备改造。

9. 市财政借给所属甲县洪涝灾害救灾款 490 000 元。

10. 经批准，市财政借给甲县的款项 490 000 元转为对该县的补助支出。

11. 市国库报来的收入日报表显示，收到某单位缴来性质不明的款项 56 000 元。

12. 市财政向省财政借入急需周转用款项 334 000 元。

13. 市财政接到省财政的通知，原从省财政借入的 330 000 元转作对本市的预算补助款。

14. 中央财政根据全国人民代表大会的决定，在国内发行 3 年期国库券 990 000 000 元，已经收到款项。

15. 以前年度发行的国库券 600 000 000 元已到期，另支付利息 2 000 000 元。

第六章
财政会计的财务报表

学习目标

1. 了解财政会计报表的概念；
2. 熟悉财政会计报表的种类；
3. 掌握财政资产负债表的编制；
4. 掌握财政预算收支总表的编制；
5. 掌握财政预算报表的审核和汇总。

第一节 财政会计报表概述

一、财政会计报表的概念

财政会计报表即财政会计的财务报表，是反映各级政府财政资金状况和预算收支执行情况及其结果的定期书面报告，是各级政府和上级财政部门了解财政收支情况、制定财政政策、指导预算执行工作的重要依据，也是编制下年度预算的基础。

二、财政会计报表的种类

财政会计报表可以按不同的标准进行分类。

按财政会计报表经济内容的不同，可分为资产负债表、一般预算收支决算总表、政府性基金收支决算总表、预算外财政专户资金收支决算总表及其他附表和预算执行情况说明书等。

按财政会计报表编报时间的不同，可以分为旬报、月报、年报三种。旬报、月报和年报的报送期限及编报内容应根据上级财政部门的具体要求和本行政区域预算管理的需要办理。

按财政会计报表编报的会计主体不同，可以分为基层会计报表和汇总会计报表。

第二节 财政会计报表的编制

一、财政会计报表的编制要求

（一）数字正确

财政会计报表的数字必须真实可靠，必须根据核对无误的账户记录并和所属单位的报表一起编制及汇总。总预算会计账簿是会计事项客观实际的记录，会计数字是决策的重要依据，所以账、表相符，不估列代编，是做好财政会计报表的首要前提。各级财政部门应做好对所属单位会计报表的审核工作。上级财政部门对下级财政部门上报的会计报表，也要认真审核，发现问题后及时纠正。

（二）报送及时

财政会计报表作为提供会计信息的书面报告，是各级领导和上级财政部门了解情况、掌握政策、指导预算执行工作的重要资料，失去了时间性，也就丧失了时效，所以，各级总预算会计既要及时地登账、结账，也要及时编制报表，并在规定时间内上报，从而有效地发挥报表的作用。从财政部到各省、市、县的各级财政部门，都要对报表的上报期限做出规定，并督促下级部门严格执行。

（三）内容完整

财政会计报表必须做到内容完整，要按照规定的报表种类、格式和指标认真填报，不能漏报、漏填，对规定的栏目或行次不能任意取舍，汇总报表的单位要把所属单位的报表汇集齐全，以保证会计报表能在全国范围内统一汇总分析。对有些项目和数据，还应该做出附注加以说明。

二、财政会计报表的编报程序

财政会计报表由乡、县、市、省级财政部门和财政部逐级汇总编报，行政、事业单位预算会计报表是同级总预算会计报表内容的组成部分，由各级行政、事业单位逐级汇总，各主管部门向同级财政部门报送。此外，参与国家预算执行的国家金库，要向同级财政部门报送预算收入日报表并作为总预算会计的记账依据，地方税务机关向同级财政提供的统计报表等是编制总预算会计报表的重要资料。财政部将定期逐级汇总编制的国家预算收支情况报表报送国务院，各级财政机关同时将地方各级总预算收支情况报表报送同级人民政府。

三、旬报、月报的编制

（一）旬报的编制

旬报是及时反映月份内总预算收支执行进度的报表，每月上、中旬各报一次，只列报收支总数和一些主要的大类数。上旬旬报列报本旬发生数；中旬旬报列报上、中两旬的累计发生数；下旬旬报以月报代替。旬报要求及时、迅速，各级财政部门在收到下级财政机关上报的旬报后，加上本级的预算收支数，逐级汇总上报上级财政部门。一般规定县级财政部门的旬报应在旬后 1 日内上报上级财政部门，各省（自治区、直辖市）的旬报要求在旬后 3 日内上报财政部。旬报的项目内容可由各省（自治区、直辖市）根据财政部的要求，结合本地预算管理的需要具体确定。旬报的一般格式如表 6-1 所示。

表 6-1　20××年地方财政收支旬报

编报单位：××市财政局　　　　　　　　　×月×旬　　　　　　　　　单位：万元

代　号	项　目	金　额	代　号	项　目	金　额
	一般公共预算本级收入合计			政府性基金预算本级收入合计	
	其中：各项税收			政府性基金预算本级支出合计	
	……				
	一般公共预算本级支出合计				
	其中：基本建设支出				
	……				

旬报中的收入数以国库的本旬实际入库数为准，支出数取自各级总预算会计账簿数。省级财政部门汇总后，再根据财政部的统一要求上报。由于各级财政部门的旬报数据量少，可以采用电话报数的方式，随着计算机及远程通信设备的逐步普及应用，已逐步实现以计算机网络传输方式上报。

（二）月报的编制

月报主要包括反映月份总预算收支执行情况的报表和各月的资产负债表。

▶ 1. 反映月份总预算收支执行情况的报表

反映总预算收支执行情况的报表主要反映从年初至本月末止的预算收支完成情况。一般要求填列到收、支预算的款级科目，按收支配比要求，具体分为一般公共预算本级收入月报、一般公共预算本级支出月报、基金预算收支月报。

1）一般公共预算本级收入月报

一般公共预算本级收入月报是反映月份内一般公共预算本级收入执行情况的报表。表内除列报当月数外，还列报累计数。类、款收入数应与国库核对一致。"企业所得税""国有企业上缴利润""国有企业计划亏损补贴"及"所得税退税"等大类下的分行业、部门数，如果国库报表中没有相应的核对数据，应根据总预算会计的一般公共预算收入明细账数据填列。上报财政部的地方财政一般公共预算本级收入月报的具体格式应以当年财政部布置为准，通常如表 6-2 所示。

表 6-2　20××年×月一般公共预算本级收入月报　　　　　单位：万元

代　号	预算科目	当　月　数	累　计　数
	税收收入		
	增值税		
	国内增值税		

续表

代　　号	预算科目	当　月　数	累　计　数
	国有企业增值税		
	集体企业增值税		
	……		
	企业所得税		
	……		
	契税		
	烟叶税		
	其他税收收入		
	非税收收入		
	政府性基金收入		
	……		
	行政事业性收费收入		
	……		
	罚没收入		
	……		
	国有资本经营收入		
	利润收入		
	……		
	国有资源(资产)有偿使用收入		
	……		
	其他收入		
	捐赠收入		
	本月收入合计		

2) 一般公共预算本级支出月报

一般公共预算本级支出月报是反映月份内一般公共预算本级支出执行情况的报表,其填报口径与一般公共预算本级收入月报相同,各类款的支出数应与总预算会计的预算支出账簿数据一致。其报表格式一般如表6-3所示。

表6-3　20××年×月一般公共预算本级支出

编报单位:××省财政厅　　　　　　　　　　　　　　　　　　　　　　　　单位:万元

代　　号	预算科目	当　月　数	累　计　数
	一般公共服务		
	……		

续表

代　　号	预 算 科 目	当　月　数	累　计　数
	教育		
	……		
	科学技术		
	……		
	文化体育与传媒		
	……		
	社会保障和就业		
	……		
	医疗卫生		
	……		
	节能环保		
	……		
	城乡社区事务		
	……		
	农林水事务		
	……		
	交通运输		
	……		
	资源勘探电力信息等事务		
	……		
	其他支出		
	……		
	本月支出合计		

3）政府性基金预算收支月报

政府性基金预算收支月报用于反映纳入预算管理的政府性基金收支执行情况。各项政府性基金收入以缴入国库数或总预算会计实际收到数为准，政府性基金支出按总预算会计的账簿数据为准。政府性基金预算收支月报的格式与一般公共预算本级收支月报基本相同，举例从略。由于一般公共预算本级和政府性基金预算都属于一级财政预算管理范畴，根据需要，也可以将上述两种报表的数据合并在一起反映，编制政府财政收支月报。但各省(自治区、直辖市)上报财政部的月报应按财政部每年制发的月报格式规定编制，不得自行增删或变动报表项目。

▶ **2. 月报的资产负债表**

月报的资产负债表是反映本级财政月末财力状况的会计报表。由于总预算会计平时要反映收支预算的执行情况，预算收支的有关内容要待年终结账时才能冲销转入结余。因此，与企业资产负债表的编制不同，总预算会计各月的资产负债表中，左方称为资产部类，除了资产部分还要填列各项支出和调出资金；右方称为负债部类，除了负债、净资产部分还要填列各项收入和调入资金。其平衡公式为

$$资产＋支出＝负债＋净资产＋收入$$

资产负债表各项目按会计要素的类别分别列示，其具体格式如表 6-4 所示。

表 6-4　月报的资产负债表

资产部类			负债部类		
账户名称	年初数	期末数	账户名称	年初数	期末数
资产：			负债：		
国库存款			其他应付款		
其他财政存款			与上级往来		
有价证券			负债合计		
借出款项			净资产：		
与下级往来			一般公共预算结转结余		
预拨经费			政府性基金预算结转结余		
			专用基金结余		
资产合计			预算周转金		
支出：			净资产合计		
一般公共预算本级支出			收入：		
政府性基金预算本级支出			一般公共预算本级收入		
专用基金支出			政府性基金预算本级收入		
补助支出			专用基金收入		
上解支出			补助收入		

续表

资 产 部 类			负 债 部 类		
账 户 名 称	年初数	期末数	账 户 名 称	年初数	期末数
调出资金			上解收入		
支出合计			调入资金		
			收入合计		
资产部类合计			负债和净资产合计		

资产负债表中的每个项目填列两栏数字：年初数为该项目的上年结转数，应根据上年年末结账后本表的期末数填列，由于收入、支出类项目上一年年末都已转入结余，故应无年初数；期末数为该项目截止到本期末的数字，应根据各总账账户当月月末余额填列。期末数与年初数相减，其差额即为本期累计净发生额。

四、年报的编制

（一）年报的编制步骤

政府财政会计的年报即各级政府的财政决算报表，是各级政府对一年来预算执行情况的总结，反映了年度预算收支的最终结果。组织编审财政决算是各级财政部门的主要任务之一。各级政府财政会计为了保证年度决算报表的编报质量，应按照当年财政决算编审办法的要求，认真搞好年终清理，并在此基础上做好年终结算和年终结账等工作。年报的编制步骤如下。

▶ 1. 年终清理

年终清理是指年终对各级政府财政（包括一般公共预算本级、基金预算、专用基金）收支及其有关财务活动进行全面清查、核对和结算活动。其清理事项主要有以下几项。

（1）核对年度预算收支（含基金预算）数字。按法律程序批准的预算数字是考核决算和办理收支结算的依据，也是进行会计结算的依据。为了及时进行年终清理工作、顺利核对预算收支数字，财政决算编审办法要规定预算调整的截止日期，本年预算的追加追减和行政、事业单位的上划下划事项，一般截止到 11 月底。各项预算拨款，一般截止到 12 月 25 日为止。各级总预算会计应配合预算管理部门，把本级政府财政与上下级政府财政，以及本级各单位预算之间的全年预算数核对清楚。

（2）清理本年预算收支（含基金预算收支）。各级政府财政部门、各部门、各单位在每一财政年度终了时，都要认真清理核实全年的预算收支数字。凡属本年按规定应上缴的预算收入，必须按照规定的预算级次、预算科目、缴库方式和期限缴入国库，不得截留、占用、挪用或拖欠，不得把本年度的收入转为下年度，也不得把属于下年度的收入列为本年度，不得把一般公共预算本级收入转为基金预算，也不得随意将基金预算收入转为一般公共预算本级。要严格按财政体制划分中央和地方及地方各级预算收入，特别要加强对固定分成比例收入的核对。属错列预算级次的，要在清理的基础上，在库款报解整理期内予以调整。对各项支出，要严格按照规定的支出用途使用资金，不得擅自扩大支出范围，提高开支标准。不得将本年度的支出转为下年度的支出，也不得将下年度的支出列为本年度支出，不同性质资金的支出不得混淆。各项数字应以经核实的财政拨款数和拨入基层用款单位的基本建设支出数字为准，不得以估计数替代，更不得弄虚作假。总之，凡当年已发生的预算收支均应按"收付实现制"原则如实列入决算。

（3）组织征收机关与国库进行年度对账。年度终了，按照国库条例的规定，支库设置10天的"库款报解整理期"。如果财政部决定设置决算清理期的，则库款报解整理期必须在规定的"清理期"结束后才进行。各国库经收处要按规定的对账办法编制收入年报，分别送同级财政部门、征收机关（含财政、国税、地税、海关）、财政监察专员办事处核对签章，以保证财政收入数字的一致。

（4）清理核对当年拨款支出。各级总预算会计对本级预算主管单位的全年预算拨款数，应与单位拨入数核对清楚：属于各项包干经费的，以财政部门拨款数直接列作预算支出；对于不实行限额管理的基本建设拨款，应按各财政部门管理基本建设拨款的职能部门拨付基层用款单位的支出数列作预算支出；对于实行限额管理的基本建设拨款，应根据专业银行报来的银行支出数列作预算支出；对行政、事业单位的非包干经费，先以财政拨款数列报预算支出，年终收回余款时，冲减原列报的预算支出；属于下年度预拨的经费，不得列入当年预算支出。

（5）清理往来款项。各级财政部门对各项财政资金的暂收、暂付等往来款项，年终前都要认真清理，凡到期应归还的债务，必须按期归还，到期应收回的债权应抓紧收回，做到欠人归还，人欠收回。应转作预算收入或预算支出的款项，要及时转入有关预算收支账户，不得以往来款项长期挂账。

▶ 2. 年终财政结算

年终财政结算是指各级财政之间，在年终清理的基础上，结清上下级政府财政之间的预算调拨（上解、补助）收支和往来款项。

上级财政部门要按照财政管理体制的规定，计算出全年应补助、应上解和税收返还数等结算资金，并与年度预算执行过程中已补助、已上解和已返还数额进行比较，结合借垫款项，计算出全年最后应补或应退数额，填制年终财政决算结算单，经审核无误后，批复下级财政部门作为年终财政结算凭证据以入账。

财政总决算结算单主要包括以下几个方面的内容。

第一，审定决算收支数。

第二，计算中央财政补助地方财政收入和地方上解中央支出，其具体结算内容包括税收返还收入、原体制定额补助或上解支出、专项拨款补助，以及在预算执行中因国家采取一些财政经济政策措施所引起的中央和地方财政资金转移而必须进行单独结算的各项目。

第三，核定调入资金数。

第四，核定按规定从本级政府预算的结余中设置和补充的预算周转金数。

第五，考核地方财政总决算平衡情况，计算出全省（自治区、直辖市、计划单列市）和本级年终滚存结余、各项结转下年度支出和净结余数字，计算出最后的平衡结果。

第六，结清中央财政与地方财政的预算资金（含基金预算）账，根据确定的中央财政应补助地方财政资金、地方财政应上解中央财政数和实际上解数，以及中央财政在年度内已拨给地方调度款，计算出预算资金多退或少补的最终差额，结清全年的预算资金账。地方各级财政的年终财政结算，也可比照上述要求进行。

财政决算结算单经核对无误后,作为年终财政结算凭证据以入账,格式如表 6-5 所示。

表 6-5　年终财政决算结算单

编表单位:×市　　　　　　　　　　　　　　　　　　　　　　　　　　　单位:万元

项　目	金　额	项　目	金　额
一、收入总计		一、应得资金数	
其中:决算收入		二、已得资金	
税收返还		三、应上解数	
专项补助		四、已上解数	
结算补助		五、应补上解数	
上年结余			
二、支出总计			
其中:决算支出			
体制上解支出			
专项上解支出			
三、年终滚存结余(扣除预算周转金)			

各级政府财政会计对年终决算清理期内发生的会计事项,应当划清会计年度:属于清理上年度的会计事项,记入上年度账内;属于新年度的会计事项,记入新账。应注意避免错记漏记。

【例 6-1】经年度结算,某市财政局按年度预算计算应上解省财政数为 9 500 000 元,年度预算执行中实际上解数额为 6 200 000 元,省财政应专项补助该市财政 850 000 元,计算该市政府财政会计年终应补上解数。

市财政应补上解数=应上解省财政数-市财政实际上解数-省财政应补助市财政数

　　　　　　　　=9 500 000-6 200 000-850 000

　　　　　　　　=2 450 000(元)

该市政府财政会计根据经上级财政审批的年终财政决算结算单,通过"与上级往来"账户与省财政办理结算,编制会计分录如下:

借:上解支出　　　　　　　　　　　　　　　　　　　　　　　　　3 300 000

　　贷:与上级往来　　　　　　　　　　　　　　　　　　　　　　　3 300 000

借:与上级往来　　　　　　　　　　　　　　　　　　　　　　　　850 000

　　贷:补助收入　　　　　　　　　　　　　　　　　　　　　　　　850 000

"与上级往来"账户的贷方余额 2 450 000 元,为市财政欠省财政应补上解和省财政对市财政专项补助轧差数。

同时，省政府财政会计也应与该市财政办理结算，编制会计分录如下：

借：与下级往来 3 300 000

　贷：上解收入 3 300 000

借：补助支出 850 000

　贷：与下级往来 850 000

"与下级往来"账户的借方余额 2 450 000 元，为省财政所属市财政应补交的款项。

▶ 3. 年终结账

政府财政会计经过年终清理和结算，把各项结算收支数字全部记入旧账后，即进行年终结账工作。年终结账工作分为年终转账、结清旧账和记入新账三个环节。

（1）年终转账。对清理各项财政资金以及财政部规定设置的决算清理期内发生的预算收入、支出和经上级财政部门审批后的结算资金（包括税收返还收入或支出、原体制补助或上解、专项拨款补助、专项结算补助或上解）等会计事项，均应按规定的会计账户编制记账凭证。12 月份的记账凭证连续编号，并据以登记入账，然后计算出各账户 12 月份的合计数和全年累计数，结出 12 月份月末余额，编制结账前资产负债表（12 月末的月报，格式参见表 6-4）。结账前资产负债表是进行年终转账的基础。年终转账包括一般公共预算本级的年终转账、政府性基金预算的年终转账、国有资本经营预算的年终转账、专用基金的年终转账和财政专户管理资金的年终转账五个部分。经过年终转账，将应转入"预算结余""基金预算结余""国有资本经营预算结余""专用基金结余""财政专户管理资金结余"账户的有关收入、支出类账户冲销。

（2）结清旧账。在 12 月份结账余额的基础上，根据年终转账业务编制的记账凭证，记入各有关账户。年终转账后，将所有账户的借、贷方结出全年累计数，在下面画双红线，表示本年账户全部结清，对有余额的账户，在摘要栏内注明"结转下年"字样，转入新账。

（3）记入新账。根据本年度各个总账账户和明细账户年终转账后的余额，编制年终结账后的资产负债表即年终决算的资产负债表和有关明细表，将表中的各账户余额直接过入新年度有关总账和明细账各账户预留空行的余额栏内，不必编制记账凭证，并在摘要栏内注明"上年结转"字样，以区别新年度的发生额。根据《中华人民共和国预算法》的规定，各级地方财政部门编制的本级决算草案，经本级人民代表大会常务委员会（或人民代表大会）审核批准后，如果需更正原报决算草案收入、支出数字时，要相应调整旧账，重新办理结账和记入新账。

（二）年报的编制方法

▶ 1. 年度资产负债表

年终结账后，资产负债表是反映各类资金年末分布状况的会计报表，也是旧账过入新账的凭据。它根据年终结账后的总账各账户余额填报。由于年终结账后各收入、支出类账户数字均已转入各结余类账户，所以年终结账后资产负债表中只有资产、负债、净资产三类账户的数字，其平衡公式为

$$资产＝负债＋净资产$$

年终结账后资产负债表的一般格式如表 6-6 所示。

表 6-6 资产负债表(年终结账后)

编制单位:　　　　　　　　　　20××年 12 月 31 日　　　　　　　　　单位:万元

资　产			负债与净资产		
科 目 名 称	年 初 数	期 末 数	科 目 名 称	年 初 数	期 末 数
资产			负债		
国库存款			其他应付款		
其他财政存款			与上级往来		
有价证券			借入款		
在途款			负债合计		
借出款项			净资产		
与下级往来			一般公共预算结转结余		
预拨经费			政府性基金预算结转结余		
			专用基金结余		
			预算周转金		
资产合计			净资产合计		
资产部类总计			负债及净资产合计		

▶ 2. 一般公共预算收支决算总表

一般公共预算收支决算表是财政会计用于反映年度一般公共预算收支情况的会计报表。该报表按预算收入和预算支出科目反映全年一般公共预算收支的调整预算数和决算数。按《政府收支分类科目》的分类填列"当年预算数""调整预算数"和"决算数"。"当年预算数"根据年初上级核定的,并经人民代表大会正式讨论通过的当年收支任务数填列。一般公共预算收支决算总表的格式如表 6-7 所示。

表 6-7 一般公共预算收支决算总表

编制单位:　　　　　　　　　　20××年 12 月 31 日　　　　　　　　　单位:万元

收　入				支　出			
预 算 科 目	本年预算数	调整预算数	决算数	预 算 科 目	本年预算数	调整预算数	决算数
一、税收收入				一、一般公共事务			
增值税				二、外交			
消费税				三、国防			
企业所得税				四、公共安全			

续表

收 入				支 出			
预 算 科 目	本年预算数	调整预算数	决算数	预 算 科 目	本年预算数	调整预算数	决算数
……				五、教育			
……				六、科学技术			
二、非税收入				七、文化体育与传媒			
行政事业费收入				八、社会保障和就业			
罚没收入				……			
……				……			
本年收入合计				本年支出合计			

▶ 3. 政府性基金预算收支决算表

政府性基金预算收支决算表包括基金预算收支决算总表、基金收入决算明细表、基金支出决算明细表。财政会计在编制政府性基金收支决算总表时，还应当编制政府性基金收入预算变动情况表、政府性基金支出预算变动情况表等报表。这类报表反映各级财政基金预算收入、支出和结余的总括情况。该类报表的格式、内容及填列方法与一般公共预算本级收支决算表相同。

▶ 4. 专用基金收支情况表

专用基金收支情况表是反映专用基金收入、支出及结余的会计报表。专用基金收入支出情况表的一般格式如表 6-8 所示。

表 6-8 专用基金收支情况表

编制单位： 年 月 日 单位：万元

收 入	金 额	支 出	金 额
粮食风险基金收入		粮食风险基金支出	
……		……	
收入合计		支出合计	
		粮食风险基金	
		上年结余	
		滚存结余	

▶ 5. 基本数字表

基本数字表是反映行政事业单位的机构、人员、开支标准等定员定额和业务成果的统计表。该类报表根据所属各地方、各部门、各单位所报的决算基本数字汇总填列。

▶ 6. 决算说明书

决算说明书一般应包括以下内容：全年预算执行的总括情况、收入预算执行的总括情况、收入预算执行结果及其原因、支出预算执行结果及其原因、收支平衡及结余情况、预算执行过程中的经验教训，以及改进今后工作的措施和建议等。

第三节 财政会计报表的审核与汇总

为了保证总预算会计报表数字正确、内容完整，如实反映预算执行情况，各级政府财政会计对于本级各主管部门和下级财政部门的会计报表必须先进行认真审核，再进行汇总，以保证报表信息的质量，发挥会计报表应有的作用。

一、财政会计报表的审核

财政会计报表审核的内容主要包括政策性审核和技术性审核。

(一) 政策性审核

▶ 1. 预算收入方面

预算收入方面的审核重点包括：

(1) 属于本年的预算收入是否按照国家政策、预算管理体制和有关缴款办法，及时、足额地缴入国库，是否有无故拖欠、截留、挪用国库收入的情况，是否将应缴的收入以暂存款挂在往来账上，等等；

(2) 收入退库是否符合国家规定范围，对应列作预算支出或改列预算支出的款项，有无继续办理退库仍作冲减收入处理的，企业亏损退库是否控制在年度核定的计划指标以内，超计划亏损退库是否经过批准等；

(3) 年终决算收入数与12月份预算会计报表中全年累计数如有较大出入，要具体查明原因，属于违反财经纪律、转移资金的，要及时纠正。

▶ 2. 预算支出方面

预算支出方面的审核重点包括：

(1) 列入本年决算支出的是否符合规定的条件，有无本年预拨下年度经费列入本年决算支出的情况；

(2) 决算支出是否按规定的列报口径列支；

(3) 有无将应列尚未纳入预算的支出挤入预算内报销的问题；

(4) 预算支出是否编列齐全，有无漏报现象，有无在国家核定的预算和计划之外任意扩大支出、提高标准，以及其他违反财政制度的开支；

(5) 年终决算支出和12月份会计报表所示全年累计支出数如有较大增加，要查明原因，重点查明超支和增支中有无违反财经纪律的情况。

(二) 技术性审核

技术性审核应着重审核以下几个方面的问题：

第一，决算报表之间的有关数字是否一致；

第二，上下年度有关数字是否一致；

第三，上下级财政总决算之间、财政部门决算与单位决算之间有关上解、补助、暂收、暂付往来和拨款项目数字是否一致；

第四，财政总决算报表的有关数字与其他有关部门的财务决算、税收年报和国库年报等有关数字是否一致；

第五，报表的正确性、及时性和完整性。

财政会计报表的审核方法主要有上级财政部门审核和组织同级地方财政部门总会计人员联审互查两种形式。由上级财政部门审核是经常采用的一种形式，而联审互查有利于加快报表编审进度和互相交流经验。

对财政会计报表审核后，如发现有违法乱纪行为，应提出处理意见，迅速报请有关部门。属于少报收入、多列支出方面的，要予以收缴和剔除；属于漏报某些报表或项目方面的，要责令编报单位及时补报；属于计算错误、归类错误以及列项错误等技术方面的，要予以更正。

二、财政会计报表的汇总

会计报表审核无误后，县以上各级财政总会计还要根据本级报表和所属各级上报的会计报表进行汇总，编制汇总会计报表。在编制汇总会计报表时，应将上下级之间对应账户的数字予以冲销，以避免重复计列收支，其方法是：将本级报表中的"补助支出"和所属下级报表中的"上级补助收入"冲销；本级报表中的"下级上解收入"与所属下级报表中的"上解支出"冲销；本级报表中的"与下级往来"与所属下级报表中的"与上级往来"冲销。其余各数字均将本级报表和所属下级报表中的相同科目的数字相加，则可得到汇总会计报表的有关数字。

——│ 复习思考题 │——

1. 财政会计报表的概念是什么？它由哪几部分组成？
2. 试述财政会计报表的编制原则和编报程序。
3. 预算收支旬报和月报如何编制？
4. 财政总预算会计如何编制资产负债表？
5. 财政会计报表年终清理是什么？它包括哪些主要事项？
6. 财政年终财政结算是什么？它包括哪些主要内容？
7. 财政总预算会计年终结账工作可分为哪几个阶段？各阶段工作的主要内容是什么？
8. 如何编制财政年终决算结算单明细表？
9. 总预算会计报表审核主要审核哪几个方面的内容？总预算会计报表汇总应注意哪些问题？

第三部分　政　府　会　计

第七章
政府会计概述

学习目标

1. 了解政府会计的概念；
2. 熟悉政府会计的特点；
3. 掌握政府会计要素；
4. 掌握政府会计科目。

政府会计是指政府会计主体运用专门的会计方法对政府及其组成主体（包括政府所属的行政事业单位等）的资产、负债、运行情况、现金流量、预算执行等情况进行全面核算、监督和报告的会计信息系统。长期以来，我国政府领域实施的主要是以收付实现制为基础的预算会计，并不是真正意义上的政府会计。

行政事业单位是行政单位和事业单位的合称。行政事业单位会计又简称为单位会计。

行政单位是代表政府行使政府权力的机构，是进行国家行政管理、组织经济建设和文化建设、维护社会公共秩序的单位，主要包括国家权力机关、行政机关、司法机关、检察机关等。在我国，实行预算管理的其他机关、政党组织等也被视为行政单位，如中国共产党各级委员会、各民主党派组织等，也执行行政单位会计制度。行政单位会计是围绕预算资金的分配、使用和管理而组织核算的专业会计。

事业单位则是国家出于社会公益的目的，由国家机关举办或者其他组织利用国有资产举办的，从事教育、科研、文化、卫生、体育、新闻出版、广播电视、社会福利、救助减灾、统计调查、技术推广与实验、公用设施管理、物资仓储、监测、勘探与勘察、测绘、检验检测与鉴定、法律、资源管理、质量技术监督、经济监督、知识产权、公证与认证、信息与咨询、人才交流、就业服务、机关后勤服务等活动的社会服务组织。

事业单位不以营利为直接目的，其工作成果与组织价值不直接以不可估量的物质形态或货币形态表现出来，而是一种社会效益。相对企业单位而言，事业单位是国家机构的延伸，其资产都属于国有，政府决定事业单位的设立、注销以及编制，并对事业单位的各种活动进行直接组织和管理；各类事业单位活动所需的各种经费主要来自政府拨款。从行业上来看，我国的事业单位遍布各个领域，如教育、科技、文化、卫生、社会福利、体育、交通、城市、房地产服务、农林牧渔水、信息咨询、法律服务、勘察设计、海洋、环境保护、检验检测、知识产权及机关后勤服务等。从单位性质上来看,事业单位又有公益性、准公益性和经营性之分,对于经营性事业单位,财政一般不予补贴,政府财政只对公益性和准公益性事业单位进行补贴。还有一种事业单位叫作参公事业单位,就是对工作人员参照公务员管理的事业单位,是承担了政府行政管理职能或机关后勤服务的事业单位,财政对参公事业单位采取全额拨款管理。

第一节　政府会计改革的必要性和重要意义

我国现行的政府预算会计制度体系是适应财政预算管理的要求建立和逐步发展起来的,基本形成于 1998 年,其在宏观经济决策和财政资金的运行管理过程中发挥了重要的基础性作用。现行的政府预算会计制度体系主要涵盖了财政总预算会计、行政单位会计与事业单位会计,包括《财政总预算会计制度》《行政单位会计制度》《事业单位会计制度》等,以及医院、基层医疗卫生机构、高等学校、中小学校、科学事业单位、彩票机构等行业事业单位会计制度和国有建设单位会计制度等有关制度。自 2010 年以来,财政部适应公共财政管理的需要,先后对上述部分会计制度进行了修订,基本满足了现行部门预算管理的需要。

一、加快推进政府会计改革的必要性

现行政府会计制度具有以下主要特点:一是在会计目标方面,偏重于满足财政预算管理的需要,在一定程度上兼顾了单位财务管理的需要;二是在会计核算内容方面,核算范围较窄,侧重于预算收入、支出和结余情况的反映,资产负债状况无法得到全面、客观反映;三是在核算基础方面,主要以收付实现制为基础,各项收入、支出的确认不是以应收应付而是以实际收到或付出为标准;四是在财务报告方面,主要提供的是反映财政总预算资金、单个行政事业单位、单项基金的预算收支执行结果等信息。

二、加快推进政府会计改革的重要意义

近年来,来自政府、实务界、理论界等领域的专家、学者纷纷呼吁,要加快推进政府会计改革,建立能够如实反映政府资产负债等"家底"、成本费用等绩效及预算执行情况的政府会计体系。2011 年,我国"十二五"规划纲要提出,要"进一步推进政府会计改革,逐步建立政府财务报告制度"。2013 年,中共中央、国务院印发的《党政机关厉行节约反对浪费条例》中也明确要求,"推进政府会计改革,进一步健全会计制度,准确核算机关运行经费,全面反映行政成本"。2014 年,对《中华人民共和国预算法》做了修订,指出"各级政府财政部门应当按年度编制以权责发生制为基础的政府综合财务报告,报告政府整体财务状况、运行情况和财政中长期可持续性,报本级人民代表大会常务委员会备案"。党的十八届三中全会更是从全面深化改革的战略高度,在《中共中央关于全面深化改革若干重大问题的决定》中明确提出要"建立权责发生制的政府综合财务报告制度"。

政府会计改革是全面贯彻落实党的十八届三中全会精神和《国务院关于批转财政部权责发生制政府综合财务报告制度改革方案的通知》(国发〔2014〕63 号,以下简称《改革方

案》)的重要成果，是服务全面深化财税体制改革的重要举措，对于提高政府会计信息质量、强化政府的公众受托责任、提高政府公共支出管理水平、增强政府财政透明度、提升行政事业单位财务和预算管理水平、全面实施绩效管理、防范财政风险、增强财政可持续性、建立现代财政制度等方面具有重要的政策支撑作用。同时，政府会计改革也有助于展现国家形象，使国家更好地融入全球化竞争中。

<h2>第二节 政府会计标准体系</h2>

从世界各国政府会计改革的基本做法以及我国政府会计改革的研究和实践经验来看，政府会计改革的基本路径是，从政府财务报告的基石（政府会计准则的建立）以及各政府组成主体实施准则入手，建立政府会计准则，各级政府及其组成主体依据统一、规范的政府会计准则进行会计核算、编制财务报表，在此基础上，通过专门的会计方法和程序，合并形成真实、完整、准确的基于权责发生制的政府综合财务报告。

按照党的十八届三中全会精神和《改革方案》的要求，自 2015 年以来，财政部相继出台了《政府会计准则——基本准则》（以下简称《基本准则》）和存货、投资、固定资产、无形资产、公共基础设施、政府储备物资 6 项政府会计具体准则，以及固定资产准则应用指南。2017 年 10 月 24 日，财政部印发了《政府会计制度——行政事业单位会计科目和报表》（财会〔2017〕25 号），自 2019 年 1 月 1 日起施行，鼓励行政事业单位提前执行。执行政府会计准则制度的单位，不再执行《事业单位会计准则》《行政单位会计制度》（财库〔2013〕218号）、《事业单位会计制度》（财会〔2012〕22 号）、《医院会计制度》（财会〔2010〕27 号）、《基层医疗卫生机构会计制度》（财会〔2010〕26 号）、《高等学校会计制度》（财会〔2013〕30 号）、《中小学校会计制度》（财会〔2013〕28 号）、《科学事业单位会计制度》（财会〔2013〕29 号）、《彩票机构会计制度》（财会〔2013〕23 号）、《地质勘查单位会计制度》（财会字〔1996〕15 号）、《测绘事业单位会计制度》（财会字〔1999〕1 号）、《国有林场与苗圃会计制度（暂行）》（财农字〔1994〕371 号）、《国有建设单位会计制度》（财会字〔1995〕45 号）等制度。军队、已纳入企业财务管理体系执行企业会计准则或小企业会计准则的事业单位和执行《民间非营利组织会计制度》的社会团体，不执行政府会计准则制度。

我国的政府会计标准体系由政府会计基本准则、政府会计具体准则及其应用指南、政府会计制度等共同组成。

<h3>一、政府会计基本准则</h3>

为了积极贯彻落实党的十八届三中全会精神，加快推进政府会计改革，构建系统、科学、规范的政府会计标准体系和权责发生制政府综合财务报告制度，2015 年 10 月 23 日，财政部发布《基本准则》，自 2017 年 1 月 1 日起施行。

<h3>二、《政府会计制度》概述</h3>

为加快建立健全政府会计核算标准体系，财政部于 2017 年 10 月 24 日印发了《政府单

位会计制度——行政事业单位会计科目和报表》（以下简称《政府会计制度》），自 2019 年 1 月 1 日起施行。这是继《基本准则》、存货投资、固定资产、无形资产、公共基础设施、政府储备物资 6 项具体准则以及固定资产准则应用指南出台以来，政府会计改革工作取得的又一重要成果，标志着具有中国特色的政府会计标准体系初步建成，在我国政府会计发展进程中具有跨时代的里程碑意义。《政府会计制度》主要规定政府会计科目及其使用说明、报表格式及其编制说明等。会计准则和会计制度相互补充，共同规范政府会计主体的会计核算，保证会计信息质量。按照《改革方案》确定的目标，应当在 2020 年之前建立起具有中国特色的政府会计标准体系。《政府会计制度》统一了现行各类行政事业单位的会计标准，夯实了部门与单位编制权责发生制财务报告和全面反映运行成本并同时反映预算执行情况的核算基础，适用于各级各类行政事业单位，大大提高了政府会计主体间会计信息的可比性。

《政府会计制度》由正文和附录组成，其中正文包括五部分。

第一部分为总说明，主要包括《政府会计制度》的制定依据、适用范围、会计核算模式和会计要素、会计科目设置要求、报表编制要求、会计信息化工作要求和施行日期等内容。

第二部分为会计科目名称和编号，主要列出了财务会计和预算会计两类科目表，共计 103 个一级会计科目，其中，财务会计下有资产、负债、净资产、收入和费用五个要素共 77 个一级科目，预算会计下有预算收入、预算支出和预算结余三个要素共 26 个一级科目。

第三部分为会计科目使用说明，主要对 103 级会计科目的核算内容、明细核算要求、主要账务处理等进行详细规定。本部分是《政府会计制度》的核心内容。

第四部分为报表格式，主要规定财务报表和预算会计报表的格式。其中，财务报表包括资产负债表、收入费用表、净资产变动表、现金流量表及报表附注，预算会计报表包括预算收入支出表、预算结转结余变动表和财政拨款预算收入支出表。

第五部分为报表编制说明，主要规定了第四部分列出的 7 张报表的编制说明，以及报表附注应披露的内容。

附录为主要业务和事项账务处理举例。本部分采用列表方式，以《政府单位会计制度》第三部分规定的会计科目使用说明为依据，按照会计科目顺序对单位通用业务或共性业务和事项的账务处理进行举例说明。

第三节　政府会计核算的基本理论

政府会计由预算会计和财务会计构成。

《基本准则》第五十八条规定："预算会计，是指以收付实现制为基础，对政府会计主体预算执行过程中发生的全部收入和全部支出进行会计核算，主要反映和监督预算收支执行情况的会计。"

《基本准则》第五十九条规定："财务会计，是指以权责发生制为基础，对政府会计主体发生的各项经济业务或者事项进行会计核算，主要反映和监督政府会计主体财务状况、运行情况和现金流量等的会计。"

一、政府会计核算的基本前提

会计核算前提也称会计假设，是组织会计核算工作所必须具备的前提条件。政府会计核算的基本前提包括会计主体、持续运行、会计分期和货币计量。

（一）会计主体

会计主体是指会计为之服务的特定单位或组织，其决定了会计核算和监督的空间范围。会计主体的前提条件回答了会计为谁核算的问题，明确会计主体是开展会计确认、计量和报告工作的重要前提。

《基本准则》第六条规定："政府会计主体应当对其自身发生的经济业务或者事项进行会计核算。"

（二）持续运行

持续运行是指会计主体的经济业务活动将无限期地持续下去，是针对由于某些因素可能导致会计主体终止经济业务活动的非正常情况而言的。持续经营的前提条件可以使会计核算的程序、方法以及为经济决策提供的会计信息保持一定的稳定性和可靠性。

《基本准则》第七条规定："政府会计核算应当以政府会计主体持续运行为前提。"

（三）会计分期

会计分期是指对会计主体持续进行的运行过程，人为地划分为相等的时间阶段，以便分期结算账目和编制会计报表，确定各期间的财务状况、运行情况。会计分期是会计主体持续运行前提的必要补充。有了会计分期这一前提，才产生了本期与非本期的区别，才有期初、期末的概念。只有划清会计分期，才能按会计期间提供收入、费用、成本、财务状况和运行情况等会计信息资料，才有可能对不同会计期间的会计信息进行比较。

《基本准则》第八条规定："政府会计核算应当划分会计期间，分期结算账目，按规定编制决算报告和财务报告。会计期间至少分为年度和月度。会计年度、月度等会计期间的起讫日期采用公历日期。"《预算法》第十八条规定："预算年度自公历1月1日起，至12月31日止。"

（四）货币计量

货币计量是指会计主体的会计核算应采用统一的货币单位作为计量标准以便综合、全面、系统、完整地反映会计主体的经济活动。货币计量前提是建立在货币本身的价值稳定不变的基础之上的，除非发生恶性通货膨胀时才对这一前提做某些修正。根据这一前提，政府会计的核算对象只限于那些能够用货币来计量的经济活动。

《基本准则》第九条规定："政府会计核算应当以人民币作为记账本位币。发生外币业务时，应当将有关外币金额折算为人民币金额计量，同时登记外币金额。"

二、政府会计核算的基础

政府会计核算基础是指在政府会计主体在确认和处理一定会计期间的收入和费用时，选择的处理原则和标准，其目的是对收入和支出进行合理配比进而作为确认当期损益的依据。政府会计核算基础有两种：一种是权责发生制；另一种是收付实现制。

（一）权责发生制

《基本准则》第六十一条规定："权责发生制是指以取得收取款项的权利或支付款项的

义务为标志来确定本期收入和费用的会计核算基础。凡是当期已经实现的收入和已经发生的或应当负担的费用，不论款项是否收付，都应当作为当期的收入和费用；凡是不属于当期的收入和费用，即使款项已在当期收付，也不应当作为当期的收入和费用。"

在政府会计主体日常业务活动中，交易或事项的发生时间与相关货币资金的收付时间并不一致。例如，某事业单位对外提供一项专业服务，货款尚未收到。按照权责发生制的要求，虽然款项在本期尚未收到，但相关的专业服务是在本期发生的，取得的收入应该在本期进行确认。因此，权责发生制主要是从时间上规定会计确认的基础，其核心是根据权、责关系实际发生的时间来确认收入和费用，能够更加真实、公允地反映相关政府会计主体在特定会计期间的财务状况和运行情况。

《基本准则》第三条规定："财务会计实行权责发生制。"

（二）收付实现制

《基本准则》第六十条规定："收付实现制是指以现金的实际收付为标志来确定本期收入和支出的会计核算基础。凡在当期实际收到的现金收入和支出，均应作为当期的收入和支出；凡是不属于当期的现金收入和支出，均不应当作为当期的收入和支出。"根据收付实现制，货币资金的收支行为在其发生的期间全部记作收入和费用，而不考虑与货币收支行为相关联的经济业务活动是否发生。例如，某事业单位在 2019 年 1 月对外提供一项专业服务，货款于 2019 年 2 月收到，如果采用收付实现制，这笔款项应当作为 2019 年 1 月的收入，因为款项是在 2019 年 1 月收到的。

《基本准则》第三条规定："预算会计实行收付实现制，国务院另有规定的，依照其规定。"

三、政府会计要素

《基本准则》规定："政府会计由预算会计和财务会计构成。政府预算会计要素包括预算收入、预算支出与预算结余；政府财务会计要素包括资产、负债、净资产、收入和费用。"

（一）政府预算会计要素

▶ 1. 预算收入

预算收入是指政府会计主体在预算年度内依法取得的并纳入预算管理的现金流入。预算收入一般在实际收到时予以确认，以实际收到的金额计量。

▶ 2. 预算支出

预算支出是指政府会计主体在预算年度内依法发生并纳入预算管理的现金流出。预算支出一般在实际支付时予以确认，以实际支付的金额计量。

▶ 3. 预算结余

预算结余是指政府会计主体预算年度内预算收入扣除预算支出后的资金余额，以及历年滚存的资金余额。预算结余包括结余资金和结转资金。结余资金是指年度预算执行终了，预算收入实际完成数扣除预算支出和结转资金后剩余的资金。结转资金是指预算安排项目的支出年终尚未执行完毕或者因故未执行，且下年需要按原用途继续使用的资金。

（二）政府财务会计要素

▶ 1. 资产

（1）资产的定义。资产是指政府会计主体过去的经济业务或者事项形成的，由政府会计主体控制的，预期能够产生服务潜力或者带来经济利益流入的经济资源。服务潜力是指政府会计主体利用资产提供公共产品和服务以履行政府职能的潜在能力。经济利益流入表现为现金及现金等价物的流入，或者现金及现金等价物流出的减少。

政府会计主体的资产按照流动性，分为流动资产和非流动资产。流动资产是指预计在1年内(含1年)耗用或者可以变现的资产，包括货币资金短期投资、应收及预付款项、存货等。非流动资产是指流动资产以外的资产包括固定资产、在建工程、无形资产、长期投资、公共基础设施、政府储备资产、文物文化资产、保障性住房和自然资源资产等。

(2)资产的确认与计量。符合上述资产定义的经济资源，在同时满足以下条件时确认为资产：一是与该经济资源相关的服务潜力很可能实现或者经济利益很可能流入政府会计主体；二是该经济资源的成本或者价值能够可靠地计量。

《基本准则》第三十一条规定："政府会计主体在对资产进行计量时，一般应当采用历史成本。用重置成本、现值、公允价值计量的，应当保证所确定的资产金额能够持续、可靠计量。"

资产的计量属性主要包括历史成本、重置成本、现值、公允价值和名义金额。在历史成本计量属性下，资产按照取得时支付的现金金额或者支付对价的公允价值计量。在重置成本计量属性下，资产按照现在购买相同或者相似资产所需支付的现金金额计量。在现值计量属性下，资产按照预计从其持续使用和最终处置中所产生的未来净现金流入量的折现金额计量。在公允价值计量属性下，资产按照市场参与者在计量日发生的有序交易中，出售资产所能收到的价格计量。无法采用上述计量属性的，采用名义金额(人民币1元)计量。

▶ 2. 负债

(1)负债的定义。负债是指政府会计主体过去的经济业务或者事项形成的，预期会导致经济资源流出政府会计主体的现时义务。现时义务是指政府会计主体在现行条件下已承担的义务。未来发生的经济业务或者事项形成的义务不属于现时义务，不应当确认为负债。政府会计主体的负债按照流动性，分为流动负债和非流动负债。流动负债是指预计在1年内(含1年)偿还的负债，包括应付及预收款项、应付职工薪酬、应缴款项等。非流动负债是指流动负债以外的负债，包括长期应付款、应付政府债券和政府依法担保形成的债务等。

(2)负债的确认与计量。符合上述负债定义的义务，在同时满足以下条件时确认为负债：一是履行该义务很可能导致含有服务潜力或者经济利益的经济资源流出政府会计主体；二是该义务的金额能够可靠地计量。政府会计主体在对负债进行计量时，一般应当采用历史成本。采用现值公允价值计量的，应当保证所确定的负债金额能够持续、可靠计量。负债的计量属性主要包括历史成本、现值和公允价值。在历史成本计量属性下，负债按照因承担现时义务而实际收到的款项或者资产的金额，或者承担现时义务的合同金额，或者按照为偿还负债预期需要支付的现金计量。在现值计量属性下，负债按照预计期限内需要偿还的未来净现金流出量的折现金额计量。在公允价值计量属性下，负债按照市场参与者在计量日发生的有序交易中，转移负债所需支付的价格计量。

▶ 3. 净资产

净资产是指政府会计主体资产扣除负债后的净额。净资产的金额取决于资产和负债的计量。

▶ 4. 收入

收入是指报告期内导致政府会计主体净资产增加的、含有服务潜力或者经济利益的经济资源的流入。收入的确认应当同时满足以下条件：一是与收入相关的含有服务潜力或者经济利益的经济资源很可能流入政府会计主体；二是含有服务潜力或者经济利益的经济资源流入会导致政府会计主体资产增加或者负债减少；三是流入金额能够可靠地计量。

▶ 5. 费用

费用是指报告期内导致政府会计主体净资产减少的、含有服务潜力或者经济利益的经济资源的流出。费用的确认应当同时满足以下条件：一是与费用相关的含有服务潜力或者经济利益的经济资源很可能流出政府会计主体；二是含有服务潜力或者经济利益的经济资源流出会导致政府会计主体资产减少或者负债增加；三是流出金额能够可靠地计量。

四、会计科目与记账

(一) 会计科目的设置和使用规定

第一，单位应当按照《政府会计制度》的规定设置和使用会计科目。在不影响会计处理和编制报表的前提下，单位可以根据实际情况自行增设或减少某些会计科目。

第二，单位应当执行《政府会计制度》统一规定的会计科目编号，以便填制会计凭证、登记账簿、查阅账目，实行会计信息化管理。

第三，单位在填制会计凭证、登记会计账簿时，应当填列会计科目的名称，或者同时填列会计科目的名称和编号，不得只填列会计科目编号、不填列会计科目名称。

第四，单位设置明细科目或进行明细核算，除了遵循《政府会计制度》规定外，还应当满足权责发生制政府部门财务报告和政府综合财务报告编制的其他需要。

《政府会计制度》规定的行政事业单位一级会计科目如表 7-1 和表 7-2 所示。

表 7-1　行政事业单位一级会计科目(财务会计科目)

类　　别	序　　号	科目编号	科目名称
(一)资产类	1	1001	库存现金
	2	1002	银行存款
	3	1011	零余额账户用款额度
	4	1021	其他货币资金
	5	1101	短期投资
	6	1201	财政应返还额度
	7	1211	应收票据
	8	1212	应收账款
	9	1214	预付账款
	10	1215	应收股利
	11	1216	应收利息
	12	1218	其他应收款
	13	1219	坏账准备
	14	1301	在途物品
	15	1302	库存物品
	16	1303	加工物品

续表

类　别	序　号	科目编号	科　目　名　称
（一）资产类	17	1401	待摊费用
	18	1501	长期股权投资
	19	1502	长期债券投资
	20	1601	固定资产
	21	1602	固定资产累计折旧
	22	1611	工程物资
	23	1613	在建工程
	24	1701	无形资产
	25	1702	无形资产累计摊销
	26	1703	研发支出
	27	1801	公共基础设施
	28	1802	公共基础设施累计折旧（摊销）
	29	1811	政府储备物资
	30	1821	文物文化资产
	31	1831	保障性住房
	32	1832	保障性住房累计折旧
	33	1891	受托代理资产
	34	1901	长期待摊费用
	35	1902	待处理财产损溢
（二）负债类	36	2001	短期借款
	37	2101	应交增值税
	38	2102	其他应交税费
	39	2103	应缴财政款
	40	2201	应付职工薪酬
	41	2301	应付票据
	42	2302	应付账款
	43	2303	应付政府补贴款
	44	2304	应付利息
	45	2305	预收账款
	46	2307	其他应付款
	47	2401	预提费用
	48	2501	长期借款
	49	2502	长期应付款
	50	2601	预计负债
	51	2901	受托代理负债

续表

类　别	序　号	科目编号	科目名称
（三）净资产类	52	3001	累计盈余
	53	3101	专用基金
	54	3201	权益法调整
	55	3301	本期盈余
	56	3302	本年盈余分配
	57	3401	无偿调拨净资产
	58	3501	以前年度盈余调整
（四）收入类	59	4001	财政拨款收入
	60	4101	事业收入
	61	4201	上级补助收入
	62	4301	附属单位上缴收入
	63	4401	经营收入
	64	4601	非同级财政拨款收入
	65	4602	投资收益
	66	4603	捐赠收入
	67	4604	利息收入
	68	4605	租金收入
	69	4609	其他收入
（五）费用类	70	5001	业务活动费用
	71	5101	单位管理费用
	72	5201	经营费用
	73	5301	资产处置费用
	74	5401	上缴上级费用
	75	5501	对附属单位补助费用
	76	5801	所得税费用
	77	5901	其他费用

表 7-2　行政事业单位一级会计科目(预算会计科目)

类　别	序　号	科目编号	科目名称
（一）预算收入类	1	6001	财政拨款预算收入
	2	6101	事业预算收入
	3	6201	上级补助预算收入
	4	6301	附属单位上缴预算收入
	5	6401	经营预算收入
	6	6501	债务预算收入

续表

类 别	序 号	科目编号	科目名称
（一）预算收入类	7	6601	非同级财政拨款预算收入
	8	6602	投资预算收益
	9	6609	其他预算收入
（二）预算支出类	10	7101	行政支出
	11	7201	事业支出
	12	7301	经营支出
	13	7401	上缴上级支出
	14	7501	对附属单位补助支出
	15	7601	投资支出
	16	7701	债务还本支出
	17	7901	其他支出
（三）预算结余类	18	8001	资金结存
	19	8101	财政拨款结转
	20	8102	财政拨款结余
	21	8201	非财政拨款结转
	22	8202	非财政拨款结余
	23	8301	专用结余
	24	8401	经营结余
	25	8501	其他结余
	26	8701	非财政拨款结余分配

复习思考题

1. 什么是政府会计？
2. 什么是行政单位会计？
3. 政府会计的会计要素是什么？
4. 政府会计科目分为几类？目前核算应用的会计科目有哪些？

第八章
政府会计收入和费用的核算

学习目标

1. 掌握政府会计收入的核算;
2. 掌握政府会计费用的核算。

第一节　政府会计收入的核算

政府会计收入是指报告期内导致行政事业单位净资产增加的、含有服务潜力或者经济利益的经济资源的流入。收入的确认应当同时满足以下条件:

(1)与收入相关的含有服务潜力或者经济利益的经济资源很可能流入政府会计主体;

(2)含有服务潜力或者经济利益的经济资源流入会导致政府会计主体资产增加或者负债减少;

(3)流入金额能够可靠地计量。

符合收入定义和收入确认条件的项目,应当列入收入费用表。行政事业单位的收入有财政拨款收入、事业收入、上级补助收入、附属单位上缴收入、经营收入、非同级财政拨款收入、投资收益、捐赠收入、利息收入、租金收入和其他收入。

一、财政拨款收入的核算

为核算单位从同级政府财政部门取得的各类财政拨款,应设置"财政拨款收入"(4001)科目,期末结转后,本科目应无余额。同级政府财政部门预拨的下期预算款和没有纳入预算的暂付款项,以及采用实拨资金方式通过本单位转拨给下属单位的财政拨款,通过"其他应付款"科目核算,不通过本科目核算。本科目可按照一般公共预算财政拨款、政府性基金预算财政拨款等拨款种类进行明细核算。

财政拨款收入的主要账务处理如下。

（一）财政直接支付方式下的核算

（1）财政直接支付方式下，根据收到的财政直接支付入账通知书及相关原始凭证，按照通知书中的直接支付入账金额，借记"库存物品""固定资产""业务活动费用""单位管理费用""应付职工薪酬"等科目，贷记"财政拨款收入"科目，涉及增值税业务的，相关账务处理参见"应交增值税"科目。

【例 8-1】省物理研究所购买一批实验材料，价款及相关费用为 60 000 元，以财政直接支付方式付款。

借：库存物品 60 000
  贷：财政拨款收入 60 000

（2）年末，根据本年度财政直接支付预算指标数与当年财政直接支付实际支付数的差额，借记"财政应返还额度——财政直接支付"科目，贷记"财政拨款收入"科目。

【例 8-2】年末，省物理研究所的财政直接支付预算结余为 200 000 元，转入"财政应返还额度"科目。

借：财政应返还额度——财政直接支付 200 000
  贷：财政拨款收入 200 000

（二）财政授权支付方式下的核算

（1）财政授权支付方式下，根据收到的财政授权支付额度到账通知书，按照通知书中的授权支付额度，借记"零余额账户用款额度"科目，贷记"财政拨款收入"科目。

【例 8-3】省物理研究所收到财政授权支付额度到账通知书，通知书所列授权支付额度为 1 000 000 元。

借：零余额账户用款额度 1 000 000
  贷：财政拨款收入 1 000 000

（2）年末，本年度财政授权支付预算指标数大于零余额账户用款额度下达数的，根据未下达的用款额度，借记"财政应返还额度——财政授权支付"科目，贷记"财政拨款收入"科目。

【例 8-4】年末，省物理研究所的财政授权支付预算结余为 150 000 元，转入"财政应返还额度"科目。

借：财政应返还额度——财政授权支付 150 000
  贷：财政拨款收入 150 000

（三）其他方式下的核算

其他方式下收到财政拨款收入时，按照实际收到的金额，借记"银行存款"等科目，贷记"财政拨款收入"科目。

【例 8-5】某县实行实拨资金方式，县农机站收到财政拨款收入 50 000 元存入银行。

借：银行存款 50 000
  贷：财政拨款收入 50 000

（四）期末结转

期末，将"财政拨款收入"科目本期发生额转入"本期盈余"，借记"财政拨款收入"科目，贷记"本期盈余"科目。

【例 8-6】省物理研究所将财政拨款收入 63 920 000 元转入"本期盈余"科目。

借：财政拨款收入 63 920 000
  贷：本期盈余 63 920 000

二、事业收入的核算

为核算事业单位开展专业业务活动及其辅助活动实现的收入，不包括从同级政府财政部门取得的各类财政拨款，设置"事业收入"（4101）科目。期末结转后，本科目应无余额。对于因开展科研及其辅助活动而从非同级政府财政部门取得的经费拨款，应当在本科目下单设"非同级财政拨款"明细科目进行核算。本科目应当按照事业收入的类别、来源等进行明细核算。

事业收入的主要账务处理如下。

（一）采用财政专户返还方式管理的事业收入

（1）实现应上缴财政专户的事业收入时，按照实际收到或应收的金额，借记"银行存款""应收账款"等科目，贷记"应缴财政款"科目。

【例8-7】省物理研究所收到研究生缴纳的学费收入132 000元，存入银行。按照规定，该项收入应上缴财政专户管理。

借：银行存款   132 000

 贷：应缴财政款   132000

（2）向财政专户上缴款项时，按照实际上缴的款项金额，借记"应缴财政款"科目，贷记"银行存款"等科目。

【例8-8】承例8-7，省物理研究所向财政专户上缴款项132 000元。

借：应缴财政款   132 000

 贷：银行存款   132 000

（3）收到从财政专户返还的事业收入时，按照实际收到的返还金额，借记"银行存款"等科目，贷记"事业收入"科目。

【例8-9】承例8-7和例8-8，省物理研究所收到从财政专户返还的事业收入132 000元，存入银行。

借：银行存款   132 000

 贷：事业收入   132 000

（二）采用预收款方式确认的事业收入

（1）实际收到预收款项时，按照收到的款项金额，借记"银行存款"等科目，贷记"预收账款"科目。

【例8-10】省物理研究所预收A公司的订货款100 000元，存入银行。

借：银行存款   100 000

 贷：预收账款——A公司   100 000

（2）以合同完成进度确认事业收入时，按照基于合同完成进度计算的金额，借记"预收账款"科目，贷记"事业收入"科目。

【例8-11】承例8-10，依据合同完成进度，省物理研究所确认本月的事业收入为75 000元。

借：预收账款——A公司   75 000

 贷：事业收入   75 000

（三）采用应收款方式确认的事业收入

（1）根据合同完成进度计算本期应收的款项，借记"应收账款"科目，贷记"事业收入"科目。

【例 8-12】省物理研究所与 B 企业签订合同为 B 企业加工特殊材料，合同总金额为 500 000 元。依据合同完成进度，确认本期应收款项 110 000 元。

借：应收账款——B 企业   110 000

    贷：事业收入   94 828

       应交增值税——应交税金——销项税额   15 172

（2）实际收到款项时，借记"银行存款"等科目，贷记"应收账款"科目。

【例 8-13】承例 8-12，省物理研究所收到 B 企业支付的款项 110 000 元，存入银行。

借：银行存款   110 000

    贷：应收账款——B 企业   110 000

（四）采用其他方式确认的事业收入

其他方式下确认的事业收入，按照实际收到的金额，借记"银行存款""库存现金"等科目，贷记"事业收入"科目。

【例 8-14】省物理研究所出售一批产品，价款 42 000 元，增值税 6 720 元，共 48 720 元，款项存入银行。

借：银行存款   48 720

    贷：事业收入   42 000

       应交增值税——应交税金——销项税额   6 720

上述（二）～（四）中涉及增值税业务的，相关账务处理参见"应交增值税"科目。

（五）期末结转

期末，将"事业收入"科目本期发生额转入"本期盈余"，借记"事业收入"科目，贷记"本期盈余"科目。

【例 8-15】年末，省物理研究所将事业收入 35 662 000 元转入"本期盈余"科目。

借：事业收入   35 662 000

    贷：本期盈余   35 662 000

三、上级补助收入的核算

为核算事业单位从主管部门和上级单位取得的非财政拨款收入，设置"上级补助收入"（4201）科目。期末结转后，本科目应无余额。本科目应当按照发放补助单位、补助项目等进行明细核算。

上级补助收入的主要账务处理如下。

（一）取得收入的核算

（1）确认上级补助收入时，按照应收或实际收到的金额，借记"其他应收款""银行存款"等科目，贷记"上级补助收入"科目。

【例 8-16】依据部门预算，省物理研究所确认上半年应获得上级补助收入 50 000 元。

借：其他应收款   50 000

    贷：上级补助收入   50 000

（2）实际收到应收的上级补助款时，按照实际收到的金额，借记"银行存款"等科目，贷记"其他应收款"科目。

【例 8-17】承例 8-16，省物理研究所实际收到上级拨入的补助收入 50 000 元，并存入银行。

借：银行存款　　　　　　　　　　　　　　　　　　　　　　　50 000
　　贷：其他应收款　　　　　　　　　　　　　　　　　　　　　　50 000

（二）期末结转

期末，将"上级补助收入"科目本期发生额转入"本期盈余"，借记"上级补助收入"科目，贷记"本期盈余"科目。

【例 8-18】年末，省物理研究所将上级补助收入 100 000 元转入"本期盈余"科目。

借：上级补助收入　　　　　　　　　　　　　　　　　　　　　100 000
　　贷：本期盈余　　　　　　　　　　　　　　　　　　　　　　100 000

四、附属单位上缴收入的核算

为核算事业单位取得的附属独立核算单位按照有关规定上缴的收入，设置"附属单位上缴收入"（4301）科目，期末结转后，本科目应无余额，本科目应当按照附属单位、缴款项目等进行明细核算。

附属单位上缴收入的主要账务处理如下。

（一）取得收入的核算

（1）确认附属单位上缴收入时，按照应收或收到的金额，借记"其他应收款""银行存款"等科目，贷记"附属单位上缴收入"科目。

【例 8-19】依据部门预算，省物理研究所确认附属加工厂上半年应上缴收入 100 000 元。

借：其他应收款　　　　　　　　　　　　　　　　　　　　　　100 000
　　贷：附属单位上缴收入　　　　　　　　　　　　　　　　　　100 000

（2）实际收到应收附属单位上缴款时，按照实际收到的金额，借记"银行存款"等科目，贷记"其他应收款"科目。

【例 8-20】承例 8-19，省物理研究所收到附属加工厂上缴的 100 000 元，并存入银行。

借：银行存款　　　　　　　　　　　　　　　　　　　　　　　100 000
　　贷：其他应收款　　　　　　　　　　　　　　　　　　　　　100 000

（二）期末结转

期末，将"附属单位上缴收入"科目本期发生额转入"本期盈余"，借记"附属单位上缴收入"科目，贷记"本期盈余"科目。

【例 8-21】年末，省物理研究所将附属单位上缴收入 200 000 元转入"本期盈余"科目。

借：附属单位上缴收入　　　　　　　　　　　　　　　　　　　200 000
　　贷：本期盈余　　　　　　　　　　　　　　　　　　　　　　200 000

五、经营收入的核算

为核算事业单位在专业业务活动及其辅助活动之外开展非独立核算经营活动取得的收入，设置"经营收入"（4401）科目。期末结转后，本科目应无余额。经营收入应当在提供服务或发出存货，同时收讫价款或者取得索取价款的凭据时，按照实际收到或应收的金额予以确认。本科目应当按照经营活动类别、项目和收入来源等进行明细核算。

经营收入的主要账务处理如下。

（一）实现经营收入的核算

实现经营收入时，按照确定的收入金额，借记"银行存款""应收账款""应收票据"等科目，贷记"经营收入"科目。涉及增值税业务的，相关账务处理参见"应交增值税"科目。

【例8-22】省物理研究所为M中心提供投资政策咨询服务，取得经营收入80 000元，增值税4 800元，共计84 800元，存入银行。

借：银行存款　　　　　　　　　　　　　　　　　　　　　　　84 800

　　贷：经营收入　　　　　　　　　　　　　　　　　　　　　　80 000

　　　　应交增值税——应交税金——销项税额　　　　　　　　　　4 800

（二）期末结转

期末，将"经营收入"科目本期发生额转入"本期盈余"，借记"经营收入"科目，贷记"本期盈余"科目。

【例8-23】年末，省物理研究所将经营收入306 000元转入"本期盈余"科目。

借：经营收入　　　　　　　　　　　　　　　　　　　　　　　306 000

　　贷：本期盈余　　　　　　　　　　　　　　　　　　　　　306 000

六、非同级财政拨款收入的核算

为核算单位从非同级政府财政部门取得的经费拨款，包括从同级政府其他部门取得的横向转拨财政款、从上级或下级政府财政部门取得的经费拨款等，设置"非同级财政拨款收入"（4601）科目。期末结转后，本科目应无余额。事业单位因开展科研及其辅助活动从非同级政府财政部门取得的经费拨款，应当通过"事业收入——非同级财政拨款"科目核算，不通过本科目核算。本科目应当按照本级横向转拨财政款和非本级财政拨款进行明细核算，并按照收入来源进行明细核算。

非同级财政拨款收入的主要账务处理如下。

（一）确认非同级财政拨款收入时的核算

确认非同级财政拨款收入时，按照应收或实际收到的金额，借记"其他应收款""银行存款"等科目，贷记"非同级财政拨款收入"科目。

【例8-24】省物理研究所收到自然基金委员会拨来的自然科学基金课题费6 000 000元，款项存入银行。

借：银行存款　　　　　　　　　　　　　　　　　　　　　6 000 000

　　贷：非同级财政拨款收入　　　　　　　　　　　　　　　6 000 000

（二）期末结转

期末，将"非同级财政拨款收入"科目本期发生额转入"本期盈余"，借记"非同级财政拨款收入"科目，贷记"本期盈余"科目。

【例8-25】年末，省物理研究所将非同级财政拨款收入44 553 000元转入"本期盈余"科目。

借：非同级财政拨款收入　　　　　　　　　　　　　　　　44 553 000

　　贷：本期盈余　　　　　　　　　　　　　　　　　　　44 553 000

七、投资收益的核算

为核算事业单位股权投资和债券投资所实现的收益或发生的损失，设置"投资收益"（4602）科目。期末结转后，本科目应无余额。本科目应当按照投资的种类等进行明细核算。

投资收益的主要账务处理如下。

（一）收到短期投资持有期间利息的核算

收到短期投资持有期间的利息，按照实际收到的金额，借记"银行存款"科目，贷记"投资收益"科目。

【例8-26】月末，省物理研究所收到半年期国库券的本月利息1 000元，存入银行。

借：银行存款　　　　　　　　　　　　　　　　　　　　　　　　1 000
　　贷：投资收益　　　　　　　　　　　　　　　　　　　　　　　　1 000

（二）出售或到期收回短期债券本息的核算

出售或到期收回短期债券本息，按照实际收到的金额，借记"银行存款"科目，按照出售或收回短期投资的成本，贷记"短期投资"科目，按照其差额，贷记或借记"投资收益"科目。涉及增值税业务的，相关账务处理参见"应交增值税"科目。

【例8-27】承例8-26，半年期国库券到期，省物理研究所收到资金1 001 000元，已知短期投资的成本为1 000 000元。

借：银行存款　　　　　　　　　　　　　　　　　　　　　　　1 001 000
　　贷：短期投资　　　　　　　　　　　　　　　　　　　　　　　1 000 000
　　　　投资收益　　　　　　　　　　　　　　　　　　　　　　　　　1 000

（三）按期确认分期付息、一次还本的长期债券投资利息收入的核算

持有的分期付息、一次还本的长期债券投资，按期确认利息收入时，按照计算确定的应收未收利息，借记"应收利息"科目，贷记"投资收益"科目；持有的到期一次还本付息的债券投资，按期确认利息收入时，按照计算确定的应收未收利息，借记"长期债券投资——应计利息"科目，贷记"投资收益"科目。

【例8-28】省物理研究所确认其持有的到期一次还本付息的2年期债券投资本月利息收入600元。

借：长期债券投资——应计利息　　　　　　　　　　　　　　　　　600
　　贷：投资收益　　　　　　　　　　　　　　　　　　　　　　　　　600

（四）出售或到期收回长期债券投资的核算

出售长期债券投资或到期收回长期债券投资本息，按照实际收到的金额，借记"银行存款"等科目，按照债券初始投资成本和已计未收利息金额，贷记"长期债券投资——成本、应计利息"科目（到期一次还本付息债券）或"长期债券投资""应收利息"科目（分期付息债券），按照其差额，贷记或借记"投资收益"科目。涉及增值税业务的，相关账务处理参见"应交增值税"科目。

【例8-29】承例8-28，省物理研究所到期收回长期债券投资本息共计194 400元，其中，初始投资成本180 000元，已计未收利息14 400元，款项存入银行。

借：银行存款　　　　　　　　　　　　　　　　　　　　　　　1 944 000
　　贷：长期债券投资——成本　　　　　　　　　　　　　　　　　180 000
　　　　　　　　　　——应计利息　　　　　　　　　　　　　　　　14 400

（五）长期股权投资持有期间收益的核算

（1）采用成本法核算的长期股权投资持有期间，被投资单位宣告分派现金股利或利润时，按照宣告分派的现金股利或利润中属于单位应享有的份额，借记"应收股利"科目，贷记"投资收益"科目。

【例 8-30】 省物理研究所对长期股权投资实行成本法核算，年末被投资单位 L 公司宣告分派现金股利，本单位应享有的份额为 15 000 元。

借：应收股利　　　　　　　　　　　　　　　　　　　　　　　15 000
　　贷：投资收益　　　　　　　　　　　　　　　　　　　　　　　15 000

（2）采用权益法核算的长期股权投资持有期间，按照应享有或应分担的被投资单位实现的净损益的份额，借记或贷记"长期股权投资——损益调整"科目，贷记或借记"投资收益"科目；被投资单位发生净亏损，但以后年度又实现净利润的，单位在其收益分享额弥补未确认的亏损分担额等后，恢复确认投资收益，借记"长期股权投资——损益调整"科目，贷记"投资收益"科目。

【例 8-31】 市文化宫对长期股权投资采用权益法核算，年末，确认本单位应享有的被投资单位净收益为 29 000 元。

借：长期股权投资——损益调整　　　　　　　　　　　　　　　29 000
　　贷：投资收益　　　　　　　　　　　　　　　　　　　　　　　29 000

（六）处置长期股权投资的核算

按照规定处置长期股权投资时，有关投资收益的账务处理参见"长期股权投资"科目。

（七）期末结转

期末，将"投资收益"科目本期发生额转入"本期盈余"，借记或贷记"投资收益"科目，贷记或借记"本期盈余"科目。

【例 8-32】 年末，省物理研究所将投资收益 90 000 元转入"本期盈余"科目。

借：投资收益　　　　　　　　　　　　　　　　　　　　　　　90 000
　　贷：本期盈余　　　　　　　　　　　　　　　　　　　　　　　90 000

八、捐赠收入的核算

为核算单位接受其他单位或者个人捐赠取得的收入，设置"捐赠收入"（4603）科目。期末结转后，本科目应无余额。本科目应当按照捐赠资产的用途和捐赠单位等进行明细核算。

捐赠收入的主要账务处理如下。

（一）接受捐赠的核算

（1）接受捐赠的货币资金，按照实际收到的金额，借记"银行存款""库存现金"等科目，贷记"捐赠收入"科目。

【例 8-33】 省物理研究所接受某民营企业捐赠的 50 000 元现金，存入银行。

借：银行存款　　　　　　　　　　　　　　　　　　　　　　　50 000
　　贷：捐赠收入　　　　　　　　　　　　　　　　　　　　　　　50 000

（2）接受捐赠的存货、固定资产等非现金资产，按照确定的成本，借记"库存物品""固定资产"等科目，按照发生的相关税费、运输费等，贷记"银行存款"等科目，按照其差额，贷记"捐赠收入"科目。

【例 8-34】省物理研究所接受国外研究机构捐赠的实验设备 1 台，估值 180 000 元，发生运输费用 9 000 元，以银行存款支付。

借：固定资产　　　　　　　　　　　　　　　　　　　　　　　　180 000
　贷：银行存款　　　　　　　　　　　　　　　　　　　　　　　　　9 000
　　　捐赠收入　　　　　　　　　　　　　　　　　　　　　　　　171 000

（3）接受捐赠的资产按照名义金额入账的，按照名义金额，借记"库存物品""固定资产"等科目，贷记"捐赠收入"科目；同时，按照实际发生的相关税费、运输费等，借记"其他费用"科目，贷记"银行存款"等科目。

【例 8-35】省物理研究所接受国外研究机构捐赠的 1 块火星岩石标本，因无法估值，以名义金额入账，发生相关税费 6 000 元，以银行存款支付。

借：文化文物资产　　　　　　　　　　　　　　　　　　　　　　　　　　1
　贷：捐赠收入　　　　　　　　　　　　　　　　　　　　　　　　　　　　1
借：其他费用　　　　　　　　　　　　　　　　　　　　　　　　　　6 000
　贷：银行存款　　　　　　　　　　　　　　　　　　　　　　　　　6 000

（二）期末结转

期末，将"捐赠收入"科目本期发生额转入"本期盈余"，借记"捐赠收入"科目，贷记"本期盈余"科目。

【例 8-36】年末，省物理研究所将捐赠收入 300 000 元转入"本期盈余"科目。

借：捐赠收入　　　　　　　　　　　　　　　　　　　　　　　　300 000
　贷：本期盈余　　　　　　　　　　　　　　　　　　　　　　　300 000

九、利息收入的核算

为核算单位取得的银行存款利息收入，设置"利息收入"（4604）科目。期末结转后，本科目应无余额。

利息收入的主要账务处理如下。

（1）取得银行存款利息时，按照实际收到的金额，借记"银行存款"科目，贷记"利息收入"科目。

【例 8-37】省物理研究所取得银行存款利息 1 447 元。

借：银行存款　　　　　　　　　　　　　　　　　　　　　　　　　1 447
　贷：利息收入　　　　　　　　　　　　　　　　　　　　　　　　　1 447

（2）期末，将"利息收入"科目本期发生额转入"本期盈余"，借记"利息收入"科目，贷记"本期盈余"科目。

【例 8-38】年末，省物理研究所将利息收入 5 000 元转入"本期盈余"科目。

借：利息收入　　　　　　　　　　　　　　　　　　　　　　　　　5 000
　贷：本期盈余　　　　　　　　　　　　　　　　　　　　　　　　　5 000

十、租金收入的核算

为核算单位经批准利用国有资产出租取得并按照规定纳入本单位预算管理的租金收入，设置"租金收入"（4605）科目。期末结转后，本科目应无余额。本科目应当按照出租国有资产的类别和收入来源等进行明细核算。

租金收入的主要账务处理如下。

（一）取得租金收入的核算

国有资产出租收入，应当在租赁期内各个期间按照直线法予以确认。

（1）采用预收租金方式的，预收租金时，按照收到的金额，借记"银行存款"等科目，贷记"预收账款"科目；分期确认租金收入时，按照各期租金金额，借记"预收账款"科目，贷记"租金收入"科目。

【例8-39】省物理研究所出租临街房屋，预收1年房租60 000元，存入银行。

预收租金时，编制会计分录如下：

借：银行存款　　　　　　　　　　　　　　　　　　　60 000
　　贷：预收账款　　　　　　　　　　　　　　　　　　　60 000

每月确认收入时，编制会计分录如下：

借：预收账款　　　　　　　　　　　　　　　　　　　 5 000
　　贷：租金收入　　　　　　　　　　　　　　　　　　　 5 000

（2）采用后付租金方式的，每期确认租金收入时，按照各期租金金额，借记"应收账款"科目，贷记"租金收入"科目；收到租金时，按照实际收到的金额，借记"银行存款"等科目，贷记"应收账款"科目。

【例8-40】文化宫采用后付租金方式出租剧场，每月租金3 000元，年终一次结清。

每月确认收入时，编制会计分录如下：

借：应收账款　　　　　　　　　　　　　　　　　　　 3 000
　　贷：租金收入　　　　　　　　　　　　　　　　　　　 3 000

年终收到租金时，编制会计分录如下：

借：银行存款　　　　　　　　　　　　　　　　　　　36 000
　　贷：应收账款　　　　　　　　　　　　　　　　　　　36 000

（3）采用分期收取租金方式的，每期收取租金时，按照租金金额，借记"银行存款"等科目，贷记"租金收入"科目。

【例8-41】市经贸学校采用分期收取租金方式出租临街房屋，每月租金4 000元，存入银行。

借：银行存款　　　　　　　　　　　　　　　　　　　 4 000
　　贷：租金收入　　　　　　　　　　　　　　　　　　　 4 000

涉及增值税业务的，相关账务处理参见"应交增值税"科目。

（二）期末结转

期末，将"租金收入"科目本期发生额转入"本期盈余"，借记"租金收入"科目，贷记"本期盈余"科目。

【例8-42】年末，省物理研究所将租金收70 000元转入"本期盈余"科目。

借：租金收入　　　　　　　　　　　　　　　　　　　70 000
　　贷：本期盈余　　　　　　　　　　　　　　　　　　　70 000

十一、其他收入的核算

为核算单位取得的除财政拨款收入、事业收入、上级补助收入、附属单位上缴收入、经营收入、非同级财政拨款收入、投资收益、捐赠收入、利息收入、租金收入以外的其他收入，包括现金盘盈收入、按照规定纳入单位预算管理的科技成果转化收入、行政单位收回已核销的其他应收款、无法偿付的应付及预收款项、置换换出资产评估增值等，设置"其他收入"(4609)科目。期末结转后，本科目应无余额。本科目应当按照其他收入的类别、来源等进行明细核算。

其他收入的主要账务处理如下。

(一)取得收入的核算

（1）现金盘盈收入。每日现金账款核对中发现的现金溢余，属于无法查明原因的部分，报经批准后，借记"待处理财产损溢"科目，贷记"其他收入"科目。

【例 8-43】省物理研究所盘盈现金 500 元，无法查明原因，报经批准后转入"待处理财产损溢"科目。

借：待处理财产损溢　　　　　　　　　　　　　　　　　　　　　500
　　贷：其他收入　　　　　　　　　　　　　　　　　　　　　　　　　500

（2）科技成果转化收入。单位科技成果转化所取得的收入，按照规定留归本单位的，按照所取得收入扣除相关费用之后的净收益，借记"银行存款"等科目，贷记"其他收入"科目。

【例 8-44】理工大学科技成果转化取得收入 200 000 元，按照规定收入留归本单位，款项存入银行。

借：银行存款　　　　　　　　　　　　　　　　　　　　　　　200 000
　　贷：其他收入　　　　　　　　　　　　　　　　　　　　　　　200 000

（3）收回已核销的其他应收款。行政单位已核销的其他应收款在以后期间收回的，按照实际收回的金额，借记"银行存款"等科目，贷记"其他收入"科目。

【例 8-45】县农业局收回一笔上年已核销的其他应收款 50 000 元，存入银行。

借：银行存款　　　　　　　　　　　　　　　　　　　　　　　50 000
　　贷：其他收入　　　　　　　　　　　　　　　　　　　　　　　50 000

（4）无法偿付的应付及预收款项。无法偿付或债权人豁免偿还的应付账款、预收账款、其他应付款及长期应付款，借记"应付账款""预收账款""其他应付款""长期应付款"等科目，贷记"其他收入"科目。

【例 8-46】理工大学为 B 企业研制新产品，预收账款 100 000 元，因 B 企业破产无法履行合同，款项转为其他收入。

借：预收账款　　　　　　　　　　　　　　　　　　　　　　　100 000
　　贷：其他收入　　　　　　　　　　　　　　　　　　　　　　　100 000

（5）置换换出资产评估增值。

① 资产置换过程中，换出资产评估增值的，按照评估价值高于资产账面价值或账面余额的金额，借记有关科目，贷记"其他收入"科目。具体账务处理参见"库存物品"等科目。

【例 8-47】理工大学以 1 台设备换入 1 批实验材料。换出设备评估价 40 000 元，固定资产账面余额 60 000 元，已计提折旧 32 825 元。

借：库存物品　　　　　　　　　　　　　　　　　　　　　　　40 000
　　固定资产累计折旧　　　　　　　　　　　　　　　　　　　　32 825

贷：固定资产	60 000
其他收入	12 825

②以未入账的无形资产取得的长期股权投资，按照评估价值加相关税费作为投资成本，借记"长期股权投资"科目，按照发生的相关税费，贷记"银行存款""其他应交税费"等科目，按其差额，贷记"其他收入"科目。

【例8-48】理工大学以未入账的无形资产置换长期股权投资，无形资产评估价10 000元，相关税费1 000元，以银行存款支付。

借：长期股权投资	101 000
贷：银行存款	1 000
其他收入	100 000

（6）确认上述收入以外的其他收入时，按照应收或实际收到的金额，借记"其他应收款""银行存款""库存现金"等科目，贷记"其他收入"科目。

【例8-49】理工大学材料学院出售废品，取得现金收入100元。

借：库存现金	100
贷：其他收入	100

涉及增值税业务的，相关账务处理参见"应交增值税"科目。

（二）期末结转

期末，将"其他收入"科目本期发生额转入"本期盈余"，借记"其他收入"科目，贷记"本期盈余"科目。

【例8-50】年末，省物理研究所将其他收入1 000元转入"本期盈余"科目。

借：其他收入	1 000
贷：本期盈余	1 000

第二节　政府会计费用的核算

一、业务活动费用的核算

为核算单位为实现其职能目标，依法履职或开展专业业务活动及其辅助活动所发生的各项费用，设置"业务活动费用"（5001）科目。期末结转后，本科目应无余额。本科目应当按照项目、服务或者业务类别、支付对象等进行明细核算。为了满足成本核算需要，本科目下还可按照"工资福利费用""商品和服务费用""对个人和家庭的补助费用""对企业补助费用""固定资产折旧费""无形资产摊销费""公共基础设施折旧（摊销）费""保障性住房折旧费""计提专用基金"等成本项目设置明细科目，归集能够直接记入业务活动或采用一定方法计算后记入业务活动的费用。

业务活动费用的主要账务处理如下。

（1）为履职或开展业务活动人员计提的薪酬，按照计算确定的金额，借记"业务活动费用"科目，贷记"应付职工薪酬"科目。

【例 8-51】月末，省物理研究所计提本月应付职工薪酬，共计 589 420 元。

借：业务活动费用 589 420

贷：应付职工薪酬 589 420

（2）为履行或开展业务活动发生的外部人员劳务费，按照计算确定的金额，借记"业务活动费用"科目，按照代扣代缴个人所得税的金额，贷记"其他应交税费——应交个人所得税"科目，按照扣税后应付或实际支付的金额，贷记"其他应付款""财政拨款收入""零余额账户用款额度""银行存款"等科目。

【例 8-52】省物理研究所以银行存款支付本月应付外部人员劳务费，共 217 300 元。

借：业务活动费用 217 300

贷：银行存款 217 300

（3）为履职或开展业务活动领用库存物品，以及动用发出相关政府储备物资，按照领用库存物品或发出相关政府储备物资的账面余额，借记"业务活动费用"科目，贷记"库存物品""政府储备物资"科目。

【例 8-53】省物理研究所材料二所领用实验材料，按照先进先出法确定该批政府材料的成本为 163 460 元。

借：业务活动费用 163 460

贷：库存商品 163 460

（4）为履职或开展业务活动所使用的固定资产、无形资产，以及为所控制的公共基金贷款（如库存物品基础设施和保障性住房）计提的折旧、摊销，按照计提金额，借记"业务活动费用"科目，贷记"固定资产累计折旧""无形资产累计摊销""公共基础设施累计折旧（摊销）""保障性住房累计折旧"科目。

【例 8-54】省物理研究所计提本月固定资产累计折旧，业务活动所使用的固定资产折旧额为 22 670 元。

借：业务活动费用 22 670

贷：固定资产累计折旧 22 670

（5）为履职或开展业务活动发生的城市维护建设税、教育费附加、地方教育费附加、车船税、房产税、城镇土地使用税等，按照应缴纳的金额，借记"业务活动费用"科目，贷记"其他应交税费"等科目。

【例 8-55】省物理研究所计提本月应缴房产税 23 900 元。

借：业务活动费用 23 900

贷：其他应交税费——房产税 23 900

（6）为履职或开展业务活动发生其他各项费用时，按照费用确认金额，借记"业务活动费用"科目，贷记"财政拨款收入""零余额账户用款额度""银行存款""应付账款""其他应付款""其他应收款"等科目。

【例 8-56】省物理研究所支付本月电费 307 000 元，以零余额账户用款额度支付。

借：业务活动费用 307 000

贷：零余额账户用款额度 307 000

（7）按照规定从收入中提取专用基金并记入费用的，一般按照预算会计下基于预算收入计算提取的金额，借记"业务活动费用"科目，贷记"专用基金"科目。国家另有规定的从其规定。

【例 8-57】省物理研究所从本月事业收入中计提专用基金（修购基金）9 500 元。

借：业务活动费用 　　　　　　　　　　　　　　　　　　　　　　9 500

　　贷：专用基金——修购基金 　　　　　　　　　　　　　　　　　　9 500

（8）发生当年购货退回等业务，对于已记入本年业务活动费用的，按照收回或应收的金额，借记"财政拨款收入""零余额账户用款额度""银行存款""其他应收款"等科目，贷记"业务活动费用"科目。

【例 8-58】省物理研究所退回上月购买的材料一批，价款 20 000 元，款项退回零余额账户。

借：零余额账户用款额度 　　　　　　　　　　　　　　　　　　　20 000

　　贷：业务活动费用 　　　　　　　　　　　　　　　　　　　　　　20 000

（9）期末，将"业务活动费用"科目本期发生额转入"本期盈余"，借记"本期盈余"科目，贷记"业务活动费用"科目。

【例 8-59】年末，省物理研究所将业务活动费用 126 575 000 元转入"本期盈余"科目。

借：本期盈余 　　　　　　　　　　　　　　　　　　　　　　126 575 000

　　贷：业务活动费用 　　　　　　　　　　　　　　　　　　　　126 575 000

二、单位管理费用的核算

为核算事业单位本级行政及后勤管理部门开展管理活动发生的各项费用，包括单位行政及后勤管理部门发生的人员经费、公用经费、资产折旧（摊销）等费用以及由单位统一负担的工费经费、诉讼费，设置"单位管理费用"（5101）科目。期末结转后，本科目应无余额。本科目应当按照项目、费用类别、支付对象等进行明细核算。为了满足成本核算需要，本科目下还可按照"工资福利费用""商品和服务费用""对个人和家庭的补助费用""固定资产折旧费""无形资产摊销费"等成本项目设置明细科目，归集能够直接记入单位管理活动或采用一定方法计算后记入单位管理活动的费用。

单位管理费用的主要账务处理如下。

（1）为管理活动人员计提的薪酬，按照计算确定的金额，借记"单位管理费用"科目，贷记"应付职工薪酬"科目。

【例 8-60】省物理研究所计提本月管理人员薪酬，共计 103 000 元。

借：单位管理费用 　　　　　　　　　　　　　　　　　　　　　103 000

　　贷：应付职工薪酬 　　　　　　　　　　　　　　　　　　　　　103 000

（2）为开展管理活动发生的外部人员劳务费，按照计算确定的费用金额，借记"单位管理费用"科目，按照代扣代缴个人所得税的金额，贷记"其他应交税费——应交个人所得税"科目，按照扣税后应付或实际支付的金额，贷记"其他应付款""财政拨款收入""零余额账户用款额度""银行存款"等科目。

【例 8-61】省物理研究所支付管理活动发生的外部人员劳务费 55 000 元，以银行存款支付。

借：单位管理费用 　　　　　　　　　　　　　　　　　　　　　　55 000

　　贷：银行存款 　　　　　　　　　　　　　　　　　　　　　　　55 000

（3）开展管理活动内部领用库存物品，按照领用物品实际成本，借记"单位管理费用"科目，贷记"库存物品"科目。

【例8-62】省物理研究所党委办公室领用办公材料，物品实际成本1 400元。

借：单位管理费用　　　　　　　　　　　　　　　　　　　　　　　　　1 400

　　贷：库存物品　　　　　　　　　　　　　　　　　　　　　　　　　　1 400

（4）为管理活动所使用固定资产、无形资产计提的折旧、摊销，按照应计提折旧、摊销额，借记"单位管理费用"科目，贷记"固定资产累计折旧""无形资产累计摊销"科目。

【例8-63】省物理研究所计提机关所使用固定资产折旧2 650元。

借：单位管理费用　　　　　　　　　　　　　　　　　　　　　　　　　2 650

　　贷：固定资产累计折旧　　　　　　　　　　　　　　　　　　　　　　2 650

（5）为开展管理活动发生城市维护建设税、教育费附加、地方教育费附加、车船税、房产税、城镇土地使用税等，按照计算确定应缴纳的金额，借记"单位管理费用"科目，贷记"其他应交税费"等科目。

【例8-64】省物理研究所计算确定管理用房的本月应交房产税500元。

借：单位管理费用　　　　　　　　　　　　　　　　　　　　　　　　　500

　　贷：其他应交税费——房产税　　　　　　　　　　　　　　　　　　　500

（6）为开展管理活动发生的其他各项费用，按照费用确认金额，借记"单位管理费用"科目，贷记"财政拨款收入""零余额账户用款额度""银行存款""其他应付款""其他应收款"等科目。

【例8-65】省物理研究所支付本月管理部门文件印刷费3 000元，以零余额账户用款额度支付。

借：单位管理费用　　　　　　　　　　　　　　　　　　　　　　　　　3 000

　　贷：零余额账户用款额度　　　　　　　　　　　　　　　　　　　　　3 000

（7）发生当年购货退回等业务，对于已记入本年单位管理费用的，按照收回或应收的金额，借记"财政拨款收入""零余额账户用款额度""银行存款""其他应收款"等科目，贷记"单位管理费用"科目。

【例8-66】省物理研究所退回已记入本年单位管理费用的劳务费用10 000元，存入银行。

借：银行存款　　　　　　　　　　　　　　　　　　　　　　　　　　　10 000

　　贷：单位管理费用　　　　　　　　　　　　　　　　　　　　　　　　10 000

（8）期末，将"单位管理费用"科目本期发生额转入"本期盈余"，借记"本期盈余"科目，贷记"单位管理费用"科目。

【例8-67】年末，省物理研究所将单位管理费用9 056 000元转入"本期盈余"科目。

借：本期盈余　　　　　　　　　　　　　　　　　　　　　　　　　　　9 056 000

　　贷：单位管理费用　　　　　　　　　　　　　　　　　　　　　　　　9 056 000

三、经营费用的核算

为核算事业单位在专业业务活动及其辅助活动之外开展非独立核算经营活动发生的各项费用，设置"经营费用"（5201）科目。期末结转后，本科目应无余额。本科目应当按照经营活动类别、项目、支付对象等进行明细核算。为了满足成本核算的需要，本科目下还可按照"工资福利费用""商品和服务费用""对个人和家庭的补助费用""固定资产折旧费""无形资产摊销费"等成本项目设置明细科目，归集能够直接记入单位经营活动或采用一定方法计算后记入单位经营活动的费用。

经营费用的主要账务处理如下。

（1）为经营活动人员计提的薪酬，按照计算确定的金额，借记"经营费用"科目，贷记"应付职工薪酬"科目。

【例8-68】省物理研究所计提本月的经营活动人员薪酬，共计120 560元。

借：经营费用   120 560

 贷：应付职工薪酬   120 560

（2）开展经营活动领用或发出库存物品，按照物品实际成本，借记"经营费用"科目，贷记"库存物品"科目。

【例8-69】省物理研究所为开展经营活动领用材料一批，材料成本为30 000元。

借：经营费用   30 000

 贷：库存物品   30 000

（3）为经营活动所使用固定资产、无形资产计提的折旧、摊销，按照应计提折摊销额，借记"经营费用"科目，贷记"固定资产累计折旧""无形资产累计摊销"科目。

【例8-70】省物理研究所计提本月为经营活动所使用固定资产累计折旧1 100元。

借：经营费用   1 100

 贷：固定资产累计折旧   1 100

（4）发生与经营活动相关的其他各项费用时，按照费用确认金额，借记"经营费用"科目，贷记"银行存款""其他应付款""其他应收款"等科目。涉及增值税业务的，相关账务处理参见"应交增值税"科目。

【例8-71】省物理研究所支付为开展经营活动而发生的电费13 000元，以银行存款支付。

借：经营费用   13 000

 贷：银行存款   13 000

（5）发生当年购货退回等业务，对于已记入本年经营费用的，按照收回或应收的金额，借记"银行存款""其他应收款"等科目，贷记"经营费用"科目。

【例8-72】承例8-71，经核查发现，省物理研究所的实际应付电费为10 000元，多缴的3 000元转入"其他应收款"科目用于抵扣以后月份的电费。

借：其他应收款   3 000

 贷：经营费用   3 000

（6）期末，将"经营费用"科目本期发生额转入"本期盈余"，借记"本期盈余"科目，贷记"经营费用"科目。

【例8-73】年末，省物理研究所将经营费用372 000元转入"本期盈余"科目。

借：本期盈余   372 000

 贷：经营费用   372 000

四、资产处置费用的核算

为核算单位经批准处置资产时发生的费用，包括转销的被处置资产价值，以及在处置过程中发生的相关费用或者处置收入小于相关费用形成的净支出，资产处置的形式按照规定包括无偿调拨、出售、出让，转让，置换、对外捐赠，报废、毁损，以及货币性资产损

失核销等，设置"资产处置费用"（5301）科目。期末结转后本科目应无余额。单位在资产清查中查明的资产盘亏、毁损以及资产报废等，应当先通过"待处理财产损溢"科目进行核算，再将处理资产价值和处理净支出记入本科目。短期投资、长期股权投资、长期债券投资的处置，按照相关资产科目的规定进行账务处理。本科目应当按照处置资产的类别、资产处置的形式等进行明细核算。

资产处置费用的主要账务处理如下。

（一）不通过"待处理财产损溢"科目核算的资产处置

（1）按照规定报经批准处置资产时，按照处置资产的账面价值，借记"资产处置费用"科目（处置固定资产、无形资产、公共基础设施、保障性住房的，还应借记"固定资产累计折旧""无形资产累计摊销""公共基础设施累计折旧（摊销）""保障性住房累计折旧"科目），按照处置资产的账面余额，贷记"库存物品""固定资产""无形资产""公共基础设施""政府储备物资""文物文化资产""保障性住房""其他应收款""在建工程"等科目。

【例8-74】理工大学不通过"待处理财产损溢"科目核算资产处置，按照规定报经批准处置一项专利权，无形资产账面余额51 000元，累计摊销33 000元。

借：资产处置费用　　　　　　　　　　　　　　　　　　　　　　18 000
　　无形资产累计摊销　　　　　　　　　　　　　　　　　　　　33 000
　　贷：无形资产　　　　　　　　　　　　　　　　　　　　　　　　51 000

（2）处置资产过程中仅发生相关费用的，按照实际发生金额，借记"资产处置费用"科目，贷记"银行存款""库存现金"等科目。

【例8-75】理工大学处置1台超过使用年限的设备，该设备已提足折旧并在账务上核销。发生处置费用500元，以库存现金支付。

借：资产处置费用　　　　　　　　　　　　　　　　　　　　　　　500
　　贷：库存现金　　　　　　　　　　　　　　　　　　　　　　　　　500

（3）处置资产过程中取得收入的，按照取得的价款，借记"库存现金""银行存款"等科目，按照处置资产过程中发生的相关费用，贷记"银行存款""库存现金"等科目，按照其差额，借记"资产处置费用"科目或贷记"应缴财政款"等科目。涉及增值税业务的，相关账务处理参见"应交增值税"科目。

【例8-76】承例8-75，理工大学处置超过使用年限的设备，取得废品收入200元。

借：库存现金　　　　　　　　　　　　　　　　　　　　　　　　　200
　　贷：资产处置费用　　　　　　　　　　　　　　　　　　　　　　　200

（二）通过"待处理财产损溢"科目核算的资产处置

（1）单位账款核对中发现的现金短缺，属于无法查明原因的，报经批准核销时，借记"资产处置费用"科目，贷记"待处理财产损溢"科目。

【例8-77】省物理研究所通过"待处理财产损溢"科目核算资产处置，在单位账款核对中发现现金短缺300元，无法查明原因报经批准核销。

借：资产处置费用　　　　　　　　　　　　　　　　　　　　　　　300
　　贷：待处理财产损溢　　　　　　　　　　　　　　　　　　　　　　300

（2）单位资产清查过程中盘亏或者毁损、报废的存货、固定资产、无形资产、公共基础设施、政府储备物资、文物文化资产、保障性住房等，报经批准处理时，按照处理资产价值，借记"资产处置费用"科目，贷记"待处理财产损溢——待处理财产价值"科目。处理收支结清时，处理过程中所取得收入小于所发生相关费用的，按照相关费用减去处理收入后的净支出，借记"资产处置费用"科目，贷记"待处理财产损溢——处理净收入"科目。

【例 8-78】省物理研究所报废一批因洪灾而毁损的材料，报经批准处理。材料成本为 8 000 元，取得变价收入 3 000 元，存入银行。

转入待处理财产损溢，编制会计分录如下：

借：待处理财产损溢——待处理财产价值   8 000

    贷：库存物品   8 000

取得变价收入，编制会计分录如下：

借：银行存款   3 000

    贷：待处理财产损溢——处理净收入   3 000

批准核销，编制会计分录如下：

借：资产处置费用   8 000

    贷：待处理财产损溢——待处理财产价值   8 000

借：资产处置费用   5 000

    贷：待处理财产损溢——处理净收入   5 000

（三）期末结转

期末，将"资产处置费用"科目本期发生额转入"本期盈余"，借记"本期盈余"科目，贷记"资产处置费用"科目。

【例 8-79】年末，省物理研究所将资产处置费用 6 000 元转入"本期盈余"科目。

借：本期盈余   6 000

    贷：资产处置费用   6 000

五、上缴上级费用的核算

为核算事业单位按照财政部门和主管部门的规定上缴上级单位款项发生的费用，设置"上缴上级费用"（5401）科目。期末结转后，本科目应无余额。本科目应当按照收缴款项单位、缴款项目等进行明细核算。

上缴上级费用的主要账务处理如下。

（1）单位发生上缴上级支出的，按照实际上缴的金额或者按照规定计算出应当上缴上级单位的金额，借记"上缴上级费用"科目，贷记"银行存款""其他应付款"等科目。

【例 8-80】依据部门预算，省物理研究所上缴上级 3 000 000 元，以银行存款支付。

借：上缴上级费用   3 000 000

    贷：银行存款   3 000 000

（2）期末，将"上缴上级费用"科目本期发生额转入"本期盈余"，借记"本期盈余"科目，贷记"上缴上级费用"科目。

【例 8-81】年末，省物理研究所将上缴上级费用 6 000 000 元转入"本期盈余"科目。

借：本期盈余   6 000 000

    贷：上缴上级费用   6 000 000

六、对附属单位补助费用的核算

为核算事业单位用财政拨款收入之外的收入对附属单位补助发生的费用，设置"对附属单位补助费用"（5501）科目。期末结转后，本科目应无余额。本科目应当按照接受补助单位、补助项目等进行明细核算。

对附属单位补助费用的主要账务处理如下。

（1）单位发生对附属单位补助支出的，按照实际补助的金额或者按照规定计算出应当对附属单位补助的金额，借记"对附属单位补助费用"科目，贷记"银行存款""其他应付款"等科目。

【例8-82】省物理研究所对附属中学补助支出500 000元，以银行存款支付。

借：对附属单位补助费用 500 000

　　贷：银行存款 500 000

（2）期末，将"对附属单位补助费用"科目本期发生额转入"本期盈余"，借记"本期盈余"科目，贷记"对附属单位补助费用"科目。

【例8-83】年末，省物理研究所将对附属单位补助费用2 400 000转入"本期盈余"科目。

借：本期盈余 2 400 000

　　贷：对附属单位补助费用 2 400 000

七、所得税费用的核算

为核算有企业所得税缴纳义务的事业单位按规定缴纳企业所得税所形成的费用，设置"所得税费用"（5801）科目。年末结转后，本科目应无余额。

所得税费用的主要账务处理如下。

（1）发生企业所得税纳税义务的，按照税法规定计算的应交税金数额，借记"所得税费用"科目，贷记"其他应交税费——单位应交所得税"科目。

【例8-84】季末，省物理研究所计算预缴经营活动结余应缴纳企业所得税10 000元。

借：所得税费用 10 000

　　贷：其他应交税费——单位应交所得税 10 000

（2）实际缴纳时，按照缴纳金额，借记"其他应交税费——单位应交所得税"科目，贷记"银行存款"科目。

【例8-85】承例8-84，省物理研究所上缴应缴纳企业所得税10 000元，以存款支付。

借：其他应交税费——单位应交所得税 10 000

　　贷：银行存款 10 000

（3）年末，将"所得税费用"科目本年发生额转入"本期盈余"，借记"本期盈余"科目，贷记"所得税费用"科目。

【例8-86】年末，省物理研究所将所得税费用30 000元转入"本期盈余"科目。

借：本期盈余 30 000

　　贷：所得税费用 30 000

八、其他费用的核算

为核算单位发生的除业务活动费用、单位管理费用、经营费用、资产处置费用、上缴上级费用、对附属单位补助费用、所得税费用以外的其他费用，包括利息费用、坏账损失、罚没支出、现金资产捐赠支出及相关税费、运输费等，设置"其他费用"（5901）科目。期末结转后，本科目应无余额。本科目应当按照其他费用的类别等进行明细核算。单位发生的利息费用较多的，可以单独设置"利息费用"（5701）科目。

其他费用的主要账务处理如下。

（一）利息费用

按期计算确认借款利息费用时，按照计算确定的金额，借记"在建工程"科目或"其他费用"科目，贷记"应付利息""长期借款——应计利息"科目。

【例8-87】理工大学计算确认本月的教学大楼在建工程的借款利息费用13 260元，借款期限3年，分期付息。

借：其他费用　　　　　　　　　　　　　　　　　　　13 260
　　贷：应付利息　　　　　　　　　　　　　　　　　　　　13 260

（二）坏账损失

年末，事业单位按照规定对收回后不需上缴财政的应收账款和其他应收款计提坏账准备时，按照计提金额，借记"其他费用"科目，贷记"坏账准备"科目；冲减多提的坏账准备时，按照冲减金额，借记"坏账准备"科目，贷记"其他费用"科目。

【例8-88】年末，理工大学按照规定对收回后不需上缴财政的应收账款计提坏账准备32 500元。

借：其他费用　　　　　　　　　　　　　　　　　　　32 500
　　贷：坏账准备　　　　　　　　　　　　　　　　　　　　32 500

（三）罚没支出

单位发生罚没支出的，按照实际缴纳或应当缴纳的金额，借记"其他费用"科目，贷记"银行存款""库存现金""其他应付款"等科目。

【例8-89】理工大学支付车辆交通罚款2 000元，以银行存款支付。

借：其他费用　　　　　　　　　　　　　　　　　　　2 000
　　贷：银行存款　　　　　　　　　　　　　　　　　　　　2 000

（四）现金资产捐赠

单位对外捐赠现金资产的，按照实际捐赠的金额，借记"其他费用"科目，贷记"银行存款""库存现金"等科目。

【例8-90】理工大学向非洲希望学校捐赠现金1 000 000元，以银行存款支付。

借：其他费用　　　　　　　　　　　　　　　　　　　1 000 000
　　贷：银行存款　　　　　　　　　　　　　　　　　　　　1 000 000

（五）其他相关费用

（1）单位接受捐赠（或无偿调入）以名义金额计量的存货、固定资产、无形资产，以及成本无法可靠取得的公共基础设施、文物文化资产等发生的相关税费、运输费等，按照实际支付的金额，借记"其他费用"科目，贷记"财政拨款收入""零余额账户用款额度""银行存款""库存现金"等科目。

【例8-91】省物理研究所接受捐赠1箱特殊材料，无法可靠取得成本资料，以名义金额计量。发生运输费200元，以库存现金支付。

借：其他费用　　　　　　　　　　　　　　　　　　　200
　　贷：库存现金　　　　　　　　　　　　　　　　　　　　200

（2）单位发生的与受托代理资产相关的税费、运输费、保管费等，按照实际支付或应付的金额，借记"其他费用"科目，贷记"零余额账户用款额度""银行存款""库存现金""其他应付款"等科目。

【例8-92】省物理研究所收到1批受托代理材料，发生运输费300元，以库存现金支付。

借：其他费用 300

　贷：库存现金 300

（六）期末结转

期末，将"其他费用"科目本期发生额转入"本期盈余"，借记"本期盈余"科目，贷记"其他费用"科目。

【例8-93】年末，省物理研究所将其他费用500元转入"本期盈余"科目。

借：本期盈余 500

　贷：其他费用 500

业务题

根据以下经济业务编制会计分录。

1. 某单位已经纳入财政国库集中支付改革。2019年1月5日，收到财政直接支付到账通知书，财政部门为事业单位支付了为开展日常业务活动所发生的事业经费500万元。

2. 某单位已经纳入财政国库集中支付改革。2019年1月5日，收到财政授权支付到账通知书，财政部门为事业单位支付了为开展日常业务活动的用款额度30万元。

3. 某事业单位尚未纳入财政国库集中支付改革。2019年1月5日，收到项目支出财政拨款30万元。

4. 某单位2019年9月1日收到学生2019年第一学期的学费400 000元、住宿费100 000元。2019年9月30日统一存入财政专户。2019年11月1日收到中央财政专户核拨返还的学费、住宿费500 000元。

5. 某歌舞团演出话剧，获得收入45 000元存入银行。

6. 某单位开展经营活动，2019年1月10日确认发生经营收入150 000元，并于当日收讫。

7. 乙事业单位收到上级甲事业单位用集中下级附属单位的收入拨来的补助款7万元。

8. 某事业单位下属的招待所为独立核算的附属单位，事业单位收到招待所缴来的款项120 000元存入银行。

9. 2019年4月5日，某事业单位用基本账户支付水费1 500元，污水处理费300元，共计1 800元。

10. 某环保事业单位计算本月职工薪酬，从事污染检测经营活动的人员基本工资为8 000元，津贴补贴为3 000元。

11. 接上题，某环保事业单位发放工资。

12. 某实行收入上缴办法的事业单位，经财政及主管部门核定采用定额分季上缴办法，每季度上缴5万元。

13. 甲事业单位用集中下级单位的收入补助给某需要扶持的所属乙单位70 000元。

第九章 政府会计净资产的核算

学习目标

1. 掌握政府会计基金类净资产的核算；
2. 掌握政府会计损益分配类净资产的核算。

净资产是指行政事业单位资产扣除负债后的净额。净资产金额取决于资产和负债的计量。净资产项目应当列入资产负债表。

政府会计净资产类的会计科目分为基金类和损益分配类。基金类的会计科目有"累计盈余""专用基金"和"权益法调整"；损益分配类的会计科目有"本期盈余""本年盈余分配""无偿调拨净资产"和"以前年度盈余调整"。

第一节 政府会计基金类净资产的核算

一、累计盈余的核算

为核算单位历年实现的扣除盈余分配后滚存的盈余金额，以及因无偿调入调出资产产生的净资产变动额，设置"累计盈余"（3001）科目。本科目年末余额反映单位未分配盈余（或未弥补亏损）以及无偿调拨净资产变动的累计数。按照规定上缴、缴回、单位间调剂结转结余资金产生的净资产变动额，以及对以前年度盈余的调整金额，也通过本科目核算。

累计盈余的主要账务处理如下。

（一）年末结转

（1）年末，将"本年盈余分配"科目的余额转入"累计盈余"科目，借记或贷记"本年盈余分配"科目，贷记或借记"累计盈余"科目。

【例 9-1】年末，省物理研究所将"本年盈余分配"科目的贷方余额 614 000 元转入"累计盈余"科目。

借：本年盈余分配　　　　　　　　　　　　　　　　　　　　　614 000
　　贷：累计盈余　　　　　　　　　　　　　　　　　　　　　　　614 000

（2）年末，将"无偿调拨净资产"科目的余额转入"累计盈余"科目，借记或贷记"无偿调拨净资产"科目，贷记或借记"累计盈余"科目。

【例9-2】年末，省物理研究所将"无偿调拨净资产"科目的贷方余额的69 500元转入"累计盈余"科目。

借：无偿调拨净资产　　　　　　　　　　　　　　　　　　　　69 500
　　贷：累计盈余　　　　　　　　　　　　　　　　　　　　　　　69 500

（二）上缴结转结余的核算

（1）按照规定上缴财政拨款结转结余、缴回非财政拨款结转资金、向其他单位调出财政拨款结转资金时，按照实际上缴、缴回、调出金额，借记"累计盈余"科目，贷记"财政应返还额度""零余额账户用款额度""银行存款"等科目。

【例9-3】按照规定，省物理研究所上缴财政拨款结转结余59 300元，以零余额账户用款额度支付。

借：累计盈余　　　　　　　　　　　　　　　　　　　　　　　59 300
　　贷：零余额账户用款额度　　　　　　　　　　　　　　　　　　59 300

（2）按照规定从其他单位调入财政拨款结转资金时，按照实际调入金额，借记"零余额账户用款额度""银行存款"等科目，贷记"累计盈余"科目。

【例9-4】按照规定，省物理研究所从市物理研究所调入财政拨款结转资金23 000元，存入银行。

借：银行存款　　　　　　　　　　　　　　　　　　　　　　　23 000
　　贷：累计盈余　　　　　　　　　　　　　　　　　　　　　　　23 000

（三）调整以前年度盈余的核算

将"以前年度盈余调整"科目的余额转入"累计盈余"科目，借记或贷记"以前年度盈余调整"科目，贷记或借记"累计盈余"科目。

【例9-5】按照规定，省物理研究所将"以前年度盈余调整"科目的贷方余额5 000元转入"累计盈余"科目。

借：以前年度盈余调整　　　　　　　　　　　　　　　　　　　　5 000
　　贷：累计盈余　　　　　　　　　　　　　　　　　　　　　　　　5 000

（四）使用专用基金的核算

按照规定使用专用基金购置固定资产、无形资产的，按照固定资产、无形资产成本金额，借记"固定资产""无形资产"科目，贷记"银行存款"等科目，同时，按照专用基金使用金额，借记"专用基金"科目，贷记"累计盈余"科目。

【例9-6】按照规定，省物理研究所使用专用基金（固定资产修购基金）购置专用设备2台，价款及相关税费22 000元，以银行存款支付。

借：固定资产　　　　　　　　　　　　　　　　　　　　　　　22 000
　　贷：银行存款　　　　　　　　　　　　　　　　　　　　　　　22 000
借：专用基金——固定资产修购基金　　　　　　　　　　　　　　22 000
　　贷：累计盈余　　　　　　　　　　　　　　　　　　　　　　　22 000

二、专用基金的核算

为核算事业单位按照规定提取或设置的具有专门用途的净资产，主要包括职工福利基金、科技成果转换基金等，设置"专用基金"(3101)科目。本科目期末贷方余额反映事业单位累计提取或设置的尚未使用的专用基金。本科目应当按照专用基金的类别进行明细核算。

专用基金的主要账务处理如下。

(一) 提取、设置专用基金的核算

(1) 年末，根据有关规定从本年度非财政拨款结余或经营结余中提取专用基金的，按照预算会计下计算的提取金额，借记"本年盈余分配"科目，贷记"专用基金"科目。

【例 9-7】年末，省物理研究所按照规定从本年度非财政拨款结余中提取专用基金(修购基金)795 200 元。

借：本年盈余分配   795 200

  贷：专用基金——修购基金   795 200

(2) 根据有关规定从收入中提取专用基金并记入费用的，一般按照预算会计下基于预算收入计算提取的金额，借记"业务活动费用"等科目，贷记"专用费用"科目。国家另有规定的，从其规定。

【例 9-8】省物理研究所按规定从收入中提取专用基金(修购基金)153 500 元。

借：业务活动费用   153 500

  贷：专用基金——修购基金   153 500

(3) 根据有关规定设置的其他专用基金，按照实际收到的基金金额，借记"银行存款"等科目，贷记"专用基金"科目。

【例 9-9】省物理研究所按规定设置专用基金(机构改革基金)，收到主管部门拨付的专项资金 20 000 000 元存入银行。

借：银行存款   20 000 000

  贷：专用基金——机构改革基金   20 000 000

(二) 使用专用基金的核算

(1) 按照规定使用提取的专用基金时，借记"专用基金"科目，贷记"银行存款"等科目。

【例 9-10】承例 9-9，省物理研究所进行机构改革，按照规定使用专用基金(机构改革基金)5 000 000 元，支付职工离职补偿。

借：专用基金——机构改革基金   5 000 000

  贷：银行存款   5 000 000

(2) 使用提取的专用基金购置固定资产、无形资产的，按照固定资产、无形资产成本金额，借记"固定资产""无形资产"科目，贷记"银行存款"等科目；同时，按照专用基金使用金额，借记"专用基金"科目，贷记"累计盈余"科目。

【例 9-11】省物理研究所使用提取的专用基金(修购基金)购买一项专利权价款及相关税费 27 000 元，以银行存款支付。

借：无形资产   27 000

  贷：银行存款   27 000

借：专用基金——修购基金   27 000
 贷：累计盈余   27 000

三、权益法调整的核算

为核算事业单位持有的长期股权投资采用权益法核算时，按照被投资单位除净损益和利润分配以外的所有者权益变动份额调整长期股权投资账面余额而记入净资产的金额，设置"权益法调整"(3201)科目。本科目期末余额反映事业单位在被投资单位除净损益和利润分配以外的所有者权益变动中累计享有(或分担)的份额。本科目应当按照被投资单位进行明细核算。

权益法调整的主要账务处理如下。

(一)年末调整

年末，按照被投资单位除净损益和利润分配以外的所有者权益变动应享有(或应分担)的份额，借记或贷记"长期股权投资——其他权益变动"科目，贷记或借记"权益法调整"科目。

【例9-12】省物理研究所持有的长期股权投资采用权益法核算。年末，购买的K公司股票价格下跌，净损失38 213元，予以调整。

借：权益法调整   38 213
 贷：长期股权投资——其他权益变动   38 213

(二)其他因素引起的净资产变动

采用权益法核算的长期股权投资，因被投资单位除净损益和利润分配以外的所有者权益变动而将应享有(或应分担)的份额记入单位净资产的，处置该项投资时，按照原记入净资产的相应部分金额，借记或贷记"权益法调整"科目，贷记或借记"投资收益"科目。

【例9-13】省物理研究所投资的H公司又投资了M公司，M公司在期货交易中失利，引起H公司的长期股权投资公允价值变动，省物理研究所应分担的损失为625 000元，予以调整。

借：投资收益   625 000
 贷：权益法调整   625 000

第二节 政府会计损益分配类净资产的核算

一、本期盈余的核算

为核算单位本期各项收入、费用相抵后的余额，设置"本期盈余"(3301)科目。本科目期末如为贷方余额，反映单位自年初至当期期末累计实现的盈余；如为借方余额，反映单位自年初至当期期末累计发生的亏损。年末结账后，本科目应无余额。

本期盈余的主要账务处理如下。

(一)将各类收支科目的本期发生额转入"本期盈余"科目

(1)期末，将各类收入科目的本期发生额转入"本期盈余"科目，借记"财政拨款收入""事业收入""上级补助收入""附属单位上缴收入""经营收入""非同级财政拨款收入""投资收益""捐赠收入""利息收入""租金收入""其他收入"科目，贷记"本期盈余"科目。

【例 9-14】年末，省物理研究所将财政拨款收入 63 920 000 元、事业收入 35 662 000 元、上级补助收入 100 000 元、附属单位上缴收入 200 000 元、经营收入 306 000 元、非同级财政拨款收入 44 553 000 元、投资收益 90 000 元、捐赠收入 300 000 元、利息收入 5 000 元、租金收入 70 000 元、其他收入 1 000 元转入"本期盈余"科目。

```
借：财政拨款收入                          63 920 000
    事业收入                             35 662 000
    上级补助收入                            100 000
    附属单位上缴收入                         200 000
    经营收入                               306 000
    非同级财政拨款收入                     44 553 000
    投资收益                                90 000
    捐赠收入                               300 000
    利息收入                                 5 000
    租金收入                                70 000
    其他收入                                 1 000
  贷：本期盈余                           145 207 000
```

(2)将各类费用科目本期发生额转入"本期盈余"科目，借记"本期盈余"科目，贷记"业务活动费用""单位管理费用""经营费用""所得税费用""资产处置费用""上缴上级费用""对附属单位补助费用""其他费用"科目。

【例 9-15】年末，省物理研究所将业务活动费用 126 575 000 元，单位管理费用 9 056 000 元，经营费用 372 000 元，资产处置费用 6 000 元、上缴上级费用 6 000 000 元、对附属单位补助费用 2 400 000 元、所得税费用 30 000 元，其他费用 500 元转入"本期盈余"科目。

```
借：本期盈余                            144 439 500
  贷：业务活动费用                       126 575 000
      单位管理费用                         9 056 000
      经营费用                             372 000
      资产处置费用                           6 000
      上缴上级费用                         6 000 000
      对附属单位补助费用                   2 400 000
      所得税费用                            30 000
      其他费用                                 500
```

(二) 将"本期盈余"科目余额转入"本年盈余分配"科目

年末，完成上述结转后，将"本期盈余"科目余额转入"本年盈余分配"科目，借记或贷记"本期盈余"科目，贷记或借记"本年盈余分配"科目。

【例 9-16】承例 9-14 和例 9-15，年末，省物理研究所将"本期盈余"科目的贷方余额 767 500 元转入"本年盈余分配"科目。

```
借：本期盈余                              767 500
  贷：本年盈余分配                         767 500
```

二、本年盈余分配的核算

为核算单位本年度盈余分配的情况和结果，设置"本年盈余分配"(3302)科目。年末结账后，本科目应无余额。

本年盈余分配的主要账务处理如下。

(1) 年末，将"本期盈余"科目余额转入"本年盈余分配"科目，借记或贷记"本期盈余"科目，贷记或借记"本年盈余分配"科目。

【例 9-17】年末，省物理研究所将"本期盈余"科目贷方余额 767 500 元转入"本年盈余分配"科目。

借：本期盈余 767 500

贷：本年盈余分配 767 500

(2) 年末，根据有关规定从本年度非财政拨款结余或经营结余中提取专用基金，按照预算会计下计算的提取金额，借记"本年盈余分配"科目，贷记"专用基金"科目。

【例 9-18】省物理研究所按规定从经营结余中提取职工福利基金 20 000 元。

借：本年盈余分配 20 000

贷：专用基金——职工福利基金 20 000

(3) 年末，按照规定完成上述两项处理后，将"本年盈余分配"科目余额转入"累计盈余"科目，借记或贷记"本年盈余分配"科目，贷记或借记"累计盈余"科目。

【例 9-19】年末，省物理研究所将"本年盈余分配"科目的贷方余额 747 500 元转入"累计盈余"科目。

借：本年盈余分配 747 500

贷：累计盈余 747 500

三、无偿调拨净资产的核算

为核算单位无偿调入或调出非现金资产所引起的净资产变动金额，设置"无偿调拨净资产"(3401)科目。年末结账后，本科目应无余额。

无偿调拨净资产的主要账务处理如下。

(一) 无偿调入资产的核算

按照规定取得无偿调入的存货、长期股权投资、固定资产、无形资产、公共基础设施、政府储备物资、文物文化资产、保障性住房等，按照确定的成本，借记"库存物品""长期股权投资""固定资产""无形资产""公共基础设施""政府储备物资""文物文化资产""保障性住房"等科目，按照调入过程中发生的归属于调入方的相关费用，贷记"零余额账户用款额度""银行存款"等科目，按照其差额，贷记"无偿调拨净资产"科目。

【例 9-20】省物理研究所无偿调入一项专利技术，对方提供的凭证显示该项专利的成本为 90 000 元，以库存现金支付相关费用 600 元。

借：无形资产 90 000

贷：库存现金 600

无偿调拨净资产 89 400

（二）无偿调出资产的核算

按照规定经批准无偿调出存货、长期股权投资、固定资产、无形资产、公共基础设施、政府储备物资、文物文化资产、保障性住房等，按照调出资产的账面余额或账面价值，借记"无偿调拨净资产"科目，按照固定资产累计折旧、无形资产累计摊销、公共基础设施累计折旧或摊销、保障性住房累计折旧的金额，借记"固定资产累计折旧""无形资产累计摊销""公共基础设施累计折旧（摊销）""保障性住房累计折旧"科目，按照调出资产的账面余额，贷记"库存物品""长期股权投资""固定资产""无形资产""公共基础设施""政府储备物资""文物文化资产""保障性住房"等科目。同时，按照调出过程中发生的归属于调出方的相关费用，借记"资产处置费用"科目，贷记"零余额账户用款额度""银行存款"等科目。

【例9-21】省物理研究所无偿调出一台设备，设备的账面余额26 550元，已计提折旧6 650元。调出过程中发生归属于调出方的运输费200元，以库存现金支付。

借：无偿调拨净资产　　　　　　　　　　　　　　　　　　　　　19 900
　　　固定资产累计折旧　　　　　　　　　　　　　　　　　　　　6 650
　　贷：固定资产　　　　　　　　　　　　　　　　　　　　　　26 550
借：资产处置费用　　　　　　　　　　　　　　　　　　　　　　　200
　　贷：库存现金　　　　　　　　　　　　　　　　　　　　　　　200

（三）年末结转的核算

年末，将"无偿调拨净资产"科目余额转入"累计盈余"科目，借记或贷记"无偿调拨净资产"科目，贷记或借记"累计盈余"科目。

【例9-22】年末，省物理研究所将"无偿调拨净资产"科目的贷方余额69 500元转入"累计盈余"科目。

借：无偿调拨净资产　　　　　　　　　　　　　　　　　　　　　69 500
　　贷：累计盈余　　　　　　　　　　　　　　　　　　　　　　69 500

四、以前年度盈余调整的核算

为核算单位本年度发生的调整以前年度盈余的事项，包括本年度发生的重要前期差错更正涉及调整以前年度盈余的事项，设置"以前年度盈余调整"（3501）科目。本科目结转后应无余额。

以前年度盈余调整的主要账务处理如下。

（一）调整以前年度收入的核算

调整增加以前年度收入时，按照调整增加的金额，借记有关科目，贷记"以前年度盈余调整"科目；调整减少以前年度收入时，做相反会计分录。

【例9-23】因质量问题，省物理研究所退回一批材料，为上一年度以国库直接支付方式购买，材料款40 000元按原渠道退回国库，并调整以前年度盈余。

借：财政应返还额度——财政直接支付　　　　　　　　　　　　40 000
　　贷：以前年度盈余调整　　　　　　　　　　　　　　　　　40 000

（二）调整以前年度费用的核算

调整增加以前年度费用时，按照调整增加的金额，借记"以前年度盈余调整"科目，贷记有关科目；调整减少以前年度费用时，做相反会计分录。

【例9-24】因计算错误，省物理研究所上一年度少支付了S公司50 000元派遣劳务费，以零余额账户用款额度补付并调整以前年度盈余。

借：以前年度盈余调整   50 000

 贷：零余额账户用款额度   50 000

（三）盘盈的各种非流动资产的核算

盘盈的各种非流动资产，报经批准后处理时，借记"待处理财产损溢"科目，贷记"以前年度盈余调整"科目。

【例9-25】省物理研究所盘盈1块陨石标本，估价15 000元，报经批准后入账并调整以前年度盈余。

借：待处理财产损溢   15 000

 贷：以前年度盈余调整   15 000

（四）转入累计盈余的核算

经上述调整后，应将"以前年度盈余调整"科目的余额转入"累计盈余"科目，借记或贷记"累计盈余"科目，贷记或借记"以前年度盈余调整"科目。

【例9-26】按照规定，省物理研究所将"以前年度盈余调整"科目的贷方余额5 000元转入"累计盈余"科目。

借：以前年度盈余调整   5 000

 贷：累计盈余   5 000

业务题

根据以下经济业务编制会计分录。

1. 2019年12月31日，某单位按需自设了二级科目，将本年盈余年终分配后的余额500 000元转入"累计盈余"科目。

2. 某单位2019年年终分配，非财政拨款结余总额为500 000元，按照结余的40%提取职工福利基金。

3. 2019年，某科研所事业收入中的横向课题收入为50 000元，按照相关规定提取科技成果转化基金，提取比例为5%。

4. 2019年年终，将财政拨款收入1 500 000元，事业收入3 000 000元，上级补助收入400 000元，附属单位上缴收入300 000元，经营收入4 000 000元，非同级财政拨款收入200 000元，

投资收益300 000元，捐赠收入100 000元，利息收入80 000元，租金收入500 000元，其他收入10 000元结转入净资产。

5. 2019年年终，将业务活动费用——财政拨款费用1 000 000元、业务活动费用——非同级财政拨款费用200 000元、业务活动费用——非财政拨款费用1 580 000元、经营费用3 040 000元、资产处置费用8 000元、上缴上级费用50 000元、对附属单位补助费用260 000元、所得税费用200 000元、其他费用5 000元结转入净资产。

第十章
政府会计资产的核算

学习目标

1. 掌握政府会计流动资产的核算；
2. 掌握政府会计非流动资产的核算。

资产是指政府会计主体过去的经济业务或者事项形成的，由政府会计主体控制的，预期能够产生服务潜力或者带来经济利益流入的经济资源。服务潜力是指政府会计主体利用资产提供公共产品和服务以履行政府职能的潜在能力；经济利益流入表现为现金及现金等价物的流入，或者现金及现金等价物流出的减少。

政府会计主体的资产按照流动性，分为流动资产、非流动资产、经管资产及其他资产。流动资产是指预计在 1 年内(含 1 年)耗用或者可以变现的资产，包括货币资金、应收及预付款项、存货、短期投资等；非流动资产是指流动资产以外的资产，包括固定资产、在建工程、无形资产、长期投资等；经管资产是指行政事业单位代表政府经营管理的公共资产，包括公共基础设施、政府储备资产、文物文化资产、保障性住房等；其他资产是指除流动资产、非流动资产、经管资产之外的行政事业单位资产，包括待摊费用、受托代理资产、长期待摊费用、待处理财产损溢等。其中，短期投资和长期投资合并为对外投资统一介绍。

第一节　货币资金的核算

行政事业单位的货币资金有库存现金、银行存款、零余额账户用款额度、其他货币资金等。

一、库存现金的管理与核算

为核算单位的库存现金，设置"库存现金"(1001)科目。本科目期末借方余额反映单位实际持有的库存现金。单位应当严格按照国家有关现金管理的规定收支现金，并按照相关制度规定核算现金的各项收支业务。本科目应当设置"受托代理资产"明细科目，核算单位受托代理、代管的现金。单位有外币现金的，应当分别按照人民币、外币种类设置"库存现金日记账"进行明细核算。有关外币现金业务的账务处理参见"银行存款"科目的相关规定。

单位应当设置"库存现金日记账"，由出纳员根据收付款凭证，按照业务发生顺序逐笔登记。每日终了，应当计算当日的现金收入合计数、现金支出合计数和结余数，并将结余数与实际库存数相核对，做到账款相符。现金收入业务繁多、单独设有收款部门的单位，收款部门的收款员应当将每天所收现金连同收款凭据一并交财务部门核收记账，或者将每天所收现金直接送存开户银行后，将收款凭据及向银行送存现金的凭证等并交财务部门核收记账。

库存现金的主要账务处理如下。

（一）库存现金增加的核算

（1）从银行等金融机构提取现金，按照实际提取的金额，借记"库存现金"科目，贷记"银行存款"科目。

【例 10-1】县农业局从银行提取现金 30 000 元。

借：库存现金   30 000

 贷：银行存款   30 000

（2）根据规定从单位零余额账户提取现金，按照实际提取的金额，借记"库存现金"科目，贷记"零余额账户用款额度"科目。

【例 10-2】某市实行国库集中支付制度，市直属中学根据规定从单位零余额账户提取现金 50 000 元。

借：库存现金   50 000

 贷：零余额账户用款额度   50 000

（3）因内部职工出差等原因借出的现金，按照实际借出的现金金额，借记"其他应收款"科目，贷记"库存现金"科目。出差人员报销差旅费时，按照实际报销的金额，借记"业务活动费用""单位管理费用"等科目，按照实际借出的现金金额，贷记"其他应收款"科目，按照其差额，借记或贷记"库存现金"科目。

【例 10-3】市文广局王军出差，预借差旅费 10 000 元。

借：其他应收款——王军   10 000

 贷：库存现金   10 000

【例 10-4】承例 10-3，王军出差归来，报销差旅费 9 300 元，余款 700 元交回。

借：业务活动费用   9 300

  库存现金   700

 贷：其他应收款——王军   10 000

（4）因提供服务、物品或者其他事项收到现金，按照实际收到的金额，借记"库存现金"科目，贷记"事业收入""应收账款"等相关科目。涉及增值税业务的，相关账务处理参见"应交增值税"科目。

（二）库存现金减少的核算

（1）将现金存入银行等金融机构，按照实际存入金额，借记"银行存款"科目，贷记"库存现金"科目。

【例 10-5】省建筑大学将 50 000 元库存现金存入开户银行。

借：银行存款   50 000

 贷：库存现金   50 000

（2）将现金退回单位零余额账户，按照实际退回的金额，借记"零余额账户用款额度"科目，贷记"库存现金"科目。

【例10-6】县农业局实行国库集中支付制度，现将库存现金35 000元退回零余额账户。

借：零余额账户用款额度　　　　　　　　　　　　　　　　35 000

　　贷：库存现金　　　　　　　　　　　　　　　　　　　　35 000

（3）因购买服务、物品或者其他事项支付现金，按照实际支付的金额，借记"业务活动费用""单位管理费用""库存物品"等相关科目，贷记"库存现金"科目。涉及增值税业务的，相关账务处理参见"应交增值税"科目。

（4）以库存现金对外捐赠，按照实际捐出的金额，借记"其他费用"科目，贷记"库存现金"科目。

【例10-7】市房管事业单位以自有资金向某NGO组织捐赠100 000元，用于新入职人员的住房救助，以库存现金支付。

借：其他费用　　　　　　　　　　　　　　　　　　　　100 000

　　贷：库存现金　　　　　　　　　　　　　　　　　　　100 000

（三）代管现金的核算

收到受托代理、代管的现金，按照实际收到的金额，借记"库存现金"科目（受托代理资产），贷记"受托代理负债"科目；支付受托代理、代管的现金，按照实际支付的金额，借记"受托代理负债"科目，贷记"库存现金"科目（受托代理资产）。

【例10-8】某县发生地震，县民政局收到公益慈善促进会委托代理资金260 000元，现金收款入库。

借：库存现金　　　　　　　　　　　　　　　　　　　　260 000

　　贷：受托代理负债　　　　　　　　　　　　　　　　　260 000

【例10-9】承例10-8，县民政局将受托代理资金260 000元发放给灾民。

借：受托代理负债　　　　　　　　　　　　　　　　　　260 000

　　贷：库存现金　　　　　　　　　　　　　　　　　　　260 000

二、银行存款的核算

为核算单位存入银行或者其他金融机构的各种存款，设置"银行存款"（1002）科目。本科目期末借方余额反映单位实际存放在银行或者其他金融机构的款项。

单位应当按照开户银行或其他金融机构、存款种类及币种等，分别设置"银行存款日记账"，由出纳人员根据收付款凭证，按照业务的发生顺序逐笔登记，每日终了应结出余额。"银行存款日记账"应定期与"银行对账单"核对，至少每月核对一次。月度终了，单位银行存款日记账账面余额与银行对账单余额之间如有差额，应当逐笔查明原因并进行处理。单位应按月编制"银行存款余额调节表"。

单位应当严格按照国家有关支付结算办法的规定办理银行存款收支业务，并按照《政府会计制度》规定核算银行存款的各项收支业务。"银行存款"科目应当设置"受托代理资产"明细科目，核算单位受托代理、代管的银行存款。

银行存款的主要账务处理如下。

（一）人民币业务的账务处理

（1）将款项存入银行或者其他金融机构，按照实际存入的金额，借记"银行存款"科目，贷记"库存现金""应收账款""事业收入""经营收入""其他收入"等相关科目。涉及增值税业务的，相关账务处理参见"应交增值税"科目。

【例10-10】 某大学对外提供职业教育培训服务，现收到培训收入210 000元，款项存入银行（该收入免税）。

借：银行存款　　　　　　　　　　　　　　　　　　　　210 000
　贷：事业收入　　　　　　　　　　　　　　　　　　　　　　210 000

（2）收到银行存款利息，按照实际收到的金额。借记"银行存款"科目，贷记"利息收入"科目。

【例10-11】 市教育局收到银行存款利息1 309元。

借：银行存款　　　　　　　　　　　　　　　　　　　　1 309
　贷：利息收入　　　　　　　　　　　　　　　　　　　　　　1 309

（3）从银行等金融机构提取现金。按照实际提取的金额，借记"库存现金"科目，贷记"银行存款"科目。

【例10-12】 县科技局从银行提取现金20 000元用于日常业务支出。

借：库存现金　　　　　　　　　　　　　　　　　　　　20 000
　贷：银行存款　　　　　　　　　　　　　　　　　　　　　　20 000

（4）以银行存款支付相关费用，按照实际支付的金额，借记"业务活动费用""单位管理费用""其他费用"等相关科目，贷记"银行存款"科目。涉及增值税业务的，相关账务处理参见"应交增值税"科目。

【例10-13】 市中心小学支付本月电费3 465元，以银行存款支付。

借：业务活动费用　　　　　　　　　　　　　　　　　　3 465
　贷：银行存款　　　　　　　　　　　　　　　　　　　　　　3 465

（5）以银行存款对外捐赠，按照实际捐出的金额，借记"其他费用"科目，贷记"银行存款"科目。

【例10-14】 市中心医院向郊区农民工小学捐款100 000元，以银行存款支付。

借：其他费用　　　　　　　　　　　　　　　　　　　　100 000
　贷：银行存款　　　　　　　　　　　　　　　　　　　　　　100 000

（6）收到受托代理、代管的银行存款，按照实际收到的金额，借记"银行存款"科目（受托代理资产），贷记"受托代理负债"科目；支付受托代理、代管的银行存款、按照实际支付的金额，借记"受托代理负债"科目，贷记"银行存款"科目（受托代理资产）。

【例10-15】 市卫生防疫中心收到某慈善机构委托代管资金500 000元，用于为困难家庭儿童免费接种流行性脑脊髓膜炎疫苗，款项存入银行。

借：银行存款　　　　　　　　　　　　　　　　　　　　500 000
　贷：受托代理负债　　　　　　　　　　　　　　　　　　　　500 000

【例10-16】 承例10-15，购买疫苗花费80 000元，并为困难家庭儿童免费接种，以银行存款支付。

借：受托代理负债　　　　　　　　　　　　　　　　　　80 000
　贷：银行存款　　　　　　　　　　　　　　　　　　　　　　80 000

（二）外币业务的账务处理

单位发生外币业务的，应当按照业务发生当日的即期汇率，将外币金额折算为人民币金额记账，并登记外币金额和汇率，期末，各种外币账户的期末余额应当按照期末的即期汇率折算为人民币，作为外币账户期末人民币余额，调整后的各种外币账户人民币余额与原账面余额的差额，作为汇兑损益记入当期费用。

（1）以外币购买物资、设备等，按照购入当日的即期汇率将支付的外币或应支付的外币折算为人民币金额，借记"库存物品"等科目，贷记"银行存款""应付账款"科目的外币账户。涉及增值税业务的，相关账务处理参见"应交增值税"科目。

（2）销售物品、提供服务以外币收取相关款项等，按照收入确认当日的即期汇率，将收取的外币或应收取的外币折算为人民币金额，借记"银行存款""应收账款"等科目的外币账户，贷记"事业收入"等相关科目。

【例10-17】黄河市生物研究所对外销售其研制的产品100盒，每盒售价（不含税）120美元，计12 000美元，应缴增值税1 920美元，共计13 920美元，存入银行。当日的即期汇率为1美元兑换6.3元人民币。

12 000美元折合人民币为12 000×6.3＝75 600（元）；1 920美元折合人民币为1 920×6.3＝12 096（元）；13 920美元折合人民币为13 920×6.3＝87 696（元）。

借：银行存款——美元　　　　　　　　　　　　　　　　　　87 696
　贷：事业收入　　　　　　　　　　　　　　　　　　　　　　75 600
　　　应交增值税——销项税额　　　　　　　　　　　　　　　　12 096

【例10-18】黄河市生物研究所收取以前年度销售给A公司的产品货款600美元，收款当日的即期汇率为1美元兑换6.25元人民币。

600美元折合人民币为600×6.25＝3 750（元）。

借：银行存款——美元　　　　　　　　　　　　　　　　　　3 750
　贷：应收账款　　　　　　　　　　　　　　　　　　　　　　3 750

（3）期末，将各外币银行存款账户按照期末汇率调整后的人民币余额与原账面人民币余额的差额作为汇兑损益，借记或贷记"银行存款"科目，贷记或借记"业务活动费用""单位管理费用"等科目。

【例10-19】承例10-17和例10-18，年末，黄河市生物研究所的美元账户存款科目共计14 520美元，折合人民币91 446元。12月31日的即期汇率为1美元兑换6.35元人民币。

14 520美元按照12月31日的即期汇率折合人民币为14 520×6.35＝92 202（元），92 202－91 446＝756（元）。

借：银行存款——美元　　　　　　　　　　　　　　　　　　756
　贷：业务活动费用　　　　　　　　　　　　　　　　　　　　756

（4）"应收账款""应付账款"等科目有关外币账户期末汇率调整业务的账务处理参照本科目。

三、零余额账户用款额度的核算

为核算实行国库集中支付的单位根据财政部门批复的用款计划收到和支用的零余额账户用款额度，设置"零余额账户用款额度"（1011）科目。本科目期末借方余额反映单位尚未支用的零余额账户用款额度。年末注销单位零余额账户用款额度后，本科目应无余额。

零余额账户用款额度的主要账务处理如下。

（一）收到额度

单位收到"财政授权支付到账通知书"时，根据通知书所列金额，借记"零余额账户用款额度"科目，贷记"财政拨款收入"科目。

【例 10-20】县海洋与渔业局收到代理银行转来的"财政授权支付到账通知书"，通知书所列金额为 300 000 元。

借：零余额账户用款额度	300 000
贷：财政拨款收入	300 000

（二）支用额度

（1）支付日常活动费用时，按照支付的金额，借记"业务活动费用""单位管理费用"等科目，贷记"零余额账户用款额度"科目。

【例 10-21】县海洋与渔业局开出转账支票，购买打印纸 5 箱，每箱 600 元，共计 3 000 元。

借：业务活动费用	3 000
贷：零余额账户用款额度	3 000

（2）购买库存物品或购建固定资产，按照实际发生的成本，借记"库存物品""固定资产""在建工程"等科目，按照实际支付或应付的金额，贷记"零余额账户用款额度""应付账款"等科目。涉及增值税业务的，相关账务处理参见"应交增值税"科目。

【例 10-22】某大学建设一栋教学楼，发生工程款 310 000 元，以零余额账户用款额度支付。

借：在建工程	310 000
贷：零余额账户用款额度	310 000

（3）从零余额账户提取现金时，按照实际提取的金额，借记"库存现金"科目，贷记"零余额账户用款额度"科目。

【例 10-23】省检察院从零余额账户提取现金 150 000 元。

借：库存现金	150 000
贷：零余额账户用款额度	150 000

（三）支付额度退回

因购货退回等发生财政授权支付额度退回的，按照退回的金额，借记"零余额账户用款额度"科目，贷记"库存物品"等科目。

【例 10-24】市中心医院上月所购的注射器存在质量问题，予以退货，货款 165 000 元退回到零余额账户。

借：零余额账户用款额度	165 000
贷：库存物品	165 000

（四）年末处理

（1）年末，根据代理银行提供的对账单做注销额度的相关账务处理，借记"财政应返还额度——财政授权支付"科目，贷记"零余额账户用款额度"科目。

【例 10-25】年末，北清县科技局根据代理银行提供的对账单注销其零余额账户用款额度 163 215 元。

借：财政应返还额度——财政授权支付	163 215
贷：零余额账户用款额度	163 215

（2）年末，单位本年度财政授权支付预算指标数大于零余额账户用款额度下达数的，根据未下达的用款额度，借记"财政应返还额度——财政授权支付"科目，贷记"财政拨款收入"科目。

【例10-26】年末，北清县科技局本年度财政授权支付预算指标数大于零余额账户用款额度下达数。尚有210 000元未下达用款额度。

借：财政应返还额度——财政授权支付   210 000

  贷：财政拨款收入   210 000

（3）下年年初，单位根据代理银行提供的上年度注销额度恢复到账通知书做恢复额度的相关账务处理，借记"零余额账户用款额度"科目，贷记"财政应返还额度——财政授权支付"科目。

【例10-27】承例10-25，北清县科技局根据代理银行提供的上年度注销额度恢复到账通知书，恢复上年度注销额度163 215元。

借：零余额账户用款额度   163 215

  贷：财政应返还额度——财政授权支付   163 215

（4）单位收到财政部门批复的上年未下达零余额账户用款额度，借记"零余额账户用款额度"科目，贷记"财政应返还额度——财政授权支付"科目。

【例10-28】承例10-26，下年年初，北清县科技局收到财政部门批复的上年未下达零余额账户用款额度210 000元。

借：零余额账户用款额度   210 000

  贷：财政应返还额度——财政授权支付   210 000

四、其他货币资金的核算

为核算单位的外埠存款、银行本票存款、银行汇票存款、信用卡存款等各种其他货币资金，设置"其他货币资金"（1021）科目。本科目期末借方余额反映单位实际持有的其他货币资金。单位应加强对其他货币资金的管理，及时办理结算，对于逾期尚未办理结算的银行汇票、银行本票等，应按照规定及时转回并进行相应账务处理。本科目应当设置"外埠存款""银行本票存款""银行汇票存款""信用卡存款"等明细科目，进行明细核算。

其他货币资金的主要账务处理如下。

（一）在异地开立银行账户的核算

单位需要在异地开立银行账户，按照有关规定将款项委托本地银行汇往异地开立账户时，借记"其他货币资金"科目，贷记"银行存款"科目。收到采购员交来供应单位发票账单等报销凭证时，借记"库存物品"等科目，贷记"其他货币资金"科目。将多余的外埠存款转回本地银行时，根据银行的收账通知，借记"银行存款"科目，贷记"其他货币资金"科目。

【例10-29】某大学在上海采购教学物资一批，现将5 000 000元委托本地银行汇往上海开立账户。

借：其他货币资金   5 000 000

  贷：银行存款   5 000 000

【例10-30】承例10-29，采购物资到货，采购员交来的供应单位发票账单显示，物资总价款为4 102 564元，应缴增值税697 436元，共计4 800 000元，用异地存款支付，物资已验收入库。

    借：库存物品   4 800 000

      贷：其他货币资金   4 800 000

【例 10-31】承例 10-29 和例 10-30，采购结束，将剩余的异地存款 200 000 元转回本地银行。

    借：银行存款   200 000

      贷：其他货币资金   200 000

（二）取得银行本票、银行汇票的核算

将款项交存银行取得银行本票、银行汇票，按照取得的银行本票、银行汇票金额，借记"其他货币资金"科目，贷记"银行存款"科目。使用银行本票、银行汇票购买库存物品等资产时，按照实际支付金额，借记"库存物品"等科目，贷记"其他货币资金"科目。如有余款或因本票、汇票超过付款期等原因而退回款项，按照退款金额，借记"银行存款"科目，贷记"其他货币资金"科目。

【例 10-32】市肿瘤医院因异地采购医疗设备而办理银行本票，现将 15 000 000 元存入银行，取得同等面额的银行本票。

    借：其他货币资金   15 000 000

      贷：银行存款   15 000 000

【例 10-33】承例 10-32，市肿瘤医院使用银行本票购买医疗设备（不需安装）10 台，每台 1 463 000 元，共计 14 630 000 元。设备验收后投入使用。

    借：固定资产   14 630 000

      贷：其他货币资金   16 430 000

【例 10-34】承例 10-32 和例 10-33，购买设备后的余款 370 000 元退回。

    借：银行存款   370 000

      贷：其他货币资金   370 000

（三）取得信用卡的核算

将款项交存银行取得信用卡，按照交存金额，借记"其他货币资金"科目，贷记"银行存款"科目。用信用卡购物或支付有关费用，按照实际支付金额，借记"单位管理费用""库存物品"等科目，贷记"其他货币资金"科目。单位信用卡在使用过程中，需向其账户续存资金的，按照续存金额，借记"其他货币资金"科目，贷记"银行存款"科目。

【例 10-35】某市住建委办理信用卡用于单位在国外购买专业资料，现将 1 000 000 元存款转存到办卡银行。

    借：其他货币资金   1 000 000

      贷：银行存款   1 000 000

【例 10-36】承例 10-35，市住建委购买本市地下管网设施档案资料，价款 54 000 元，用信用卡支付。

    借：单位管理费用   54 000

      贷：其他货币资金   54 000

【例 10-37】承例 10-35 和例 10-36，市住建委向其信用卡账户续存资金 600 000 元。

    借：其他货币资金   600 000

      贷：银行存款   600 000

第二节 应收及预付款项的核算

一、财政应返还额度的核算

为核算实行国库集中支付的单位应收财政返还的资金额度，包括可以使用的以前年度财政直接支付资金额度和财政应返还的财政授权支付资金额度，设置"财政应返还额度"（1201）科目。本科目期末借方余额反映单位应收财政返还的资金额度。本科目应当设置"财政直接支付""财政授权支付"两个明细科目进行明细核算。

财政应返还额度的主要账务处理如下。

（一）财政直接支付

（1）年末，单位根据本年度财政直接支付预算指标数大于当年财政直接支付实际发生数的差额，借记"财政应返还额度"科目（财政直接支付），贷记"财政拨款收入"科目。

【例10-38】年末，省教育厅本年度的财政直接支付预算指标数为9 450 000元，当年财政直接支付实际发生额为9 300 000元，尚有150 000元的指标没有使用。

借：财政应返还额度——财政直接支付　　　　　　　　　　　　　150 000
　　贷：财政拨款收入　　　　　　　　　　　　　　　　　　　　　　150 000

（2）单位使用以前年度财政直接支付额度支付款项时，借记"业务活动费用""单位管理费用"等科目，贷记"财政应返还额度"科目（财政直接支付）。

【例10-39】承例10-38，省教育厅用上年财政直接支付额度购买电脑10台，每台价款5 400元，共计54 000元，由财政直接支付。

借：固定资产　　　　　　　　　　　　　　　　　　　　　　　　54 000
　　贷：财政应返还额度——财政直接支付　　　　　　　　　　　　　54 000

（二）财政授权支付

（1）年末，根据代理银行提供的对账单做注销额度的相关账务处理，借记"财政应返还额度"科目（财政授权支付），贷记"零余额账户用款额度"科目。

【例10-40】年末，省教育厅依据代理银行提供的对账单注销额度尚未使用的零余额账户用款额度184 356元。

借：财政应返还额度——财政授权支付　　　　　　　　　　　　　184 356
　　贷：零余额账户用款额度　　　　　　　　　　　　　　　　　　184 356

（2）年末，单位本年度财政授权支付预算指标数大于零余额账户用款额度下达数的，根据未下达的用款额度，借记"财政应返还额度"科目（财政授权支付），贷记"财政拨款收入"科目。

【例10-41】年末，省教育厅与省财政部门核对确认本年度尚未下达的财政授权支付用款额度，本年度财政授权支付预算指标数为8 000 000元，已经下达指标数为7 800 000元，差额为200 000元。

借：财政应返还额度——财政授权支付　　　　　　　　　　　　　200 000
　　贷：财政拨款收入　　　　　　　　　　　　　　　　　　　　　200 000

（3）下年年初，单位根据代理银行提供的上年度注销额度恢复到账通知书做恢复额度的相关账务处理，借记"零余额账户用款额度"科目，贷记"财政应返还额度"科目（财政授权支付）。单位收到财政部门批复的上年未下达零余额账户用款额度，借记"零余额账户用款额度"科目，贷记"财政应返还额度"科目（财政授权支付）。

【例10-42】下年年初，省教育厅收到上年度注销额度恢复到账通知书，恢复额度184 356元。

借：零余额账户用款额度　　　　　　　　　　　　　　　　　　184 356

　　贷：财政应返还额度——财政授权支付　　　　　　　　　　　　184 356

【例10-43】下年年初，省教育厅收到财政部门批复的上年未下达零余额账户用款额度200 000元。

借：零余额账户用款额度　　　　　　　　　　　　　　　　　　200 000

　　贷：财政应返还额度——财政授权支付　　　　　　　　　　　　200 000

二、应收票据的核算

为核算事业单位因开展经营活动销售产品、提供有偿服务等而收到的商业汇票，包括银行承兑汇票和商业承兑汇票，设置"应收票据"（1211）科目。本科目期末借方余额反映事业单位持有的商业汇票票面金额。

事业单位应设置"应收票据备查簿"，逐笔登记每一张应收票据的种类、号数、出票日期、到期日、票面金额、交易合同号和付款人、承兑人、背书人姓名或单位名称，背书转让日、贴现日期、贴现率和贴现净额、收款日期、收回金额和退票情况等。应收票据到期结清票款或退票后，应当在备查簿内逐笔注销。"应收票据"科目应当按照开出、承兑商业汇票的单位等进行明细核算。

应收票据的主要账务处理如下。

（一）收到商业汇票的核算

因销售产品、提供服务等收到商业汇票，按照商业汇票的票面金额，借记"应收票据"科目，按照确认的收入金额，贷记"经营收入"等科目。涉及增值税业务的，相关账务处理参见"应交增值税"科目。

【例10-44】市疾病防控中心向A公司员工提供禽流感疾病防治服务，服务收入20 000元，应缴增值税1 200元，共计21 200元，收到A公司开出的商业承兑汇票一张，票面金额21 200元，期限6个月，没有利息。

借：应收票据——A公司　　　　　　　　　　　　　　　　　　21 200

　　贷：事业收入　　　　　　　　　　　　　　　　　　　　　　21 200

（二）贴现商业汇票的核算

持未到期的商业汇票向银行贴现，按照实际收到的金额（扣除贴现息后的净额），借记"银行存款"科目，按照贴现息金额，借记"经营费用"等科目，按照商业汇票的票面金额，贷记"应收票据"科目（无追索权）或"短期借款"科目（有追索权）。附追索权的商业汇票到期未发生追索事项的，按照商业汇票的票面金额，借记"短期借款"科目，贷记"应收票据"科目。

【例10-45】承例10-44，因资金短缺，市疾病防控中心持未到期的A公司商业承兑汇票向银行贴现，扣除贴现息800元后，实际收到款项20 400元，票据贴现为有追索权贴现。

借：银行存款	20 400
经营费用	800
贷：短期借款	21 200

【例 10-46】承例 10-45，A 公司的商业承兑汇票到期，未发生追索事项。

借：短期借款	21 200
贷：应收票据——A 公司	21 200

（三）背书转让商业汇票的核算

将持有的商业汇票背书转让以取得所需物资时，按照取得物资的成本，借记"库存物品"等科目，按照商业汇票的票面金额，贷记"应收票据"科目，如有差额，借记或贷记"银行存款"等科目。涉及增值税业务的，相关账务处理参见"应交增值税"科目。

【例 10-47】承例 10-44，市疾病防控中心向 L 公司购买医用材料一批，价款 33 500 元，应缴增值税 5 360 元，共计 38 860 元。因资金短缺，将未到期的 A 公司商业承兑汇票进行背书转让，抵值 21 200 元，余款 17 660 元以银行存款支付。材料已验收入库。

借：库存物品	33 500
应交增值税——进项税额	5 360
贷：应收票据——A 公司	21 200
银行存款	17 660

（四）商业汇票到期的核算

商业汇票到期时，应当区分不同情况分别处理。

（1）收回票款时，按照实际收到的商业汇票票面金额，借记"银行存款"科目，贷记"应收票据"科目。

【例 10-48】承例 10-44，商业汇票到期，市疾病防控中心收到 21 200 元，款项存入银行。

借：银行存款	21 200
贷：应收票据——A 公司	21 200

（2）因付款人无力支付票款，收到银行退回的商业承兑汇票、委托收款凭证、未付票款通知书或拒付款证明等，按照商业汇票的票面金额，借记"应收账款"科目，贷记"应收票据"科目。

【例 10-49】承例 10-44，商业汇票到期，A 公司因经营困难无力支付票款，转为应收账款。

借：应收账款	21 200
贷：应收票据——A 公司	21 200

三、应收账款的核算

为核算事业单位提供服务、销售产品等应收取的款项，以及单位因出租资产、出售物资等应收取的款项，设置"应收账款"(1212)科目。本科目期末借方余额反映单位尚未收回的应收账款。本科目应当按照债务单位（或个人）进行明细核算。

应收账款的主要账务处理如下。

（一）应收账款收回后不需上缴财政

（1）单位发生应收账款时，按照应收未收金额，借记"应收账款"科目，贷记"事业收入""经营收入""租金收入""其他收入"等科目。涉及增值税业务的，相关账务处理参见"应交增值税"科目。

【例 10-50】市职业技术学院为工人养老院提供老年护理培训服务，培训收入为 40 000 元，款项尚未收回，培训收入免税。

借：应收账款——工人养老院　　　　　　　　　　　　　　　　　40 000

　　贷：事业收入　　　　　　　　　　　　　　　　　　　　　　　　40 000

（2）收回应收账款时，按照实际收到的金额，借记"银行存款"等科目，贷记"应收账款"科目。

【例 10-51】承例 10-50，市职业技术学院收到工人养老院支付的培训服务款项 40 000 元，存入银行。

借：银行存款　　　　　　　　　　　　　　　　　　　　　　　　40 000

　　贷：应收账款——工人养老院　　　　　　　　　　　　　　　　　40 000

（二）应收账款收回后需上缴财政

（1）单位出租资产发生应收未收租金款项时，按照应收未收金额，借记"应收账款"科目，贷记"应缴财政款"科目。收回应收账款时，按照实际收到的金额，借记"银行存款"等科目，贷记"应收账款"科目。

【例 10-52】市工人文化宫对外出租剧场，M 演艺公司租用剧场 3 天，租金共 30 000 元，预收账款 5 000 元存入银行，剩余租金 25 000 元尚未收回。按照规定，租金收入上缴财政。

借：应收账款——M 演艺公司　　　　　　　　　　　　　　　　　25 000

　　预收账款　　　　　　　　　　　　　　　　　　　　　　　　　5 000

　　贷：应缴财政款　　　　　　　　　　　　　　　　　　　　　　　30 000

【例 10-53】承例 10-52，市工人文化宫收到 M 演艺公司租用剧场剩余租金 25 000 元，存入银行。

借：银行存款　　　　　　　　　　　　　　　　　　　　　　　　25 000

　　贷：应收账款——M 演艺公司　　　　　　　　　　　　　　　　　25 000

（2）单位出售物资发生应收未收款项时，按照应收未收金额，借记"应收账款"科目，贷记"应缴财政款"科目。收回应收账款时，按照实际收到的金额，借记"银行存款"等科目，贷记"应收账款"科目。涉及增值税业务的，相关账务处理参见"应交增值税"科目。

【例 10-54】市卫生学校向 C 企业出售一批专用物资，价款 50 000 元，款项尚未收到，按规定，该款项应上缴财政。

借：应收账款——C 企业　　　　　　　　　　　　　　　　　　　50 000

　　贷：应缴财政款　　　　　　　　　　　　　　　　　　　　　　　50 000

【例 10-55】承例 10-54，市卫生学校收到 C 企业的物资款 50 000 元，存入银行。

借：银行存款　　　　　　　　　　　　　　　　　　　　　　　　50 000

　　贷：应收账款——C 企业　　　　　　　　　　　　　　　　　　　50 000

（三）不需上缴财政的应收账款的核销

事业单位应于每年年末，对收回后不需上缴财政的应收账款进行全面检查，如发生不能收回的迹象，应计提坏账准备。

（1）对于账龄超过规定年限，确认无法收回的应收账款，按照规定，报经批准后予以核销。按照核销金额，借记"坏账准备"科目，贷记"应收账款"科目。核销的应收账款仍在备查簿中保留登记。

【例10-56】承例10-50，市职业技术学院为工人养老院提供培训的服务收入40 000元，欠款无法收回，按照规定，报经批准后予以核销。

借：坏账准备　　　　　　　　　　　　　　　　　　　　　　　　　40 000

　贷：应收账款——工人养老院　　　　　　　　　　　　　　　　　　　　40 000

（2）已核销的应收账款在以后期间又收回的，按照实际收回的金额，借记"应收账款"科目，贷记"坏账准备"科目；同时，借记"银行存款"等科目，贷记"应收账款"科目。

【例10-57】承例10-56，市职业技术学院已核销的工人养老院欠款已收回，40 000元存入银行。

借：应收账款——工人养老院　　　　　　　　　　　　　　　　　　　40 000

　贷：坏账准备　　　　　　　　　　　　　　　　　　　　　　　　　　40 000

同时：

借：银行存款　　　　　　　　　　　　　　　　　　　　　　　　　40 000

　贷：应收账款——工人养老院　　　　　　　　　　　　　　　　　　　　40 000

（四）需上缴财政的应收账款的核销

单位应于每年年末，对收回后应上缴财政的应收账款进行全面检查。

（1）对于账龄超过规定年限、确认无法收回的应收账款，按照规定报经批准后予以核销。按照核销金额，借记"应缴财政款"科目，贷记"应收账款"科目。核销的应收账款应当在备查簿中保留登记。

【例10-58】承例10-54，市卫生学校向C企业出售专用物资的价款50 000元，无法收回，按照规定报经批准后予以核销。按规定该款项应上缴财政。

借：应缴财政款　　　　　　　　　　　　　　　　　　　　　　　　50 000

　贷：应收账款——C企业　　　　　　　　　　　　　　　　　　　　　50 000

（2）已核销的应收账款在以后期间又收回的，按照实际收回金额，借记"银行存款"等科目，贷记"应缴财政款"科目。

【例10-59】承例10-58，市卫生学校已核销的C企业欠款50 000元收回并存入银行，按规定该款项应上缴财政。

借：银行存款　　　　　　　　　　　　　　　　　　　　　　　　　50 000

　贷：应缴财政款　　　　　　　　　　　　　　　　　　　　　　　　　50 000

四、预付账款的核算

为核算单位按照购货、服务合同或协议规定预付给供应单位（或个人）的款项，以及按照合同规定向承包工程的施工企业预付的备料款和工程款，设置"预付账款"（1214）科目。本科目借方记录预付账款的增加额，贷方记录预付账款的减少额。本科目期末借方余额反映单位实际预付但尚未结算的款项。本科目应当按照供应单位（或个人）及具体项目进行明细核算，对于基本建设项目已经发生的预付账款，还应当在本科目所属基建项目明细科目下设置"预付备料款""预付工程款""其他预付款"等明细科目进行明细核算。

预付账款的主要账务处理如下。

（一）预付款项时的核算

根据购货、服务合同或协议规定预付款项时，按照预付金额，借记"预付账款"科目，贷记"财政拨款收入""零余额账户用款额度""银行存款"等科目。

【例 10-60】 省民委向 K 公司订购一台专用设备，按合同预付定金 10 000 元，以零余额账户用款额度支付。

借：预付账款——K 公司   10 000
  贷：零余额账户用款额度   10 000

（二）收到所购资产或服务时的核算

收到所购资产或服务时，按照购入资产或服务的成本，借记"库存物品""固定资产""无形资产""业务活动费用"等相关科目，按照相关预付账款的账面余额，贷记"预付账款"科目，按照实际补付的金额，贷记"财政拨款收入""零余额账户用款额度""银行存款"等科目。涉及增值税业务的，相关账务处理参见"应交增值税"科目。

【例 10-61】 承例 10-60，省民委收到向 K 公司订购的专用设备，设备价款 36 000 元，应缴增值税 5 760 元，对方垫付运杂费 300 元，共计 42 060 元，预付款 10 000 元，余款 32 060 元以零余额账户用款额度支付。

借：固定资产   42 060
  贷：预付账款——K 公司   10 000
    零余额账户用款额度   32 060

（三）结算工程价款及备料款时的核算

根据工程进度结算工程价款及备料款时，按照结算金额，借记"在建工程"科目，按照相关预付账款的账面余额，贷记"预付账款"科目，按照实际补付的金额，贷记"财政拨款收入""零余额账户用款额度""银行存款"等科目。

【例 10-62】 省民委自建一栋办公楼，依据建造合同和工程进度与建设单位 A 公司结算工程总价款 34 850 000 元，预付账款 120 000 元，余款 34 730 000 元以财政直接支付方式付款。

借：在建工程   34 850 000
  贷：预付账款——A 公司   120 000
    财政拨款收入   34 730 000

（四）预付账款退回的核算

发生预付账款退回的，按照实际退回金额，借记"财政拨款收入"（本年直接支付）、"财政应返还额度"（以前年度直接支付）、"零余额账户用款额度""银行存款"等科目，贷记"预付账款"科目。

【例 10-63】 承例 10-60，省民委向 K 公司订购的专用设备，因 K 公司的原因无法履行合同，预付定金 10 000 元退回零余额账户。

借：零余额账户用款额度   10 000
  贷：预付账款——K 公司   10 000

（五）无法收到所购货物或服务的核算

单位应于每年年末对预付账款进行全面检查。如果有确凿证据表明预付账款不再符合预付款项性质，或者因供应单位破产、撤销等原因可能无法收到所购货物、服务的，应当先将其转入其他应收款，再按照规定进行处理。将预付账款余额转入其他应收款时，借记"其他应收款"科目，贷记"预付账款"科目。

【例10-64】承例10-60，省民委向K公司订购专用设备，因K公司的原因而无法履行合同，预付的10 000元定金转入"其他应收款"账户。

借：其他应收款——K公司　　　　　　　　　　　　　　　　　　　10 000

　贷：预付账款——K公司　　　　　　　　　　　　　　　　　　　　　10 000

五、应收股利的核算

为核算事业单位持有长期股权投资应当收取的现金股利或应当分得的利润，设置"应收股利"（1215）科目。本科目期末借方余额反映事业单位应当收取但尚未收到的现金股利或利润。本科目应当按照被投资单位等进行明细核算。

应收股利的主要账务处理如下。

（一）投资价款中所包含的已宣告但尚未发放现金股利的核算

（1）取得长期股权投资，按照支付的价款中所包含的已宣告但尚未发放的现金股利，借记"应收股利"科目，按照确定的长期股权投资成本，借记"长期股权投资"科目，按照实际支付的金额，贷记"银行存款"等科目。

【例10-65】省工业大学购买M公司的长期股权100股，每股1 000元，共100 000元，以银行存款支付。其中，每股股价中包含已宣告但尚未发放的现金股利50元，共计5 000元。

借：长期股权投资——M公司　　　　　　　　　　　　　　　　　95 000

　　应收股利——M公司　　　　　　　　　　　　　　　　　　　　5 000

　贷：银行存款　　　　　　　　　　　　　　　　　　　　　　　　　100 000

（2）收到取得投资时实际支付价款中所包含的已宣告但尚未发放的现金股利时，按照收到的金额，借记"银行存款"科目，贷记"应收股利"科目。

【例10-66】承例10-65，省工业大学收到购买M公司长期股权投资时实际支付价款中所包含的已宣告但尚未发放的现金股利5 000元，款项存入银行。

借：银行存款　　　　　　　　　　　　　　　　　　　　　　　　5 000

　贷：应收股利——M公司　　　　　　　　　　　　　　　　　　　　5 000

（二）被投资单位宣告发放现金股利或利润的核算

长期股权投资持有期间，被投资单位宣告发放现金股利或利润的，按照应享有的份额，借记"应收股利"科目，贷记"投资收益"（成本法下）或"长期股权投资"（权益法下）科目。

【例10-67】承例10-65和例10-66，省工业大学对长期投资收益实行成本法核算，现M公司宣告发放现金股利，每股100元，大学应获得股利10 000元。

借：应收股利——M公司　　　　　　　　　　　　　　　　　　　10 000

　贷：投资收益　　　　　　　　　　　　　　　　　　　　　　　　　10 000

（三）实际收到现金股利或利润时的核算

实际收到现金股利或利润时的核算，按照收到的金额，借记"银行存款"等科目，贷记"应收股利"科目。

【例10-68】承例10-67，省工业大学收到M公司发放的现金股利10 000元，存入银行。

借：银行存款 10 000
　　贷：应收股利——M公司 10 000

六、应收利息的核算

为核算事业单位长期债券投资应当收取的利息，设置"应收利息"（1216）科目。本科目期末借方余额反映事业单位应收未收的长期债券投资利息。事业单位购入的到期一次还本付息的长期债券投资持有期间的利息，应当通过"长期债券投资——应计利息"科目核算，不通过本科目核算。本科目应当按照被投资单位等进行明细核算。

应收利息的主要账务处理如下。

（一）取得长期债券投资时实际支付价款中所包含的已到付息期但尚未领取的利息的核算

取得长期债券投资，按照确定的投资成本，借记"长期债券投资"科目，按照支付的价款中包含的已到付息期但尚未领取的利息，借记"应收利息"科目，按照实际支付的金额，贷记"银行存款"等科目。收到取得投资时实际支付价款中所包含的已到付息期但尚未领取的利息时，按照收到的金额，借记"银行存款"等科目，贷记"应收利息"科目。

【例10-69】县防疫站购买长期债券，按面额购入债券150 000元，已到付息期但尚未领取的利息为6 000元，合计156 000元，以银行存款支付。

借：长期债券投资 150 000
　　应收利息 6 000
　　贷：银行存款 156 000

【例10-70】承例10-69，县防疫站收到取得投资时实际支付价款中所包含的已到付息期但尚未领取的利息6 000元，存入银行。

借：银行存款 6 000
　　贷：应收利息 6 000

（二）确认长期债券投资利息收入的核算

按期计算确认长期债券投资利息收入时，对于分期付息、一次还本的长期债券投资，按照以票面金额和票面利率计算确定的应收未收利息金额，借记"应收利息"科目，贷记"投资收益"科目。

【例10-71】承例10-69，年末，县防疫站购入的长期债券确认本年度利息收入8 300元。

借：应收利息 8 300
　　贷：投资收益 8 300

（三）实际收到应收利息的核算

实际收到应收利息时，按照收到的金额，借记"银行存款"等科目，贷记"应收利息"科目。

【例10-72】承例10-71，县防疫站收到长期债券投资利息8 300元，存入银行。

借：银行存款 8 300
　　贷：应收利息 8 300

七、其他应收款的核算

为核算单位除财政应返还额度、应收票据、应收账款、预付账款、应收股利、应收利息以外的其他各项应收及暂付款项，如职工预借的差旅费、已经偿还银行尚未报销的本单位公务卡欠款、拨付给内部有关部门的备用金、应向职工收取的各种垫付款项、支付的可以收回的定金或押金、应收的上级补助和附属单位上缴款项等，设置"其他应收款"(1218)科目。本科目期末借方余额反映单位尚未收回的其他应收款。本科目应当按照其他应收款的类别以及债务单位(或个人)进行明细核算。

其他应收款的主要账务处理如下。

(一) 发生其他各种应收及预付款项的核算

发生其他各种应收及预付款项时，按照实际发生金额，借记"其他应收款"科目，贷记"零余额账户用款额度""银行存款""库存现金""上级补助收入""附属单位上缴收入"等科目。涉及增值税业务的，相关账务处理参见"应交增值税"科目。

【例 10-73】市第一医院临时工张洁因生活急需向医院借款 2 000 元，经领导批准，以库存现金支付。

借：其他应收款——张洁　　　　　　　　　　　　　　　　　　　2 000
　　贷：库存现金　　　　　　　　　　　　　　　　　　　　　　　2 000

(二) 收回其他各种应收及暂付款项的核算

收回其他各种应收及暂付款项时，按照收回的金额，借记"库存现金""银行存款"等科目，贷记"其他应收款"科目。

【例 10-74】承例 10-73，市第一医院收到临时工张洁偿还的借款 2 000 元。

借：库存现金　　　　　　　　　　　　　　　　　　　　　　　　2 000
　　贷：其他应收款——张洁　　　　　　　　　　　　　　　　　　2 000

(三) 单位内部备用金的核算

单位内部实行备用金制度的，有关部门使用备用金以后应当及时到财务部门报销并补足备用金。财务部门核定并发放备用金时，按照实际发放金额，借记"其他应收款"科目，贷记"库存现金"等科目。根据报销金额用现金补足备用金定额时，借记"业务活动费用""单位管理费用"等科目，贷记"库存现金"等科目，报销数和拨补数都不再通过"其他应收款"科目核算。

【例 10-75】中央科技大学内部实行备用金制度，财务部门核定并向材料学院发放备用金 50 000 元。

借：其他应收款——材料学院　　　　　　　　　　　　　　　　　50 000
　　贷：库存现金　　　　　　　　　　　　　　　　　　　　　　　50 000

【例 10-76】承例 10-75，中央科技大学财务部门报销材料学院购买文件夹款项 760 元。

借：业务活动费用　　　　　　　　　　　　　　　　　　　　　　760
　　贷：库存现金　　　　　　　　　　　　　　　　　　　　　　　760

(四) 偿还尚未报销的本单位公务卡欠款的核算

偿还尚未报销的本单位公务卡欠款时，按照偿还的款项，借记"其他应收款"科目，贷记"零余额账户用款额度""银行存款"等科目；持卡人报销时，按照报销金额，借记"业务活动费用""单位管理费用"等科目，贷记"其他应收款"科目。

【例 10-77】省第一中学偿还校资产部尚未报销的本单位公务卡欠款 65 230 元，以零余额账户用款额度支付。

借：其他应收款——资产部   65 230

  贷：零余额账户用款额度   65 230

【例10-78】省第一中学资产部报销采购设备款65 230元，设备已验收投入使用。

借：固定资产   65 230

  贷：其他应收款——资产部   65 230

（五）将预付账款账面余额转入其他应收款的核算

将预付账款账面余额转入其他应收款时，借记"其他应收款"科目，贷记"预付账款"科目，具体说明参见"预付账款"科目。

【例10-79】中央党校向J公司预订的设备因对方的原因无法完成购买合同，将预付账款200 000元转入其他应收款。

借：其他应收款——J公司   200 000

  贷：预付账款——J公司   200 000

（六）事业单位核销其他应收款的核算

事业单位应当于每年年末对其他应收款进行全面检查，如发生不能收回的迹象，应当计提坏账准备。

（1）对于账龄超过规定年限、确认无法收回的其他应收款，按照规定报经批准后证予以核销。按照核销金额，借记"坏账准备"科目，贷记"其他应收款"科目。核销的其他应收款应当在备查簿中保留登记。

【例10-80】承例10-79，年末，中央党校对其他应收款进行全面检查，确认由向J公司预订设备款转入的其他应收款200 000元无法收回，按照规定报经批准后予以核销。

借：坏账准备   200 000

  贷：其他应收款——J公司   200 000

（2）已核销的其他应收款在以后期间又收回的，按照实际收回金额，借记"其他应收款"科目，贷记"坏账准备"科目；同时，借记"银行存款"等科目，贷记"其他应收款"科目。

【例10-81】承例10-79和例10-80，中央党校收到已经核销的J公司应收款200 000元，存入银行。

借：其他应收款——J公司   200 000

  贷：坏账准备   200 000

同时：

借：银行存款   200 000

  贷：其他应收款——J公司   200 000

（七）行政单位核销其他应收款的核算

行政单位应当于每年年末对其他应收款进行全面检查。对于超过规定年限、确认无法收回的其他应收款，应当按照有关规定报经批准后予以核销。核销的其他应收款应在备查簿中保留登记。

（1）经批准核销其他应收款时，按照核销金额，借记"资产处置费用"科目，贷记"其他应收款"科目。

【例10-82】年末，县文化局对其他应收款进行全面检查，确认原下属文化馆的100 000元因文化馆改制无法收回，经批准予以核销。

借：资产处置费用   100 000

    贷：其他应收款——文化馆   100 000

（2）已核销的其他应收款在以后期间又收回的，按照收回金额，借记"银行存款"等科目，贷记"其他收入"科目。

【例10-83】承例10-82，县文化局收到原下属文化馆偿还的100 000元，存入银行。

借：银行存款   100 000

    贷：其他收入   100 000

八、坏账准备的核算

（一）事业单位坏账准备的管理要求

（1）事业单位应当于每年年末，对收回后不需要上缴财政的应收账款和其他应收账款进行全面检查，分析其收回的可能性，对预计可能产生的坏账损失计提坏账准备、确认坏账损失。

（2）事业单位可以采用应收款项余额百分比法、账龄分析法、个别认定法等方法计提坏账准备。坏账准备计提方法一经确定，不得随意变更，如需变更，应当按照规定上报批准，并在财务报表附注中予以说明。

当期应补提或冲减的坏账准备金额的公式如下：

当期应补提或冲减的坏账准备＝按照期末应收账款和其他应收款计算应计提的坏账准备金额－本科目期末贷方余额（或＋本科目期末借方余额）

（二）坏账准备的账务处理

为核算事业单位对收回后不需上缴财政的应收账款和其他应收账款提取的坏账准备，设置"坏账准备"（1219）科目。本科目期末贷方余额反映事业单位提取的坏账准备金额。本科目应当按照应收账款和其他应收款进行明细核算。

坏账准备的主要账务处理如下。

（1）提取坏账准备时，借记"其他费用"科目，贷记"坏账准备"科目；冲减坏账准备时，借记"坏账准备"科目，贷记"其他费用"科目。

【例10-84】年末，市水文研究院对收回后不需上缴财政的应收账款和其他应收款提取坏账准备15 420元。

借：其他费用   15 420

    贷：坏账准备   15 420

（2）对于账龄超过规定年限并确认无法收回的应收账款、其他应收款，应当按照有关规定报经批准后，按照无法收回的金额，借记"坏账准备"科目，贷记"应收账款""其他应收款"科目。

【例10-85】市水文研究院有一笔账龄5年的N中心所欠应收账款50 000元，确认无法收回，报经批准后予以核销。

借：坏账准备   50 000

    贷：应收账款——N中心   50 000

（3）已核销的应收账款、其他应收款在以后期间又收回的，按照实际收回金额，借记"应收账款""其他应收款"科目，贷记"坏账准备"科目；同时，借记"银行存款"等科目，贷记"应收账款""其他应收款"科目。

【例 10-86】承例 10-85，市水文研究院收到已经核销的 N 中心所欠应收账款 50 000 元，存入银行。

借：应收账款——N 中心 50 000

　　贷：坏账准备 50 000

同时：

借：银行存款 50 000

　　贷：应收账款——N 中心 50 000

第三节　存货的核算

行政事业单位的存货有在途物品、库存物品和加工物品等。

一、在途物品的核算

为核算单位采购材料等物资时货款已付或已开出商业汇票但尚未验收入库的在途物品的采购成本，设置"在途物品"（1301）科目。本科目期末借方余额反映单位在途物品的采购成本。本科目可按照供应单位和物品种类进行明细核算。

在途物品的主要账务处理如下。

（一）单位购入材料等物品的核算

单位购入材料等物品，按照确定的物品采购成本的金额，借记"在途物品"科目，按照实际支付的金额，贷记"财政拨款收入""零余额账户用款额度""银行存款"等科目。涉及增值税业务的，相关账务处理参见"应交增值税"科目。

【例 10-87】市地震局购买一批防震物资，物资采购成本 62 000 元，增值税 9 920 元，共计 71 920 元，由财政直接支付。

借：在途物品 71 920

　　贷：财政拨款收入 71 920

（二）所购材料等物品到达验收入库的核算

所购材料等物品到达验收入库，按照确定的库存物品成本金额，借记"库存物品"科目，按照物品采购成本金额，贷记"在途物品"科目，按照使入库物品达到目前场所和状态所发生的其他支出，贷记"银行存款"等科目。

【例 10-88】承例 10-87，市地震局所购防震物资到货，发生运输费用 3 100 元，由银行存款支付。

借：库存物品 75 020

　　贷：在途物品 71 920

　　　　银行存款 3 100

二、库存物品的核算

为核算单位在开展业务活动及其他活动中为耗用或出售而储存的各种材料、产品、包装物、低值易耗品，以及达不到固定资产标准的用具、装具、动植物等的成本，设置"库存物品"（1302）科目。本科目期末借方余额反映单位库存物品的实际成本。已完成的测绘、地质勘查、设计成果等的成本，也通过本科目核算。

单位随买随用的零星办公用品，可以在购进时直接列作费用，不通过"库存物品"科目核算。单位控制的政府储备物资，应当通过"政府储备物资"科目核算，不通过"库存物品"科目核算。单位受托存储保管的物资和受托转赠的物资，应当通过"受托代理资产""工程物资"科目核算，不通过"库存物品"科目核算。

"库存物品"科目应当按照库存物品的种类、规格、保管地点等进行明细核算。单位储存的低值易耗品、包装物较多的，可以在"库存物品"科目下按照"在库""在用""摊销"等进行明细核算。

库存物品的主要账务处理如下。

（一）取得的库存物品的核算

取得的库存商品，应当按照其取得时的成本入账。

（1）外购的库存物品验收入库，按照确定的成本，借记"库存物品"科目，贷记"财政拨款收入""零余额账户用款额度""银行存款""应付账款""在途物品"等科目。涉及增值税业务的，相关账务处理参见"应交增值税"科目。

【例10-89】市职业技术学院外购10箱教学用具，每箱850元（含税），共计8 500元，以零余额账户用款额度支付，货物已验收入库。

借：库存物品   8 500
    贷：零余额账户用款额度   8 500

（2）自制的库存物品加工完成并验收入库，按照确定的成本，借记"库存物品"科目，贷记"加工物品——自制物品"等科目。

【例10-90】市职业技术学院自制一批教学用具，加工完成并验收入库，加工成本共13 150元，物品验收入库。

借：库存物品   13 150
    贷：加工物品——自制物品   13 150

（3）委托外单位加工收回的库存物品验收入库，按照确定的成本，借记"库存物品"科目，贷记"加工物品——委托加工物品"等科目。

【例10-91】市职业技术学院委托某企业加工10辆特制轮椅用于教学，经计算，每辆轮椅加工成本1 620元，共计16 200元，物品验收入库。

借：库存物品   16 200
    贷：加工物品——委托加工物品   16 200

（4）接受捐赠的库存物品验收入库，按照确定的成本，借记"库存物品"科目，按照发生的相关税费、运输费等，贷记"银行存款"等科目，按照其差额，贷记"捐赠收入"科目。接受捐赠的库存物品按照名义金额入账的，按照名义金额，借记"库存物品"科目，贷记"捐赠收入"科目；同时，按照发生的相关税费、运输费等，借记"其他费用"科目，贷记

"银行存款"等科目。

【例10-92】市职业技术学院接受某基金会捐赠实验器材一批，对方提供的发票显示器材价款 72 300 元，增值税 11 568 元，合计 83 868 元，器材已验收入库。发生运输费 600 元，以库存现金支付。

借：库存物品　　　　　　　　　　　　　　　　　　　　　　　　　　　84 468
　　贷：捐赠收入　　　　　　　　　　　　　　　　　　　　　　　　　　83 868
　　　　库存现金　　　　　　　　　　　　　　　　　　　　　　　　　　　600

【例10-93】市职业技术学院接受校友捐赠的一批自制教具，因无可参照市场价格以名义金额入账，发生运输费用 1 000 元，以库存现金支付，教具已验收入库。

借：库存物品　　　　　　　　　　　　　　　　　　　　　　　　　　　　　1
　　贷：捐赠收入　　　　　　　　　　　　　　　　　　　　　　　　　　　　1
借：其他费用　　　　　　　　　　　　　　　　　　　　　　　　　　　1 000
　　贷：库存现金　　　　　　　　　　　　　　　　　　　　　　　　　　1 000

（5）无偿调入的库存物品已验收入库，按照确定的成本，借记"库存物品"科目，按照发生的相关税费、运输费等，贷记"银行存款"等科目，按照其差额，贷记"无偿调拨净资产"科目。

【例10-94】市职业技术学院无偿调入一批办公用品，比照市场价格估值 7 460 元，发生运费 300 元，以库存现金支付，办公用品已验收入库。

借：库存物品　　　　　　　　　　　　　　　　　　　　　　　　　　　7 760
　　贷：库存现金　　　　　　　　　　　　　　　　　　　　　　　　　　　300
　　　　无偿调拨净资产　　　　　　　　　　　　　　　　　　　　　　　7 460

（6）置换换入的库存物品验收入库，按照确定的成本，借记"库存物品"科目，按照换出资产的账面余额，贷记相关资产科目（换出资产为固定资产、无形资产的，还应当借记"固定资产累计折旧""无形资产累计摊销"科目），按照置换过程中发生的其他相关支出，贷记"银行存款"等科目，按照借方和贷方差额，借记"资产处置费用"科目或贷记"其他收入"科目。涉及补价的，区分不同情况分别处理如下。

① 支付补价的，按照确定的成本，借记"库存物品"科目，按照换出资产的账面余额，贷记相关资产科目（换出资产为固定资产、无形资产的，还应当借记"固定资产累计折旧""无形资产累计摊销"科目），按照支付的补价和置换过程中发生的其他相关支出，贷记"银行存款"等科目，按照借方和贷方差额，借记"资产处置费用"科目或贷记"其他收入"科目。

【例10-95】市职业技术学院以一台不需用设备置换换入一批教学用材料，换入教学用材料的价值为 13 500 元，换出设备账面余额 21 000 元，已提折旧 9 843 元，向对方补价 1 500 元，以银行存款支付，材料已验收入库。

借：库存现金　　　　　　　　　　　　　　　　　　　　　　　　　　13 500
　　累计折旧　　　　　　　　　　　　　　　　　　　　　　　　　　　9 843
　　贷：固定资产　　　　　　　　　　　　　　　　　　　　　　　　　21 000
　　　　银行存款　　　　　　　　　　　　　　　　　　　　　　　　　1 500
　　　　其他应收款　　　　　　　　　　　　　　　　　　　　　　　　　843

② 收到补价的，按照确定的成本，借记"库存物品"科目，按照收到的补价，借记"银行存款"等科目，按照换出资产的账面余额，贷记相关资产科目(换出资产为固定资产、无形资产的，还应当借记"固定资产累计折旧""无形资产累计摊销"科目)，按照置换过程中发生的其他相关支出，贷记"银行存款"等科目，按照补价扣减其他相关支出后的净收入，贷记"应缴财政款"科目，按照借方和贷方差额，借记"资产处置费用"科目或贷记"其他收入"科目。

【例10-96】市职业技术学院以一项专利技术置换换入一批办公用耗材，换入耗材价值8 450元，对方补价1 000元存入银行。换出专利的账面余额是61 000元，已摊销45 430元，材料已验收入库，转换过程中发生运输费用200元，以库存现金支付。

借：库存物品   8 450
　　无形资产累计摊销   45 430
　　银行存款   1 000
　　资产处置费用   7 120
　贷：无形资产   61 000
　　　库存现金   200
　　　应缴财政款   800

(二) 库存物品发出的核算

库存物品在发出时，区分不同情况分别处理如下。

▶ **1. 领用**

(1) 单位开展业务活动等领用、按照规定自主出售发出或加工发出库存物品，按照领用、出售等发出物品的实际成本，借记"业务活动费用""单位管理费用""经营费用""加工物品"等科目，贷记"库存物品"科目。

【例10-97】市职业技术学院党委办公室领用文件夹20个、签字笔2盒，实际成本共315元。

借：单位管理费用   315
　贷：库存物品   315

(2) 采用一次转销法摊销低值易耗品、包装物的，在首次领用时将其账面余额一次性摊销记入有关成本费用，借记有关科目，贷记"库存物品"科目。

【例10-98】市职业技术学院对实验材料实行一次转销法摊销，将其账面余额2 000元一次性摊销记入"业务活动费用"科目。

借：业务活动费用   2 000
　贷：库存物品   2 000

(3) 采用五五摊销法摊销低值易耗品、包装物的，在首次领用时，将其账面余额的50%摊销记入有关成本费用，借记有关科目，贷记"库存物品"科目；使用完时，将剩余的账面余额转销记入有关成本费用，借记有关科目，贷记"库存物品"科目。

【例10-99】承例10-98，市职业技术学院实行五五摊销法，将其账面余额的50%，即1 000元，摊销记入"业务活动费用"科目。

借：业务活动费用   1 000
　贷：库存物品   1 000

▶ **2. 对外出售**

经批准对外出售的库存物品(不含可自主出售的库存物品)发出时，按照库存物品的账面余额，借记"资产处置费用"科目，贷记"库存物品"科目；同时，按照收到的价款，借记"银行存款"等科目，按照处置过程中发生的相关费用，贷记"银行存款"等科目，按照其差额，贷记"应缴财政款"科目。

【例 10-100】承例 10-94，经批准，市职业技术学院将无偿调入的办公用品对外出售，库存物品账面余额 7 760 元，收到价款 7 700 元，存入银行，发生搬运费 200 元，以库存现金支付，余款上缴财政。

```
借：资产处置费用                                            7 760
    贷：库存物品                                               7 760
借：银行存款                                                7 700
    贷：库存现金                                                 200
        应缴财政款                                              7 500
```

▶ 3. 对外捐赠

经批准对外捐赠的库存物品发出时，按照库存物品的账面余额和对外捐赠过程中发生的归属于捐出方的相关费用合计数，借记"资产处置费用"科目，按照库存物品账面余额，贷记"库存物品"科目，按照对外捐赠过程中发生的归属于捐出方的相关费用，贷记"银行存款"等科目。

【例 10-101】市职业技术学院对外捐赠一批教学用具，教学用具的账面余额为 9 550 元，支付运输费用 330 元，以库存现金支付。

```
借：资产处置费用                                            9 880
    贷：库存物品                                               9 550
        库存现金                                                 330
```

▶ 4. 无偿调出

经批准无偿调出的库存物品发出时，按照库存物品的账面余额，借记"无偿调拨净资产"科目，贷记"库存物品"科目；同时，按照无偿调出过程中发生的归属于调出方的相关费用，借记"资产处置费用"科目，贷记"银行存款"等科目。

【例 10-102】经批准，市职业技术学院无偿调出的一批库存物资，物资的账面余额为 16 400 元，发生搬运费 500 元，以库存现金支付。

```
借：无偿调拨净资产                                         16 400
    贷：库存物品                                              16 400
借：资产处置费用                                              500
    贷：库存现金                                                 500
```

▶ 5. 置换换出

经批准置换换出的库存物品，参照"库存物品"科目有关置换换入库存物品的规定进行账务处理。

【例 10-103】市职业技术学院以一批库存教具置换设备一台，设备价值 11 500 元，库存物品账面余额为 9 500 元，向对方补价 2 000 元，以银行存款支付。

```
借：固定资产                                              11 500
    贷：库存物品                                               9 500
        银行存款                                                 330
```

（三）清查盘点的核算

单位应当定期对库存物品进行清查盘点，每年至少盘点一次。对于发生的库存物品盘盈、盘亏或者报废、毁损，应当先记入"待处理财产损溢"科目，按照规定报经批准后及时进行后续账务处理。

（1）盘盈的库存物品，其成本按照有关凭证注明的金额确定；没有相关凭证但按照规定经过资产评估的，其成本按照评估价值确定；没有相关凭证也未经过评估的，其成本按照重置成本确定。如无法采用上述方法确定盘盈的库存物品成本的，按照名义金额入账。盘盈的库存物品，按照确定的入账成本，借记"库存物品"科目，贷记"待处理财产损溢"科目。

【例10-104】年末，市职业技术学院对库存物品进行盘点，盘盈12件教学用具，同类物品市场价格每件110元，共计1 320元。

借：库存物品   1 320
  贷：待处理财产损溢   1 320

（2）盘亏或者毁损、报废的库存物品，按照待处理库存物品的账面余额，借记"待处理财产损溢"科目，贷记"库存物品"科目。属于增值税一般纳税人的单位，若因非正常原因导致的库存物品盘亏或毁损，还应当将与该库存物品相关的增值税进项税额转出，按照其增值税进项税额，借记"待处理财产损溢"科目，贷记"应交增值税——应交税金（进项税额转出）"科目。

【例10-105】年末，市职业技术学院对库存物品进行盘点，盘亏笔记本50本，账面余额600元，转入"待处理财产损溢"科目。

借：待处理财产损溢   600
  贷：库存物品   600

三、加工物品的核算

为核算单位自制或委托外单位加工的各种物品的实际成本，设置"加工物品"（1303）科目。本科目期末借方余额反映单位自制或委托外单位加工但尚未完工的各种物品的实际成本。未完成的测绘、地质勘查、设计成果的实际成本，也通过本科目核算。

"加工物品"科目应当设置"自制物品""委托加工物品"两个一级明细科目，并按照物品类别、品种、项目等设置明细账分别进行明细核算。"自制物品"一级明细科目下应当设置"直接材料""直接人工""其他直接费用"等二级明细科目，归集自制物品发生的直接材料、直接人工（专门从事物品制造人员的人工费）等直接费用。对于自制物品发生的间接费用，应当在"自制物品"一级明细科目下单独设置"间接费用"二级明细科目予以归集，期末，再按照一定的分配标准和方法，分配记入有关物品的成本。

加工物品的主要账务处理如下。

（一）自制物品

（1）为自制物品领用材料等，按照材料成本，借记"加工物品"科目下"自制物品——直接材料"明细科目，贷记"库存物品"科目。

【例10-106】县文化宫从仓库领用布匹若干，价值670元，用于制作演出服装。

借：加工物品——自制物品——直接材料   670
  贷：库存物品   670

（2）专门从事物品制造的人员发生的直接人工费用，按照实际发生的金额，借记"加工物品"科目下"自制物品——直接人工"明细科目，贷记"应付职工薪酬"科目。

【例 10-107】承例 10-106，月末计提本月工资，其中服装制作人员的本月工资 62 150 元。

借：加工物品——自制物品——直接人工 　　　　　　　　　　　　62 150

　贷：应付职工薪酬 　　　　　　　　　　　　　　　　　　　　　　62 150

（3）为自制物品发生的其他直接费用，按照实际发生的金额，借记"加工物品"科目下"自制物品——其他直接费用"明细科目，贷记"零余额账户用款额度""银行存款"等科目。

【例 10-108】承例 10-106 和例 10-107，支付设计费 20 000 元，以零余额账户用款额度支付。

借：加工物品——自制物品——其他直接费用 　　　　　　　　　　20 000

　贷：零余额账户用款额度 　　　　　　　　　　　　　　　　　　　20 000

（4）为自制物品发生的间接费用，按照实际发生的金额，借记"加工物品"科目下"自制物品——间接费用"明细科目，贷记"零余额账户用款额度""银行存款""应付职工薪酬""固定资产累计折旧""无形资产累计摊销"等科目。

间接费用一般按照生产人员工资、生产人员工时、机器工时、耗用材料的数量或成本、直接费用（直接材料和直接人工）或产品产量等进行分配。单位可根据具体情况自行选择间接费用的分配方法。分配方法一经确定，不得随意变更。

【例 10-109】承例 10-106～例 10-108，月末，计提固定资产折旧，自制物品的生产部门用固定资产折旧费用 670 元，应分担的无形资产摊销 500 元。

借：加工物品——自制物品——间接费用 　　　　　　　　　　　　1 170

　贷：固定资产累计折旧 　　　　　　　　　　　　　　　　　　　　670

　　无形资产累计摊销 　　　　　　　　　　　　　　　　　　　　500

（5）已经制造完成并验收入库的物品，按照所发生的实际成本（包括耗用的直接材料费用、直接人工费用、其他直接费用和分配的间接费用），借记"库存物品"科目，贷记"加工物品"科目下"自制物品"明细科目。

【例 10-110】承例 10-106～例 10-109，自制服装完成，共发生费用 83 990 元（670＋62 150＋20 000＋1 170），并验收入库。

借：库存物品 　　　　　　　　　　　　　　　　　　　　　　　83 990

　贷：加工物品——自制物品——直接材料 　　　　　　　　　　　　670

　　　　　　　　　　　——直接人工 　　　　　　　　　　　62 150

　　　　　　　　　　　——其他直接费用 　　　　　　　　　　20 000

　　　　　　　　　　　——间接费用 　　　　　　　　　　　　1 170

（二）委托加工物品

（1）发给外单位加工的材料等，按照其实际成本，借记"加工物品"科目下"委托加工物品"明细科目，贷记"库存物品"科目。

【例 10-111】县文化宫委托某服装企业加工一批演出服装，并发给服装企业布料若干，实际成本 1 600 元。

借：加工物品——委托加工物品 　　　　　　　　　　　　　　　1 600

　贷：库存物品 　　　　　　　　　　　　　　　　　　　　　　　1 600

（2）支付加工费、运输费等费用，按照实际支付的金额，借记"加工物品"科目下"委托加工物品"明细科目，贷记"零余额账户用款额度""银行存款"等科目。涉及增值税业务的，相关账务处理参见"应交增值税"科目。

【例 10-112】承例 10-111，向服装企业支付加工费 17 480 元，以银行存款支付。

借：加工物品——委托加工物品　　　　　　　　　　　　　　　　17 480

　　贷：银行存款　　　　　　　　　　　　　　　　　　　　　　　　　17 480

（3）委托加工完成的材料等验收入库，按照加工前发出材料的成本和加工、运输成本等，借记"库存物品"等科目，贷记"加工物品"科目下"委托加工物品"明细科目。

【例 10-113】承例 10-111 和例 10-112，委托加工的服装完成，实际成本共计 19 080 元（1 600＋17 480），并验收入库。

借：库存物品　　　　　　　　　　　　　　　　　　　　　　　　19 080

　　贷：加工物品——委托加工物品　　　　　　　　　　　　　　　　19 080

第四节　对外投资的核算

一、短期投资的核算

为核算事业单位按照规定取得的，持有时间不超过 1 年（含 1 年）的投资，设置"短期投资"（1101）科目。本科目期末借方余额反映事业单位持有短期投资的成本。本科目应当按照投资的种类等进行明细核算。

短期投资的主要账务处理如下。

（一）取得短期投资的核算

（1）取得短期投资时，按照确定的投资成本，借记"短期投资"科目，贷记"银行存款"等科目。

【例 10-114】市科技局以结余资金在二级市场购买 1 年到期的国债券，面值 90 000 元，其中包含已到付息期但尚未领取的利息 1 500 元，支付手续费 200 元，共计 901 700 元，以银行存款支付。

借：短期投资　　　　　　　　　　　　　　　　　　　　　　　901 700

　　贷：银行存款　　　　　　　　　　　　　　　　　　　　　　　901 700

（2）收到取得投资时实际支付价款中包含的已到付息期但尚未领取的利息，按照实际收到的金额，借记"银行存款"科目，贷记"短期投资"科目。

【例 10-115】承例 10-114，收到实际支付价款中包含的已到付息期但尚未领取的利息 1 500 元，存入银行。

借：银行存款　　　　　　　　　　　　　　　　　　　　　　　　1 500

　　贷：短期投资　　　　　　　　　　　　　　　　　　　　　　　　1 500

（二）收到短期投资持有期间利息的核算

收到短期投资持有期间的利息，按照实际收到的金额，借记"银行存款"科目，贷记"投资收益"科目。

【例 10-116】承例 10-114，季度末，收到本季度应得债券利息 1 500 元，存入银行。

借：银行存款   1 500
    贷：投资收益   1 500

（三）出售或到期收回短期投资的核算

出售短期投资或到期收回短期投资本息，按照实际收到的金额，借记"银行存款"科目，按照出售或收回短期投资的账面余额，贷记"短期投资"科目，按照其差额，借记或贷记"投资收益"科目。涉及增值税业务的，相关账务处理参见"应交增值税"科目。

【例 10-117】承例 10-114 和例 10-115，债券到期，收回债券本金 900 000 元，利息 2 100元，共计 902 100 元，存入银行。

借：银行存款   902 100
    贷：短期投资   900 000
        投资收益   2 100

二、长期股权投资的核算

为核算事业单位按照规定取得的，持有时间超过 1 年（不含 1 年）的股权性质的投资，设置"长期股权投资"（1501）科目。本科目期末借方余额反映事业单位持有的长期股权投资的价值。本科目应当按照被投资单位和长期股权投资取得方式等进行明细核算。长期股权投资采用权益法核算的，还应当按照"成本""损益调整""其他权益变动"设置明细科目，进行明细核算。

长期股权投资的主要账务处理如下。

（一）取得长期股权投资的核算

长期股权投资在取得时，应当按照其实际成本作为初始投资成本。

（1）以现金取得的长期股权投资，按照确定的投资成本，借记"长期股权投资"科目，按照支付的价款中包含的已宣告但尚未发放的现金股利，借记"应收股利"科目，按照实际支付的全部价款，贷记"银行存款"等科目。

【例 10-118】省医学院以现金购买 B 企业股票 900 股，每股市价 31 元，支付手续费 200 元，证券交易税 300 元，已宣告但尚未发放的现金股利 5 000 元，共计 33 400 元，以银行存款支付。

借：长期股权投资——B 企业   28 400
    应收股利   5 000
    贷：银行存款   33 400

实际收到取得投资时所支付价款中包含的已宣告但尚未发放的现金股利时，借记"银行存款"科目，贷记"应收股利"科目。

【例 10-119】承例 10-118，省医学院收到 B 企业已宣告但尚未发放的现金股利 5 000 元，存入银行。

借：银行存款   5 000
    贷：应收股利   5 000

（2）以现金以外的其他资产置换取得的长期股权投资，参照"库存物品"科目中置换取得库存物品的相关规定进行账务处理。

【例 10-120】省医学院以一批库存医用材料与 C 公司转换，取得 C 公司的股权 500 股，库存医用材料的成本是 50 000 元，运费 1 000 元以库存现金支付。

借：长期股权投资——C 公司　　　　　　　　　　　　　　　　　　　51 000
　贷：库存物品　　　　　　　　　　　　　　　　　　　　　　　　　50 000
　　　库存现金　　　　　　　　　　　　　　　　　　　　　　　　　　1 000

（3）以未入账的无形资产取得的长期股权投资，按照评估价值加相关税费作为投资成本，借记"长期股权投资"科目，按照发生的相关税费，贷记"银行存款""其他应交税费"等科目，按其差额，贷记"其他收入"科目。

【例 10-121】省医学院自主研发了一项皮肤病理疗法专利，申请专利的税费共计 4 600 元，以银行存款支付，专利权资产尚未入账。现以该专利与 D 中心转换股权 2 000 股，每股市值 52 元，共计 104 000 元。

借：长期股权投资——D 中心　　　　　　　　　　　　　　　　　　104 000
　贷：银行存款　　　　　　　　　　　　　　　　　　　　　　　　　4 600
　　　其他收入　　　　　　　　　　　　　　　　　　　　　　　　　99 400

（4）接受捐赠的长期股权投资，按照确定的投资成本，借记"长期股权投资"科目，按照发生的相关税费，贷记"银行存款"等科目，按照其差额，贷记"捐赠收入"科目。

【例 10-122】省医学院接受校友捐赠的 E 机构的股权 600 股，每股市值 60 元，支付手续费 500 元、证券交易税 360 元，以银行存款支付。

借：长期股权投资——成本——E 机构　　　　　　　　　　　　　　　36 860
　贷：银行存款　　　　　　　　　　　　　　　　　　　　　　　　　　860
　　　捐赠收入　　　　　　　　　　　　　　　　　　　　　　　　　36 000

（5）无偿调入的长期股权投资，按照确定的投资成本，借记"长期股权投资"科目，按照发生的相关税费，贷记"银行存款"等科目，按照其差额，贷记"无偿调拨净资产"科目。

【例 10-123】省医学院接受无偿调入的 F 公司股权 500 股，每股 66 元，发生手续费 420 元，以银行存款支付。

借：长期股权投资成本——F 公司　　　　　　　　　　　　　　　　　33 420
　贷：银行存款　　　　　　　　　　　　　　　　　　　　　　　　　　420
　　　无偿调拨净资产　　　　　　　　　　　　　　　　　　　　　　33 000

（二）长期股权投资持有期间的核算

长期股权投资持有期间，应当按照规定采用成本法或权益法进行核算。

▶ 1. 采用成本法核算

（1）被投资单位宣告发放现金股利或利润时，按照应收的金额，借记"应收股利"科目，贷记"投资收益"科目。

【例 10-124】承例 10-120，省医学院对长期股权投资采用成本法核算，被投资的 C 公司宣告发放现金股利，经计算本单位所持股份本年度可获股利 2 400 元。

借：应收股利——C 公司　　　　　　　　　　　　　　　　　　　　　2 400
　贷：投资收益　　　　　　　　　　　　　　　　　　　　　　　　　2 400

（2）收到现金股利或利润时，按照实际收到的金额，借记"银行存款"等科目，贷记"应收股利"科目。

【例 10-125】承例 10-120 和例 10-124，收到 C 公司已宣告发放现金股利 2 400 元，存入银行。

　　借：银行存款　　　　　　　　　　　　　　　　　　　　　　　　　　2 400

　　　　贷：应收股利——C公司　　　　　　　　　　　　　　　　　　　　　2 400

　　▶ 2. 采用权益法核算

　　（1）被投资单位实现净利润的，按照应享有的份额，借记"长期股权投资——损益调整"科目，贷记"投资收益"科目。被投资单位发生净亏损的，按照应分担的份额，借记"投资收益"科目，贷记"长期股权投资——损益调整"科目，但以"长期股权投资"科目的账面余额减记至零为限。发生亏损的被投资单位以后年度有实现净利润的，按照收益分享额弥补未确认的亏损分担额等之后的金额，借记"长期股权投资——损益调整"科目，贷记"投资收益"科目。

　　【例10-126】承例10-121，省医学院采用权益法核算，年末，被投资的D中心实现净利润，所持股份应享有6 100元收益。

　　借：长期股权投资——损益调整　　　　　　　　　　　　　　　　　　　6 100

　　　　贷：投资收益　　　　　　　　　　　　　　　　　　　　　　　　　6 100

　　【例10-127】承例10-122，省医学院采用权益法核算长期股权投资，年末，被投资的E机构发生亏损，净亏损本单位应分担5 500元。

　　借：投资收益　　　　　　　　　　　　　　　　　　　　　　　　　　　5 500

　　　　贷：长期股权投资——损益调整　　　　　　　　　　　　　　　　　　5 500

　　【例10-128】承例10-122和例10-127，第二年，被投资的E机构又实现净利润，本单位所持股份本年度可获股利2 500元。

　　借：长期股权投资——损益调整　　　　　　　　　　　　　　　　　　　2 500

　　　　贷：投资收益　　　　　　　　　　　　　　　　　　　　　　　　　2 500

　　（2）被投资单位宣告分派现金股利或利润的，按照应享有的份额，借记"应收股利"科目，贷记"长期股权投资——损益调整"科目。

　　【例10-129】承例10-123，省医学院采用权益法核算长期股权投资，年末，被投资的F公司宣告分派现金股利，本单位应收股利7 000元。

　　借：应收股利——F公司　　　　　　　　　　　　　　　　　　　　　　7 000

　　　　贷：长期股权投资——损益调整　　　　　　　　　　　　　　　　　　7 000

　　（3）被投资单位发生除净损益和利润分配以外的所有者权益变动的，按照应享有或应分担的份额，借记或贷记"权益法调整"科目，贷记或借记"长期股权投资——其他权益变动"科目。

　　【例10-130】承例10-123和例10-129，省医学院投资的F公司又投资了N公司，采用权益法核算，N公司在期货交易中获利丰厚，引起了F公司的长期股权投资公允价值变动，省医学院应分担的获益份额为5 000元，予以调整。

　　借：长期股权投资——损益调整　　　　　　　　　　　　　　　　　　　5 000

　　　　贷：权益法调整——其他权益变动　　　　　　　　　　　　　　　　　5 000

　　▶ 3. 成本法与权益法的转换

　　（1）单位因处置部分长期股权投资等原因而对处置后的剩余股权投资由权益法改按成本法核算的，应当按照权益法下"长期股权投资"科目账面余额作为成本法下"长期股权投资"科目账面余额。之后，被投资单位宣告分派现金股利或利润时，属于单位已记入投资账面余额的部分，按照应分得的现金股利或利润份额，借记"应收股利"科目，贷记"长期股权投资"科目。

【例 10-131】承例 10-121 和例 10-126，省医学院将所持有的 D 中心股权出售 1 500 股（共 2 000 股），每股售价 60 元，取得款项 90 000 元存入银行，相关税费 500 元以银行存款支付，差额 89 500 元待缴国库。剩余 500 股，账面余额 20 100 元（104 000＋6 100－90 000）改按成本法核算，每股成本 40.2 元。

```
借：银行存款                                          90 000
    贷：应缴财政款                                        89 500
        银行存款                                            500
借：长期股权投资——D 中心                              20 100
    贷：长期股权投资——成本——D 中心                      20 100
```

（2）单位因追加投资等原因对长期股权投资的核算从成本法改为权益法的，应当按照成本法下"长期股权投资"科目账面余额与追加投资成本的合计金额，借记"长期股权投资"科目，按照成本法下"长期股权投资"科目账面余额，贷记"长期股权投资"科目，按照追加投资的成本，贷记"银行存款"等科目。

【例 10-132】承例 10-120，省医学院对其所持有的 500 股 C 公司股权实行成本法核算，账面余额 51 000 元。现又追加投资 400 股，每股售价 150 元，相关税费 300 元，共计 60 300 元，以银行存款支付。追加投资后，对长期股权投资的核算从成本法改为权益法。

```
借：长期股权投资——成本——C 公司                     111 300
    贷：银行存款                                          60 300
        长期股权投资——C 公司                             51 000
```

（三）按照规定报经批准处置长期股权投资的核算

（1）按照规定报经批准出售（转让）长期股权投资时，应当区分长期权投资取得方式分别进行处理。

① 处置以现金取得的长期股权投资，按照实际取得的价款，借记"银行存款"等科目，按照被处置长期股权投资的账面余额，贷记"长期股权投资"科目，按照尚未领取的现金股利或利润，贷记"应收股利"科目，按照发生的相关税费等支出，贷记"银行存款"等科目，按照借方和贷方差额，借记或贷记"投资收益"科目。

【例 10-133】承例 10-118 和例 10-119，省医学院将以现金购买的 B 企业股票 900 股出售，每股售价 40 元，取得价款 36 000 元存入银行；支付手续费 200 元和证券交易税 500 元，以银行存款支付；"长期股权投资——B 企业"账面余额 28 400 元。

```
借：银行存款                                          36 000
    贷：长期股权投资——B 企业                             28 400
        银行存款                                            700
        投资收益                                          6 900
```

② 处置以现金以外的其他资产取得的长期股权投资，按照被处置长期股权投资的账面余额，借记"资产处置费用"科目，贷记"长期股权投资"科目；同时，按照实际取得的价款，借记"银行存款"等科目，按照尚未领取的现金股利或利润，贷记"应收股利"科目，按

照发生的相关税费等支出，贷记"银行存款"等科目，按照借方和贷方差额，贷记"应缴财政款"科目。按照规定将处置时取得的投资收益纳入本单位预算管理的，应当按照所取得价款大于被处置长期股权投资账面余额、应收股利账面余额和相关税费支出合计的差额，贷记"投资收益"科目。

【例 10-134】承例 10-120，省医学院将以库存医用材料置换的 C 公司的 500 股股权出售，每股 138 元，取得价款 69 000 元存入银行，相关税费 530 元以银行存款支付，差额上缴财政。"长期股权投资——C 公司"账户的账面余额为 51 000 元。

借：资产处置费用	51 000
贷：长期股权投资——C 公司	51 000
借：银行存款	69 000
贷：银行存款	530
应缴财政款	68 470

（2）因被投资单位破产清算等原因，有确凿证据表明长期股权投资发生损失，按照规定报经批准后予以核销时，按照予以核销的长期股权投资的账面余额，借记"资产处置费用"科目，贷记"长期股权投资"科目。

【例 10-135】承例 10-122，省医学院接受校友捐赠的 E 机构股权，因 E 机构破产清算而发生长期股权投资损失，账面余额 36 860 元。

借：资产处置费用	36 860
贷：长期股权投资——E 机构	36 860

（3）报经批准置换转出长期股权投资时，参照"库存物品"科目中置换换入库存物品的规定进行账务处理。

【例 10-136】经批准，省医学院将其持有的 A 企业股份置换转出，换取一批医用材料，长期股权投资科目账面余额为 50 000 元，材料运输费 600 元以库存现金支付，材料验收入库。

借：库存物品	50 600
贷：长期股权投资——A 企业	50 000
库存现金	600

（4）采用权益法核算的长期股权投资的处置，除进行上述账务处理外，还应结转原直接计入净资产的相关金额，借记或贷记"权益法调整"科目，贷记或借记"投资收益"科目。

【例 10-137】承例 10-123 和例 10-130，省医学院采用权益法核算长期股权投资，现处置其持有的 F 公司股权，取得价款 53 200 元，相关税费 500 元以银行存款支付，长期股权投资的账面余额为 33 420 元，直接记入净资产的相关金额为 5 000 元。

借：银行存款	53 200
贷：长期股权投资——F 公司	33 420
银行存款	500
投资收益	19 280
借：权益法调整	5 000
贷：投资收益	5 000

三、长期债券投资的核算

为核算事业单位按照规定取得的，持有时间超过1年(不含1年)的债券投资，设置"长期债券投资"(1502)科目。本科目期末借方余额反映事业单位持有的长期债券投资的价值。本科目应当设置"成本"和"应计利息"明细科目，并按照债券投资的种类进行明细核算。

长期债券投资的主要账务处理如下。

(1) 长期债券投资在取得时，应当按照其实际成本作为投资成本。

① 取得的长期债券投资，按照确定的投资成本，借记"长期债券投资"科目，按照支付的价款中包含的已到付息期但尚未领取的利息，借记"应收利息"科目，按照实际支付的金额，贷记"银行存款"等科目。

【例10-138】县教育局以结余资金购买3年期国债债券，本金12 300元，已到付息期但尚未领取的利息2 500元，相关税费300元，共125 800元，以银行存款支付。

借：长期债券投资——成本——3年期国债债券　　　　　　　　　　123 300
　　应收利息　　　　　　　　　　　　　　　　　　　　　　　　　2 500
　　贷：银行存款　　　　　　　　　　　　　　　　　　　　　　　125 800

② 实际收到取得债券时所支付价款中包含的已到付息期但尚未领取的利息时，借"银行存款"科目，贷记"应收利息"科目。

【例10-139】承例10-138，县教育局收到取得债券时所支付价款中包含的已到付息期但尚未领取的利息2 500元，存入银行。

借：银行存款　　　　　　　　　　　　　　　　　　　　　　　　　2 500
　　贷：应收利息　　　　　　　　　　　　　　　　　　　　　　　　2 500

(2) 长期债券投资持有期间，按期以债券票面金额与票面利率计算确认利息收入时，如为到期一次还本付息的债券投资，借记"长期债券投资"科目下"应计利息"明细科目，贷记"投资收益"科目；如为分期付息、到期一次还本的债券投资，借记"应收利息"科目，贷记"投资收益"科目。收到分期支付的利息时，按照实收的金额，借记"银行存款"等科目，贷记"应收利息"科目。

【例10-140】承例10-138，年末，县教育局计算确认所持有的3年期国债债券本年利息收入5 000元(到期一次还本付息)。

借：长期债券投资——应计利息——3年期国债债券　　　　　　　　5 000
　　贷：投资收益　　　　　　　　　　　　　　　　　　　　　　　5 000

【例10-141】承例10-138，年末，县教育局计算确认所持有的3年期国债债券本年利息收入5 000元，并于年底前收到利息存入银行(分期付息)。

借：应收利息　　　　　　　　　　　　　　　　　　　　　　　　　5 000
　　贷：投资收益　　　　　　　　　　　　　　　　　　　　　　　5 000
借：银行存款　　　　　　　　　　　　　　　　　　　　　　　　　5 000
　　贷：应收利息　　　　　　　　　　　　　　　　　　　　　　　5 000

(3) 到期收回长期债券投资，按照实际收到的金额，借记"银行存款"科目，按照长期债券投资的账面余额，贷记"长期债券投资"科目，按照相关应收利息金额，贷记"应收利息"科目，按照其差额，贷记"投资收益"科目。

【例 10-142】承例 10-138 和例 10-140，县教育局所持有的 3 年期国债债券到期，收到本息共计 135 500 元存入银行，应收利息账面余额为 10 000 元，"长期债券投资——成本"科目账面余额为 123 300 元（到期一次付息）。

借：银行存款　　　　　　　　　　　　　　　　　　　　　　　　　　　135 500

　　贷：应收利息　　　　　　　　　　　　　　　　　　　　　　　　　　10 000

　　　　长期债券投资——成本——3 年期国债债券　　　　　　　　　　　123 300

　　　　投资收益　　　　　　　　　　　　　　　　　　　　　　　　　　2 200

（4）对外出售长期债券投资，按照实际收到的金额，借记"银行存款"科目，按照长期债券投资的账面余额，贷记"长期债券投资"科目，按照已记入"应收利息"科目但尚未收取的金额，贷记"应收利息"科目，按照其差额，贷记或借记"投资收益"科目。涉及增值税业务的，相关账务处理参见"应交增值税"科目。

【例 10-143】承例 10-138～例 10-140，县教育局对外出售其持有的 3 年期国债债券，取得价款 131 000 元存入银行。"应收利息"科目账面余额为 7 500 元，"长期债券投资——成本"科目账面余额为 123 300 元。

借：银行存款　　　　　　　　　　　　　　　　　　　　　　　　　　　131 000

　　贷：应收利息　　　　　　　　　　　　　　　　　　　　　　　　　　7 500

　　　　长期债券投资——成本——3 年期国债债券　　　　　　　　　　　123 300

　　　　投资收益　　　　　　　　　　　　　　　　　　　　　　　　　　200

第五节　与固定资产相关的核算

一、固定资产的核算

为核算单位固定资产的原值，设置"固定资产"（1610）科目。本科目期末借方余额反映单位固定资产的原值。

本科目应当按照固定资产类别和项目进行明细核算。固定资产一般分为 6 类：房屋及构筑物；专用设备；通用设备；文物和陈列品；图书、档案；家具、用具、装具及动植物。

（一）固定资产核算的基本要求

（1）购入需要安装的固定资产，应当先行通过"在建工程"科目核算，安装完毕交付使用时再转入"固定资产"科目核算。

（2）以借入、经营租赁租入方式获得的固定资产，不通过"固定资产"科目的核算，应当设置备查簿进行登记。

（3）采用融资租入方式取得的固定资产，通过"固定资产"科目核算，并在"固定资产"科目下设置"融资租入固定资产"明细科目。

（4）经批准在境外购买具有所有权的土地作为固定资产，应当在"固定资产"科目下设置"境外土地"明细科目，进行相应明细核算。

（二）固定资产核算的主要账务处理

▶ 1. 固定资产在取得时，应当按照成本进行初始计算

（1）购入固定资产的核算。

① 购入不需要安装的固定资产验收合格时，按照确定的固定资产成本，借记"固定资产"科目，贷记"财政拨款收入""零余额账户用款额度""应付账款""银行存款"等科目。

【例10-144】市机床研究所购入1台试验设备（不需安装）。设备价款15 000元。增值税2 400元，运输费500元，保险费30元，共计17 930元，以财政直接支付方式付款。

  借：固定资产   17 930

    贷：财政拨款收入   17 930

② 购入需要安装的固定资产，在安装完毕交付使用前通过"在建工程"科目核算，安装完毕交付使用时再转入"固定资产"科目。

【例10-145】市机床研究所购入一台设备（需要安装）设备价款8 000元，增值税1 280元，运输费200元，保险费20元，共计9 500元，以零余额账户用款额度付款；发生安装费1 600元，以零余额账户用款额度支付；安装完成验收后投入使用。

  购入时，编制会计分录如下：

  借：在建工程   9 500

    贷：零余额账户用款额度   9 500

  支付安装费用时，编制会计分录如下：

  借：在建工程   1 600

    贷：零余额账户用款   1 600

  交付使用时，编制会计分录如下：

  借：固定资产   11 100

    贷：在建工程   11 100

③ 购入固定资产扣留质量保证金的，应当在取得固定资产时，按照确定的固定资产成本，借记"固定资产"科目（不需安装）或"在建工程"科目（需安装），按照实际支付或应付的金额，贷记"财政拨款收入""零余额账户用款额度""应付账款"（不含质量保证金）、"银行存款"等科目，按照扣留的质量保证金数额，贷记"其他应付款"科目〔扣留期在1年以内（含1年）〕或"长期应付款"科目（扣留期超过1年）。

【例10-146】市机床研究所购入10台专用设备（不需安装），总价款136 000元，按照合同，单位扣留10%的设备质量保证金在设备购入满1年时再予支付，财政直接支付122 400元。

  借：固定资产   136 000

    贷：财政拨款收入   122 400

     其他应付款   13 600

④ 质保期满支付质量保证金时，借记"其他应付款""长期应付款"科目，贷记"财政拨款收入""零余额账户用款额度""银行存款"等科目。

【例10-147】承例10-146，市机床研究所购入的专用设备质保期满，支付质量保证金13 600元，以财政直接支付方式支付。

  借：其他应付款   13 600

    贷：财政拨款收入   13 600

（2）自行建造固定资产的核算。

① 自行建造的固定资产交付使用时，按照在建工程成本，借记"固定资产"科目，贷记"在建工程"科目。

【例 10-148】市机床研究所自行建造一座大楼，建造成本共计 68 724 100 元，完工后交付使用。

借：固定资产 68 724 100

贷：在建工程 68 724 100

② 已交付使用但尚未办理竣工决算手续的固定资产按照估计价值入账，待办理竣工决算后再按照实际成本调整原来的暂估价值。

【例 10-149】市机床研究所自行建造一座大楼，尚未办理竣工决算手续，按照估计价值 68 720 000 元入账。办理竣工决算后该大楼的实际成本为 68 724 000 元，再予以调整。

估价入账时，编制会计分录如下：

借：固定资产 68 720 000

贷：在建工程 68 720 000

调整时，编制会计分录如下：

借：固定资产 4 100

贷：在建工程 4 100

（3）融资租赁取得的固定资产的核算。

融资租赁取得的固定资产，其成本按照租赁协议或者合同确定的租赁价款、相关税费以及固定资产交付使用前所发生的可归属于该项资产的运输费、途中保险费、安装调试费等确定。

① 融资租入的固定资产，按照确定的成本，借记"固定资产"科目（不需安装）或"在建工程"科目（需安装），按照租赁协议或者合同确定的租赁付款额，贷记"长期应付款"科目，按照支付的运输费、途中保险费、安装调试费等金额，贷记"财政拨款收入""零余额账户用款额度""银行存款"等科目。

【例 10-150】市机床研究所融资租入 5 台设备（不需安装）。合同规定的租赁价为 80 000 元，以银行存款支付相关税费 5 016 元、运输费 2 000 元，共计 87 016 元；设备款分 4 年偿还，每年偿还 20 000 元。

借：固定资产 87 016

贷：长期应付款 80 000

银行存款 7 016

② 定期支付租金时，按照实际支付金额，借记"长期应付款"科目，贷记"财政拨款收入""零余额账户用款额度""银行存款"等科目。

【例 10-151】承例 10-150，年末，市机床研究所偿还当年的融资租入设备款 20 000 元，以银行存款支付。

借：长期应付款 20 000

贷：银行存款 20 000

（4）跨年度分期付款购入固定资产的核算。

按照规定，跨年度分期付款购入固定资产的账务处理参照融资租入固定资产的账务处理。

（5）接受捐赠固定资产的核算。

① 接受捐赠的固定资产，按照确定的固定资产成本，借记"固定资产"科目（不需安装）或"在建工程"科目（需安装），按照发生的相关税费、运费等，贷记"零余额账户用款额度""银行存款"等科目，按照其差额，贷记"捐赠收入"科目。

【例10-152】市机床研究所接受捐赠的20台电脑，有关凭证注明电脑价款为86 000元，发生运输费用500元，以库存现金支付。

    借：固定资产　　　　　　　　　　　　　　　　　　　　　　　　86 500
      贷：捐赠收入　　　　　　　　　　　　　　　　　　　　　　　　86 000
        库存现金　　　　　　　　　　　　　　　　　　　　　　　　　500

② 接受捐赠的固定资产按照名义金额入账的，按照名义金额，借记"固定资产"科目，贷记"捐赠收入"科目；按照发生的相关税费、运输费等，借记"其他费用"科目，贷记"零余额账户用款额度""银行存款"等科目。

【例10-153】市机床研究所接受捐赠的2台18世纪产的老式机床，没有相关凭证也无法估价，按照名义金额入账。发生运输费用500元，以库存现金支付。

    借：固定资产　　　　　　　　　　　　　　　　　　　　　　　　　　1
      贷：捐赠收入　　　　　　　　　　　　　　　　　　　　　　　　　　1
    借：其他费用　　　　　　　　　　　　　　　　　　　　　　　　　500
      贷：库存现金　　　　　　　　　　　　　　　　　　　　　　　　　500

（6）无偿调入固定资产的核算。

无偿调入的固定资产，按照确定的固定资产成本，借记本科目（不需安装）或"在建工程"科目（需安装），按照发生的相关税费、运输费，贷记"零余额账户用款额度""银行存款"等科目，按照其差额，贷记"无偿调拨净资产"科目。

【例10-154】市机床研究所无偿调入1辆运输车，依据原始价值和成新率等估计其完全重置成本235 000元，运输车辆过户手续费350元，以库存现金支付。

    借：固定资产　　　　　　　　　　　　　　　　　　　　　　　235 000
      贷：库存现金　　　　　　　　　　　　　　　　　　　　　　　　　350
        无偿调拨净资产　　　　　　　　　　　　　　　　　　　　234 650

（7）置换取得固定资产的核算。

置换取得的固定资产，参照"库存物品"科目中置换取得库存物品的相关规定进行账务处理。固定资产取得时涉及增值税业务的，相关账务处理参见"应交增值税"科目。

▶ 2. 与固定资产有关的后续支出

（1）符合固定资产确认条件的后续支出。

① 通常情况下，将固定资产转入改建。扩建时，按照固定资产的账面价值，借记"在建工程"科目，按照固定资产已计提折旧，借记"固定资产累计折旧"科目，按照固定资产的账面余额，贷记"固定资产"科目。

【例10-155】市机床研究所对行政大楼进行扩建。该楼的固定资产账面余额为6 010 000元，已计提折旧1 650 751元，转入"在建工程"科目。

    借：在建工程　　　　　　　　　　　　　　　　　　　　　　4 359 249
      固定资产累计折旧　　　　　　　　　　　　　　　　　　1 650 751

　　　贷：固定资产　　　　　　　　　　　　　　　　　　　　　　　　　6 010 000

　　② 为增加固定资产使用效能或延长其使用年限而发生的改建、扩建等后续支出，借记"在建工程"科目，贷记"财政拨款收入""零余额账户用款额度""银行存款"等科目。

　　【例 10-156】承例 10-154，市机床研究所的行政大楼扩建工程发生改扩建费用共计 2 274 300 元，以银行存款支付。

　　　借：在建工程　　　　　　　　　　　　　　　　　　　　　　　　2 274 300
　　　　贷：银行存款　　　　　　　　　　　　　　　　　　　　　　　2 274 300

　　③ 固定资产改建、扩建等完成支付时，按照在建工程成本，借记"固定资本"科目，贷记"在建工程"科目。

　　【例 10-157】承例 10-155 和例 10-156，市机床研究所的行政大楼扩建工程完成后，在建工程科目账面余额为 6 633 549 元，验收后交付使用。

　　　借：固定资产　　　　　　　　　　　　　　　　　　　　　　　　6 633 549
　　　　贷：在建工程　　　　　　　　　　　　　　　　　　　　　　　6 633 549

　　(2) 不符合固定资产确认条件的后续支出。

　　为保证固定资产正常使用发生的日常维修等支出，借记"业务活动费用""单位管理费用"等科目，贷记"财政拨款收入""零余额账户用款额度""银行存款"等科目。

　　【例 10-158】市机床研究所定期对所内设备进行日常维修，本月发生维修费用 12 460 元，以零额账户用款额度支付。

　　　借：业务活动费用　　　　　　　　　　　　　　　　　　　　　　　12 460
　　　　贷：零余额账户用款额度　　　　　　　　　　　　　　　　　　　12 460

　　▶ 3. 按照规定报经批准处置固定资产，应区分不同情况分别处理

　　(1) 报经批准出售、转让固定资产，按照被出售、转让固定资产的账面价值，借记"资产处置费用"科目，按照固定资产已计提的折旧，借记"固定资产——累计折旧"科目，按照固定资产账面余额，贷记"固定资产"科目；同时，按照收到的价款，借记"银行存款"等科目，按照处置过程中发生的相关费用，贷记"银行贷款"等科目，按照其差额，贷记"应缴财政款"科目。

　　【例 10-159】市机床研究所对外转让 1 台不需要用的设备。固定资产账面余额为 156 000 元，已计提折旧 13 420 元。收到价款 82 000 元存入银行，发生清理费用 300 元，以库存现金支付。

　　　借：资产处置费用　　　　　　　　　　　　　　　　　　　　　　142 580
　　　　固定资产累计折旧　　　　　　　　　　　　　　　　　　　　　13 420
　　　　贷：固定资产　　　　　　　　　　　　　　　　　　　　　　156 000
　　　借：银行存款　　　　　　　　　　　　　　　　　　　　　　　　82 000
　　　　贷：库存现金　　　　　　　　　　　　　　　　　　　　　　　　300
　　　　　应缴财政款　　　　　　　　　　　　　　　　　　　　　　　81 700

　　(2) 报经批准对外捐赠固定资产，按照固定资产已计提的折旧，借记"固定资产累计折旧"科目，按照被处置固定资产账面余额，贷记"固定资产"科目，按照捐赠过程中发生的归属于捐出方的相关费用，贷记"银行存款"等科目，按照其差额，借记"资产处置费用"科目。

【例 10-160】承例 10-144，报经批准，市机床研究所将其所购的 1 台试验用设备对外捐赠，固定资产账面余额为 17 930 元，已计提折旧 2 510 元。发生清理费用 200 元，以库存现金支付。

借：资产处置费用 15 620
　　固定资产累计折旧 2 510
　　贷：固定资产 17 930
　　　　库存现金 200

（3）报经批准无偿调出固定资产，按照固定资产已计提的折旧，借记"固定资产累计折旧"科目，按照被处置固定资产账面余额，贷记"固定资产"科目，按照其差额，借记"无偿调拨净资产"；同时，按照无偿调出过程中发生的归属于调出方的相关费用，借记"资产处置费用"科目，贷记"银行存款"等科目。

【例 10-161】市机床研究所无偿调出设备 2 台，设备的账面余额为 15 000 元，已计提折旧 4 000 元，发生清理费用 210 元，以库存现金支付。

借：无偿调拨净资产 11 000
　　固定资产累计折旧 4 000
　　贷：固定资产 15 000
借：资产处置费用 210
　　贷：库存现金 210

（4）报经批准置换换出固定资产，参照"库存物品"科目中置换换入库存物品的规定进行账务处理。固定资产处置时涉及增值税业务的，相关账务处理参见"应交增值税"科目。

▶ 4. 固定资产清查盘点的核算

单位应当定期对固定资产进行清查盘点，每年至少盘点一次。对于发生的固定资产盘盈、盘亏、毁损或报废，应当先记入"待处理财产损溢"科目，按照规定报经批准后及时进行后续账务处理。

（1）盘盈固定资产的核算。盘盈的固定资产，其成本按照有关凭证注明金额确定；没有相关凭证，也未经过评估的，其成本按重置成本确定；没有相关凭证，也未经过评估的，其成本按照重置成本确定。

如无法采用上述方法确定盘盈固定资产成本的，按照名义金额（人民币 1 元）入账。盘盈的固定资产，按照确定的入账成本，借记"固定资产"科目，贷记"待处理财产损溢"科目。

【例 10-162】市机床研究所定期盘点固定资产，盘盈甲设备 1 台，按类似设备的市场价格估值 10 000 元。

借：固定资产 10 000
　　贷：待处理财产损溢 10 000

（2）盘亏、毁损或报废的固定资产，按照待处理固定资产的账面价值，借记"待处理财产损溢"科目，按照已计提折旧，借记"固定资产累计折旧"科目，按照固定资产的账面，贷记"固定资产"科目。

【例 10-163】市机床研究所定期盘点固定资产，盘亏乙器械 2 件，乙器械的账面余额为 6 000 元，已计提折旧 2 000 元。

借：待处理财产损溢   4 000

    固定资产累计折旧   2 000

  贷：固定资产   6 000

二、固定资产累计折旧的核算

为核算单位计提的固定资产累计折旧，设置"固定资产累计折旧"(1602)科目。本科目期末贷方余额反映单位计提的固定资产折旧累计数。公共基础设施和保障性住房计提的累计折旧，应当分别通过"公共基础设施累计折旧(摊销)"科目和"保障性住房累计折旧"科目核算，不通过本科目核算。本科目应当按照所对应固定资产的明细分类进行明细核算。单位计提融资租入固定资产折旧时，应当采用与自有固定资产相一致的折旧政策。能够合理确定租赁期届满时将会取得租入固定资产所有权的，应当在租入固定资产尚可使用年限内计提折旧；无法合理确定租赁期届满时能够取得租入固定资产所有权的，应当在租赁期与租入固定资产尚可使用年限两者中较短的期间内计提折旧。

固定资产累计折旧的主要账务处理如下。

(一)按月计提固定资产折旧核算

按月计提固定资产折旧时，按照应计提折旧金额，借记"业务活动费用""单位管理费用""经营费用""加工物品""在建工程"等科目，贷记"固定资产累计折旧"科目。

【例 10-164】月末，市机床研究所计提固定资产折旧，设备类折旧金额为 5 600 元，建筑类折旧金额为 8 210 元，共计 13 810 元。

借：业务活动费用   13 810

  贷：固定资产累计折旧——设备   5 600

          ——建筑   8 210

(二)处置或处理固定资产时的核算

经批准处置或处理固定资产时，按照所处置或处理固定资产的账面价值，借记"资产处置费用""无偿调拨净资产""待处理财产损溢"等科目，按照已计提折旧，借记"固定资产累计折旧"科目，按照固定资产的账面余额，贷记"固定资产"科目。

【例 10-165】市机床研究所报废设备 1 台，固定资产账面余额为 20 000 元，已计提折旧 15 000 元。

借：待处理财产损溢   5 000

    固定资产累计折旧   15 000

  贷：固定资产   20 000

第六节 与在建工程相关的核算

一、工程物资的核算

为核算单位为在建工程准备的各种物资的成本，包括工程用材料、设备等，设置"工程物资"（1611）科目。本科目期末借方余额反映单位为在建工程准备的各种物资的成本。本科目可按照"库存材料""库存设备"等工程物资类别进行明细核算。

工程物资的主要账务处理如下。

（一）购入工程物资的核算

购入为工程准备的物资，按照确定的物资成本，借记"工程物资"科目，贷记"财政拨款收入""零余额账户用款额度""银行存款""应付账款"等科目。

【例10-166】生态环境部为扩建办公楼购入甲材料300箱，每箱1 650元，共计495 000元，以财政直接支付方式支付，物资已验收入库。

借：工程物资——甲材料　　　　　　　　　　　　　　　495 000

　　贷：财政拨款收入　　　　　　　　　　　　　　　　495 000

（二）领用工程物资的核算

领用工程物资，按照物资成本，借记"在建工程"科目，贷记"工程物资"科目。工程完工后，将领出的剩余物资退库时做相反的会计分录。

【例10-167】承例10-166，生态环境部建设部门为扩建办公楼领用甲材料280箱，每箱成本1 650元，共计462 000元，用于工程建设。

借：在建工程　　　　　　　　　　　　　　　　　　　462 000

　　贷：工程物资——甲材料　　　　　　　　　　　　　462 000

（三）剩余工程物资转作存货的核算

工程完工后，将剩余的工程物资转作本单位存货等的，按照物资成本，借记"库存物品"等科目，贷记"工程物资"科目。

【例10-168】承例10-166和例10-167，生态环境部扩建大楼完工，尚未领用的库存甲材料20箱，每箱成本1 650元，共计33 000元，转作本单位存货。

借：库存物品——甲材料　　　　　　　　　　　　　　33 000

　　贷：工程物资——甲材料　　　　　　　　　　　　　33 000

涉及增值税业务的，相关账务处理参见"应交增值税"科目。

二、在建工程的核算

（一）在建工程的科目设置情况

为核算单位在建的建设项目工程的实际成本，设置"在建工程"（1613）科目。本科目期末借方余额反映单位尚未完工的建设项目工程发生的实际成本。单位在建的信息系统项目工程、公共基础设施项目工程、保障性住房项目工程的实际成本，也通过本科目核算。本科目应当设置"建筑安装工程投资""设备投资""待摊投资""其他投资""待核销基建支出""基建转出投资"等明细科目，并按照具体项目进行明细核算。

（1）"建筑安装工程投资"明细科目，核算单位发生的构成建设项目实际支出的建筑工程和安装工程的实际成本，不包括被安装设备本身的价值以及按照合同规定支付给施工单位的预付备料款和预付工程款。本明细科目应当设置"建筑工程"和"安装工程"两个明细科目进行明细核算。

（2）"设备投资"明细科目，核算单位发生的构成建设项目实际支出的各种设备的实际成本。

(3)"待摊投资"明细科目,核算单位发生的构成建设项目实际支出的、按照规定应当分摊记入有关工程成本和设备成本的各项间接费用和税费支出。本明细科目的具体核算内容包括以下方面:

① 勘察费、设计费、研究试验费、可行性研究费及项目其他前期费用。

② 土地征用及迁移补偿费、土地复垦及补偿费、森林植被恢复费及其他为取得土地使用权、租用权而发生的费用。

③ 土地使用税、耕地占用税、契税、车船税、印花税及按照规定缴纳的其他税费。

④ 项目建设管理费、代建管理费、临时设施费、监理费、招投标费、社会中介审计(审查)费及其他管理性质的费用。项目建设管理费是指项目建设单位从项目筹建之日起至办理竣工财务决算之日止发生的管理性质的支出,包括不在原单位发工资的工作人员的工资及相关费用、办公费、办公场地租用费、差旅交通费、劳动保护费、工具用具使用费、固定资产使用费、招募生产工人费、技术图书资料费(含软件)、业务招待费、施工现场津贴、竣工验收费等。

⑤ 项目建设期间发生的各类专门借款利息支出或融资费用。

⑥ 工程检测费、设备检验费、负荷联合试车费及其他检验检测类费用。

⑦ 固定资产损失、器材处理亏损、设备盘亏及毁损、单项工程或单位工程报废、毁损净损失及其他损失。

⑧ 系统集成等信息工程的费用支出。

⑨ 其他待摊性质支出。

本明细科目应当按照上述费用项目进行明细核算,其中有些费用(如项目建设管理费等),还应当按照更为具体的费用项目进行明细核算。

(4)"其他投资"明细科目,核算单位发生的构成建设项目实际支出的房屋购置支出,基本畜禽、林木等购置,饲养、培育支出、办公生活用家具、器具购置等支出。单位为进行可行性研究而购置的固定资产,以及取得土地使用权支付的土地出让金,也通过本明细科目核算。本明细科目应当设置"房屋购置""基本畜禽支出""林木支出""办公生活用家具""器具购置""可行性研究固定资产购置""无形资产"等明细科目。

(5)"待核销基建支出"明细科目,核算建设项目发生的江河清障、航道清淤、飞播造林、补助群众造林、水土保持、城市绿化、取消项目的可行性研究费用以及项目整体报废等不能形成资产部分的基建投资支出。本明细科目应按照待核销基建支出的类别进行明细核算。

(6)"基建转出投资"明细科目,核算为建设项目配套而建成的、产权不归属本单位的专用设施的实际成本。本明细科目应按照转出投资的类别进行明细核算。

(二)在建工程的主要账务处理

▶ 1. 建筑安装工程投资的核算

(1)改建、扩建的核算。

① 将固定资产等资产转入改建、扩建时,按照固定资产等资产的账面价值,借记"在建工程——建筑安装工程投资"科目,按照已计提的折旧或摊销,借记"固定资产累计折旧"等科目,按照固定资产等资产的原值,贷记"固定资产"等科目。

【例10-169】市财政局改扩建办公楼,办公楼的固定资产账面余额为35 624 700元,已计提折旧336 952元,现转入改扩建。

借：在建工程——建筑安装工程投资　　　　　　　　　　　35 287 748
　　固定资产累计折旧　　　　　　　　　　　　　　　　　　336 952
　贷：固定资产——办公楼　　　　　　　　　　　　　　　　　35 624 700

② 固定资产等资产改建、扩建过程中涉及替换（或拆除）原资产的某些组成部分的，按照被替换（或拆除）部分的账面价值，借记"待处理财产损溢"科目，贷记"在建工程——建筑安装工程投资"科目。

【例 10-170】承例 10-169，市财政局将改扩建办公楼的辅楼拆除，该部分的固定资产账面价值为 8 492 000 元，转入"待处理财产损溢"科目。

借：待处理财产损溢　　　　　　　　　　　　　　　　　　8 492 000
　贷：在建工程——建筑安装工程投资　　　　　　　　　　　　8 492 000

（2）对于发包建筑安装工程，根据建筑安装工程价款结算账单与施工企业结算工程价款时，按照应承付的工程价款，借记"在建工程——建筑安装工程投资"科目，按照预付工程款余额，贷记"预付账款"科目，按照其差额，贷记"财政拨款收入""零余额账户用款额度""银行存款""应付账款"等科目。

【例 10-171】承例 10-169 和例 10-170，市财政局将改扩建办公楼工程发包给 A 建筑公司，根据建筑安装工程价款结算账单与施工企业结算工程价款，应承付的工程总价款为 74 628 500 元，已预付工程款 25 000 000 元，余款 49 628 500 元以财政直接支付方式支付。

借：在建工程——建筑安装工程投资　　　　　　　　　　　74 628 500
　贷：预付账款　　　　　　　　　　　　　　　　　　　　25 000 000
　　财政拨款收入　　　　　　　　　　　　　　　　　　　49 628 500

（3）单位自行施工的小型建筑安装工程，按照发生的各项支出金额，借记"在建工程——建筑安装工程投资"科目，贷记"工程物资""零余额账户用款额度""银行存款""应付职工薪酬"等科目。

【例 10-172】承例 10-166，生态环境部自行施工扩建办公楼，本月施工用电费用为 7 420 元，以银行存款支付。

借：在建工程——建筑安装工程投资　　　　　　　　　　　7 420
　贷：银行存款　　　　　　　　　　　　　　　　　　　　7 420

（4）工程竣工，办妥竣工验收交接手续交付使用时，按照建筑安装工程成本（含应分摊的待摊投资），借记"固定资产"等科目，贷记"在建工程——建筑安装工程投资"科目。

【例 10-173】承例 10-169～例 10-171，市财政局改扩建办公楼工程竣工，办妥竣工验收交接手续并交付使用，建筑安装工程成本为 101 424 248 元（35 287 748－8 492 000＋74 628 500）。

借：固定资产　　　　　　　　　　　　　　　　　　　　101 424 248
　贷：在建工程——建筑安装工程投资　　　　　　　　　　101 424 248

▶ 2. 设备投资的核算

（1）购入设备时，按照购入成本，借记"在建工程——设备投资"科目，贷记"财政拨款收入""零余额账户用款额度""银行存款"等科目；采用预付款方式购入设备的，有关预付款的账务处理参照"在建工程"科目有关"建筑安装工程投资"明细科目的规定。

【例 10-174】市中心医院购入 1 台医疗设备（需要安装），设备总价款为 654 230 元，预付款项 100 000 元，余款 554 230 元以财政直接支付方式付款。

    借：在建工程——设备投资   654 230
      贷：预付账款   100 000
        财政拨款收入   554 230

（2）设备安装完毕的核算。

① 设备安装完毕，办妥竣工验收交接手续交付使用时，按照设备投资成本（含设备安装工程成本和分摊的待摊投资），借记"固定资产"等科目，贷记"在建工程——设备投资、建筑安装工程投资——安装工程"科目。

【例 10-175】承例 10-174，设备安装完毕，安装费用为 15 000 元，"在建工程——设备投资"账面余额为 669 230 元，验收后交付使用。

    借：固定资产   669 230
      贷：在建工程——设备投资   669 230

② 将不需要安装的设备和达不到固定资产标准的工具、器具交付使用时，按照设备、工具、器具的实际成本，借记"固定资产""库存物品"科目，贷记"在建工程——设备投资"科目。

【例 10-176】市中心医院购入一批医用器具，价款 125 000 元，安装费 10 000 元，实际成本共 126 000 元，验收合格后入库。

    借：库存物品   126 000
      贷：在建工程——设备投资   126 000

▶ 3. 待摊投资的核算

建筑工程发生的构成建设项目实际支出的、按照规定应当分摊记入有关工程成本和设备成本的各项间接费用和税费支出，先在"在建工程——设备投资"明细科目中归集；建筑工程办理竣工验收手续交付使用时，按照合理的分配方法，摊入相关工程成本、在安装设备成本等。

（1）单位发生的构成待摊投资的各类费用，按照实际发生金额，借记"在建工程——待摊投资"科目，贷记"财政拨款收入""零余额账户用款额度""银行存款""应付利息""长期借款""其他应交税费""固定资产累计折旧""无形资产累计摊销"等科目。

【例 10-177】市中心医院建设 1 栋住院大楼、1 栋门诊大楼，设计费 1 500 000 元，以银行存款支付。

    借：在建工程——待摊投资   1 500 000
      贷：银行存款   1 500 000

（2）对于建设过程中试生产、设备调试等产生的收入，按照取得的收入金额，借记"银行存款"等科目，按照依据有关规定应当冲减建设工程成本的部分，贷记"在建工程——待摊投资"科目按照其差额，贷记"应缴财政款"或"其他收入"科目。

【例 10-178】承例 10-177，市中心医院建设的 2 栋大楼试运营，取得收入 312 600 元，冲减建设工程成本，款项存入银行。

    借：银行存款   312 600
      贷：在建工程——待摊投资   312 600

（3）由于自然灾害、管理不善等原因造成的单项工程或单位工程报废或毁损，扣除残料价值和过失人或保险公司等赔款后的净损失，报经批准后记入继续施工的工程成本的，按照工程成本扣除残料价值和过失人或保险公司等赔款后的净损失，借记"在建工程——待摊投资"科目，按照残料变价收入、过失人或保险公司赔款等，借记"银行存款""其他应收款"等科目，按照报废或毁损的工程成本，贷记"在建工程——建筑安装工程投资"科目。

【例 10-179】承例 10-177 和例 10-178，市中心医院建设尚未交付使用的住院大楼和门诊大楼，因台风造成部分房间窗户玻璃毁损，估值 159 500 元，保险公司赔款 110 000 元，存入银行，净损失 49 500 元报经批准后记入继续施工的工程成本。

```
借：在建工程——待摊投资                          49 500
    银行存款                                    110 000
    贷：在建工程——建筑安装工程投资                        159 500
```

（4）工程交付使用时，按照合理的分配方法分配待摊投资，借记"在建工程——建筑安装工程投资、设备投资"科目，贷记"在建工程——待摊投资"科目。

待摊投资的分配可按照下列公式计算。

① 按照实际分配率分配，适用于建设工期较短、整个项目的所有单项工程一次竣工的建设项目。

实际分配率＝待摊投资明细科目余额÷（建筑工程明细科目余额＋安装工程明细科目余额＋设备投资明细科目余额）×100%

② 按照概算分配率分配，适用于建设工期长、单项工程分期分批建成投入使用的建设项目。

概算分配率＝（概算中各待摊投资项目的合计数－其中可直接分配部分）÷（概算中建筑工程、安装工程和设备投资合计）×100%

③ 某项固定资产应分配的待摊投资＝该项固定资产的建筑工程成本或该项固定资产（设备）的采购成本和安装成本合计×分配率

【例 10-180】承例 10-177～例 10-179，市中心医院建设住院大楼和门诊大楼完工交付使用，按照概算分配率分配分摊待摊投资，建筑工程、安装工程和设备投资的分摊比例为80%、10% 和 10%。

待摊投资账面余额＝1 500 000－312 600＋49 500＝1 236 900（元）

建筑工程应分摊额＝1 236 900×80%＝989 520（元）

安装工程应分摊额＝1 236 900×10%＝123 690（元）

设备投资应分摊额＝1 236 900×10%＝123 690（元）

```
借：在建工程——建筑安装工程投资                    1 113 210
    在建工程——设备投资                            123 690
    贷：在建工程——待摊投资                             1 236 900
```

▶ 4. 其他投资的核算

（1）单位为建设工程发生的房屋购置支出，基本畜禽、林木等的购置、饲养、培育支出，办公生活用家具、器具购置支出，软件研发和不能记入设备投资的软件购置等支出，按照实际发生金额，借记"在建工程——其他投资"科目，贷记"财政拨款收入""零余额账户用款额度""银行存款"等科目。

【例 10-181】市中心医院为建设住院大楼和门诊大楼，购入附着于建筑的办公用家具一批，实际成本为 391 500 元，以银行存款支付。

借：在建工程——其他投资   391 500

  贷：银行存款   391 500

（2）工程完成，将形成的房屋、基本畜禽、林木等各种财产以及无形资产交付使用时，按照其实际成本，借记"固定资产""无形资产"等科目，贷记"在建工程——其他投资"科目。

【例10-182】承例10-181，工程完工转入固定资产。

借：固定资产   391 500

  贷：在建工程——其他投资   391 500

▶ 5. 待核销基建支出的核算

（1）建设项目发生的江河清障、航道清淤、飞播造林、补助群众造林、水土保持、城市绿化等不能形成资产的各类待核销基建支出，按照实际发生金额，借记"在建工程——待核销基建支出"科目，贷记"财政拨款收入""零余额账户用款额度""银行存款"等科目。

【例10-183】市卫生学校为建设学生宿舍发生的江河清障费用216 000元待核销，以银行存款支付。

借：在建工程——核销基建支出   216 000

  贷：银行存款   216 000

（2）取消的建设项目发生的可行性研究费用，按照实际发生金额，借记"在建工程——待核销基建支出"科目，贷记"在建工程——待摊投资"科目。

【例10-184】市卫生学校拟建设1栋实验楼，发生可行性研究费用50 000元，可行性论证否定了建设实验楼的建议，经领导研究决定取消该建设项目，可行性研究费用转入待核销基建支出。

借：在建工程——待核销基建支出   50 000

  贷：在建工程——待摊投资   50 000

（3）由于自然灾害等原因发生的建设项目整体报废所形成的净损失，报经批准后转入待核销基建支出，按照项目整体报废所形成的净损失，借记"在建工程——待核销基建支出"科目，按照报废工程回收的残料变价收入、保险公司赔款等，借记"银行存款""其他应收款"等科目，按照报废工程的成本，贷记"在建工程——建筑安装工程投资"科目。

【例10-185】市文广局在建的行政楼因洪灾而全部报废，"在建工程——建筑安装工程投资"的账面余额为4 652 500元，收到保险公司赔款3 000 000元存入银行，净损失1 652 500元转入待核销基建支出。

借：在建工程——待核销基建支出   1 652 500

  银行存款   3 000 000

  贷：在建工程——建筑安装工程投资   4 652 500

（4）建设项目竣工验收交付使用时，对发生的待核销基建支出进行冲销，借记"资产处置费用"科目，贷记"在建工程——待核销基建支出"科目。

【例10-186】承例10-183，市卫生学校所建学生宿舍竣工验收交付使用时，对发生的江河清障费用216 000元予以冲销。

借：资产处置费用   216 000

  贷：在建工程——待核销基建支出   216 000

▶ 6. 基建转出投资的核算

为建设项目配套而建成的、产权不归属本单位的专用设施，在项目竣工验收交付使用时，按照转出的专用设施的成本，借记"在建工程——基建转出投资"科目，贷记"在建工程——建筑安装工程投资"科目；同时，借记"无偿调拨净资产"科目，贷记"在建工程——基建转出投资"科目。

【例 10-187】承例 10-183 和例 10-186，市卫生学校为建设学生宿舍而配套建设的变电设施在建成后转给街道，变电设施的实际成本为 83 600 元。

借：在建工程——基建转出投资　　　　　　　　　　　　　　　　　　　　83 600
　　贷：在建工程——建筑安装工程投资　　　　　　　　　　　　　　　　　83 600
同时：
借：无偿调拨净资产　　　　　　　　　　　　　　　　　　　　　　　　　83 600
　　贷：在建工程——基建转出投资　　　　　　　　　　　　　　　　　　　83 600

第七节　无形资产的核算

一、无形资产的核算

为核算无形资产的原值，设置"无形资产"(1701)科目。本科目期末借方余额反映单位无形资产的成本。非大批量购入、单价小于 1 000 元的无形资产，可以于购买的当期将其成本直接记入当期费用。本科目应当按照无形资产的类别、项目等进行明细核算。

无形资产的主要账务处理如下。

（一）取得无形资产的核算

无形资产在取得时，应当按照成本进行初始计量。

（1）外购的无形资产，按照确定的成本，借记"无形资产"科目，贷记"财政拨款收入""零余额账户用款额度""应付账款""银行存款"等科目。

【例 10-188】理工大学购入一项商标权，总价款为 102 000 元，以零余额账户用款额度支付。

借：无形资产　　　　　　　　　　　　　　　　　　　　　　　　　　　　102 000
　　贷：零余额账户用款额度　　　　　　　　　　　　　　　　　　　　　　102 000

（2）委托软件公司开发软件，视同外购无形资产进行处理。按照合同中约定的预付金额，借记"预付账款"科目，贷记"财政拨款收入""零余额账户用款额度""银行存款"等科目。软件开发完成交付使用并支付剩余或全部软件开发费用时，按照软件开发费用总额，借记"无形资产"科目，按照相关预付账就金额，贷记"预付账款"科目，按照支付的剩余金额，贷记"财政拨款收入""零余额账户用款额度""银行存款"等科目。

【例 10-189】理工大学委托软件公司开发教学软件，目前现软件开发完成并交付使用。全部开发费用为 100 000 元，合同中约定预付开发费用 20 000 元，余款 80 000 元以银行存款支付。

借：无形资产　　　　　　　　　　　　　　　　　　　　　　　　　　　　100 000

贷：预付账款 20 000

  银行存款 80 000

（3）自行研发无形资产的核算。

① 自行研发形成的无形资产，按照研发项目进入开发阶段后至达到预定用途前所发生的支出总额，借记"无形资产"科目，贷记"研发支出——开发支出"科目。

【例 10-190】理工大学自行研究开发一项专利技术，从研究开发项目进入开发阶段后至达到预定用途前所发生的支出总额为 153 400 元。

借：无形资产 153 400

 贷：研发支出——开发支出 153 400

② 自行研发项目尚未进入开发阶段，或者确实无法区分研究阶段支出和开发阶段支出，但按照法律程序已申请取得无形资产的，按照依法取得时发生的注册费、聘请律师费等费用，借记"无形资产"科目，贷记"财政拨款收入""零余额账户用款额度""银行存款"等科目；按照依法取得前所发生的研究开发支出，借记"业务活动费用"等科目，贷记"研发支出"科目。

【例 10-191】理工大学某研究团队在进行材料抗冲击实验时开发出一种新型合成材料并申请了专利，由于无法区分研究阶段支出和开发阶段支出，按照依法取得时发生的注册费、聘请律师费等共 16 000 元记账，费用以零余额账户用款额度支付。

借：无形资产 16 000

 贷：零余额账户用款额度 16 000

（4）接受捐赠的无形资产，按照确定的无形资产成本，借记"无形资产"科目，按照发生的相关税费等，贷记"零余额账户用款额度""银行存款"等科目，按照其差额，贷记"捐赠收入"科目。接受捐赠的无形资产按照名义金额入账的，按照名义金额，借记"无形资产"科目，贷记"捐赠收入"科目；同时，按照发生的相关税费等，借记"其他费用"科目，贷记"零余额账户用款额度""银行存款"等科目。

【例 10-192】理工大学接受某 NGO 组织捐赠的一项专利技术，该技术没有相关凭证，比照类似专利技术的市场价格，确定其成本为 80 000 元，相关税费 1 000 元，以银行存款支付。

借：无形资产 80 000

 贷：银行存款 1 000

  捐赠收入 79 000

（5）无偿调入的无形资产，按照确定的无形资产成本，借记"无形资产"科目，按照发生的相关税费等，贷记"零余额账户用款额度""银行存款"等科目，按照其差额，贷记"无偿调拨净资产"科目。

【例 10-193】理工大学无偿调入一项专利技术，该技术估价 100 000 元，相关税费 2 000 元，以银行存款支付。

借：无形资产 100 000

 贷：银行存款 2 000

  无偿调拨净资产 98 000

（6）置换取得的无形资产，参照"库存物品"科目中置换取得库存物品的相关规定进行账务处理。无形资产取得时涉及增值税业务的，相关账务处理参见"应交增值税"科目。

（二）与无形资产有关的后续支出

▶ 1. 符合无形资产确认条件的后续支出

（1）为增加无形资产的使用效能对其进行升级改造或扩展其功能时，如需暂对无形资产进行摊销的，按照无形资产的账面价值，借记"在建工程"科目，按照无形资产已摊销金额，借记"无形资产累计摊销"科目，按照无形资产的账面余额，贷记"无形资产"科目。

【例10-194】承例10-191，理工大学对自行研发的专利材料进行升级改造，需暂停对无形资产进行摊销，无形资产的账面余额为16 000元，无形资产累计摊销1 125元。

借：在建工程　　　　　　　　　　　　　　　　　　　　14 875
　　无形资产累计摊销　　　　　　　　　　　　　　　　 1 125
　　贷：无形资产　　　　　　　　　　　　　　　　　　　 16 000

（2）无形资产后续支出符合无形资产确认条件的，按照支出的金额，借记"无形资产"科目（无需暂停摊销的）或"在建工程"科目（需暂停摊销的），贷记"财政拨款收入""零余额账户用款额度""银行存款"等科目。暂停摊销的无形资产升级改造或扩展功能等完成交付使用时，按照在建工程成本，借记"无形资产"科目，贷记"在建工程"科目。

【例10-195】承例10-191和例10-194，理工大学对自行研发的专利材料进行升级改造，发生支出114 520元，以零余额账户用款额度支付，升级改造完成并交付使用。

借：在建工程　　　　　　　　　　　　　　　　　　　　114 520
　　贷：零余额账户用款额度　　　　　　　　　　　　　　 114 520
借：无形资产　　　　　　　　　　　　　　　　　　　　129 395
　　贷：在建工程　　　　　　　　　　　　　　　　　　　 129 395

▶ 2. 不符合无形资产确认条件的后续支出

为保证无形资产正常使用发生的日常维护等支出，借记"业务活动费用""单位管理费用"等科目，贷记"财政拨款收入""零余额账户用款额度""银行存款"等科目。

【例10-196】理工大学对教学软件进行日常维护，向软件公司支付费用800元，以库存现金支付。

借：业务活动费用　　　　　　　　　　　　　　　　　　 800
　　贷：库存现金　　　　　　　　　　　　　　　　　　　 800

（三）处置无形资产的核算

按照规定报经批准处置无形资产，应当区分不同情况分别处理。

（1）报经批准出售、转让无形资产，按照被出售、转让无形资产的账面价值，借记"资产处置费用"科目，按照无形资产已计提的摊销，借记"无形资产累计摊销"科目，按照无形资产账面余额，贷记"无形资产"科目；同时，按照收到的价款，借记"银行存款"等科目，按照处置过程中发生的相关费用，贷记"银行存款"等科目，按照其差额，贷记"应缴财政款"科目（按照规定应上缴无形资产转让净收入的）或"其他收入"科目（按照规定将无形资产转让收入纳入本单位预算管理的）。

【例10-197】报经批准，理工大学出售1项专利技术，无形资产账面余额为529 000元，无形资产累计摊销218 430元，取得转让收入1 000 000元存入银行，缴纳相关税费9 600元，以银行存款支付，无形资产转让收入按照规定纳入本单位预算管理。

借：资产处置费用	310 570
无形资产累计摊销	218 430
贷：无形资产	529 000
借：银行存款	1 000 000
贷：银行存款	9 600
其他收入	990 400

（2）报经批准对外捐赠无形资产，按照无形资产已计提的摊销，借记"无形资产累计摊销"科目，按照被处置无形资产账面余额，贷记"无形资产"科目，按照捐赠过程中发生的归属于捐出方的相关费用，贷记"银行存款"等科目，按照其差额，借记"资产处置费用"科目。

【例 10-198】报经批准，理工大学对外捐赠 1 项专利权，无形资产账面余额为 133 500 元，无形资产累计摊销 36 773 元，过户等费用 1 500 元以银行存款支付。

借：资产处置费用	98 227
无形资产累计摊销	36 773
贷：无形资产	133 500
银行存款	1 500

（3）报经批准无偿调出无形资产，按照无形资产已计提的摊销，借记"无形资产累计摊销"科目，按照被处置无形资产账面余额，贷记"无形资产"科目，按照其差额，借记"无偿调拨净资产"科目；同时，按照无偿调出过程中发生的归属于调出方的相关费用，借记"资产处置费用"科目，贷记"银行存款"等科目。

【例 10-199】报经批准，理工大学无偿调出 1 块土地的使用权，无形资产账面余额为 122 569 800 元，土地一直没有投入使用因而也未计提无形资产累计摊销，调出时发生律师咨询费 2 000 元，以银行存款支付。

借：无偿调拨净资产	122 569 800
贷：无形资产	122 569 800
借：资产处置费用	2 000
贷：银行存款	2 000

（4）批准置换换出无形资产，参照"库存物品"科目中置换换入库存物品的规定进行账务处理。

【例 10-200】报经批准，理工大学用 1 项专利权置换实验用材料，材料的实际成本为 90 000 元，换出专利权的无形资产账面余额为 114 100 元，无形资产累计摊销 47 260 元，置换过程中发生相关支出 1 700 元，以银行存款支付，向对方支付差价 6 000 元，以银行存款支付，材料已验收入库。

借：库存物品	900 000
无形资产累计摊销	47 260
贷：无形资产	114 100
银行存款	7 700
其他收入	15 460

（5）无形资产预期不能为单位带来服务潜力或经济利益，按照规定报经批准核销时，

按照待核销无形资产的账面价值，借记"资产处置费用"科目，按照已计提摊销，借记"无形资产累计摊销"科目，按照无形资产的账面余额，贷记"无形资产"科目。

无形资产处置时涉及增值税业务的，相关账务处理参见"应交增值税"科目。

【例 10-201】报经批准，理工大学将 1 项不能为单位带来经济利益的专利权予以核销，专利权的无形资产的账面余额为 63 610 元，无形资产累计摊销 13 226 元。

借：资产处置费用   50 384

    无形资产累计摊销   13 226

  贷：无形资产   63 610

（四）清查盘点无形资产的核算

单位应当定期对无形资产进行清查盘点，每年至少盘点一次。单位资产清查盘点过程中发现的无形资产盘盈、盘亏等，参照"固定资产"科目相关规定进行账务处理。

二、无形资产累计摊销的核算

为核算单位对使用年限有限的无形资产计提的累计摊销，设置"无形资产累计摊销"（1702）科目。本科目期末贷方余额反映单位计提的无形资产摊销累计数。本科目应当按照所对应无形资产的明细分类进行明细核算。

无形资产累计摊销的主要账务处理如下。

（一）对无形资产进行摊销时的核算

按月对无形资产进行摊销时，按照应摊销金额，借记"业务活动费用""单位管理费用""加工物品""在建工程"等科目，贷记"无形资产累计摊销"科目。

【例 10-202】月末，理工大学对无形资产进行摊销，专利权摊销额为 368 元，商标权摊销额为 289 元，土地使用权摊销额为 38 922 元，共计 39 579 元，记入"单位管理费用"科目。

借：单位管理费用   39 579

  贷：无形资产累计摊销——专利权   368

                ——商标权   289

                ——土地使用权   38 922

（二）处置无形资产时的核算

经批准处置无形资产时，按照所处置无形资产的账面价值，借记"资产处置费用""无偿调拨净资产""待处理财产损溢"等科目，按照已计提摊销，借记"无形资产累计摊销"科目，按照无形资产的账面余额，贷记"无形资产"科目。

【例 10-203】报经批准，理工大学核销 1 项商标权，无形资产累计摊销 67 950 元，无形资产账面余额为 88 700 元。

借：资产处置费用   20 750

    无形资产累计摊销   67 950

  贷：无形资产   88 700

三、研发支出的核算

为核算单位自行研发项目研究阶段和开发阶段发生的各项支出，设置"研发支出"（1703）科目。本科目期末借方余额反映单位预计能达到预定用途的研发项目在开发阶段发生的累计支出数。建设项目中的软件研发支出，应当通过"在建工程"科目核算，不通过本科目核算。本科目应当分为"研究支出""开发支出"进行明细核算。

研发支出的主要账务处理如下。

（一）研究阶段支出的核算

（1）自行开发项目研究阶段的支出，应当先在"研发支出"科目归集。按照从事研究及其辅助活动人员计提的薪酬，研究活动领用的库存物品，发生的与研究活动相关的管理费、间接费和其他各项费用，借记"研发支出——研究支出"科目，贷记"应付职工薪酬""库存物品""财政拨款收入""零余额账户用款额度""固定资产累计折旧""银行存款"等科目。

【例 10-204】理工大学自行研究开发燃料油能源转换专利技术，在研究阶段发生支出6 785 436元，其中研究及其辅助活动人员计提的薪酬为 3 568 900 元，领用的库存物品为2 337 965元，计提固定资产累计折旧66 233 元，其他费用812 338 元，以零余额账户用款额度支付。

借：研发支出——研究支出　　　　　　　　　　　　　　　6 785 463
　贷：应付职工薪酬　　　　　　　　　　　　　　　　　3 568 900
　　库存物品　　　　　　　　　　　　　　　　　　　2 337 965
　　固定资产累计折旧　　　　　　　　　　　　　　　　66 233
　　零余额账户用款额度　　　　　　　　　　　　　　　812 338

（2）期（月）末，应当将"研究支出"科目归集的研究阶段的支出金额转入当期费用，借记"业务活动费用"等科目，贷记"研发支出——研究支出"科目。

【例 10-205】承例 10-204，理工大学将归集的研究阶段的支出 6 785 436 元转入当期费用。

借：业务活动费用　　　　　　　　　　　　　　　　　　　6 785 436
　贷：研发支出——研究支出　　　　　　　　　　　　　　6 785 436

（二）开发阶段支出的核算

（1）自行研发项目开发阶段的支出，先通过"研发支出"科目进行归集。按照从事开发及其辅助活动人员计提的薪酬，开发活动领用的库存物品，发生的与开发活动相关的管理费、间接费和其他各项费用，借记"研发支出——开发支出"科目，贷记"应付职工薪""库存物品""财政拨款收入""零余额账户用款额度""固定资产累计折旧""银行存款"等科目。

【例 10-206】理工大学自行研究开发 1 项专利权，项目开发阶段支付职工薪酬 613 450 元。

借：研发支出——开发支出　　　　　　　　　　　　　　　613 450
　贷：应付职工薪酬　　　　　　　　　　　　　　　　　613 450

（2）自行研发项目完成，达到预定用途形成无形资产的，按照"研发支出"科目归集的开发阶段的支出金额，借记"无形资产"科目，贷记"研发支出——开发支出"科目。

【例 10-207】承例 10-206，理工大学自行研发的专利权项目完成，达到预定用途形成无形资产，开发支出金额共计 213 468 元。

借：无形资产　　　　　　　　　　　　　　　　　　　　　213 468
　贷：研发支出——开发支出　　　　　　　　　　　　　　213 468

（3）单位应于每年年度终了评估研发项目是否能达到预定用途，如预计不能达到预定用途（如无法最终完成开发项目并形成无形资产的），应当将已发生的开发支出金额全部转入当期费用，借记"业务活动费用"等科目，贷记"研发支出——开发支出"科目。

【例10-208】年末，理工大学对各项研究开发项目进行评估，确定有1项技术无法达到预定用途，无法形成无形资产，开发支出金额334 690元全部转入当期费用。

借：业务活动费用　　　　　　　　　　　　　　　　　　　　　　　334 690

　　贷：研发支出——开发支出　　　　　　　　　　　　　　　　　　334 690

（4）自行研发项目时涉及增值税业务的，相关账务处理参见"应交增值税"科目。

第八节　经管资产的核算

政府经管资产是指由部门、单位和机构负责经营管理的公共物品，包括公共基础设施、政府储备物资、文物文化资产和保障性住房等。

一、公共基础设施的核算

为核算单位控制的公共基础设施的原值，设置"公共基础设施"（1801）科目。本科目期末借方余额反映公共基础设施的原值。本科目应当按照公共基础设施的类别、项目等进行明细核算。单位应当根据行业主管部门对公共基础设施的分类规定，制定适用于本单位的公共基础设施目录、分类方法，作为进行公共基础设施核算的依据。

公共基础设施的主要账务处理如下。

（一）取得公共基础设施的核算

公共基础设施在取得时，应当按照其成本入账。

（1）自行建造的公共基础设施完工交付使用时，按照在建工程的成本，借记"公共基础设施"科目，贷记"在建工程"科目。已交付使用但尚未办理竣工决算手续的公共基础设施，按照估计价值入账，待办理竣工决算后再按照实际成本调整原来的暂估价值。

【例10-209】市交通局自行建造一座立交桥，工程成本为165 439 000元，完工并交付使用。

借：公共基础设施　　　　　　　　　　　　　　　　　　　　　165 439 000

　　贷：在建工程　　　　　　　　　　　　　　　　　　　　　165 439 000

（2）接受其他单位无偿调入的公共基础设施，按照确定的成本，借记"公共基础设施"科目，按照发生的归属于调入方的相关费用，贷记"财政拨款收入""零余额账户用款额度""银行存款"等科目，按照其差额，贷记"无偿调拨净资产"科目。无偿调入的公共基础设施成本无法可靠取得的，按照发生的相关税费、运输费等金额，借记"其他费用"科目，贷记"财政拨款收入""零余额账户用款额度""银行存款"等科目。

【例10-210】市交通局接管一段从交通厅划下来的新建高速公路，公路建设成本为28 944 820 000元，发生相关费用11 600元，以零余额账户用款额度支付。

借：公共基础设施　　　　　　　　　　　　　　　　　　　　28 944 820 000

　　贷：余额账户用款额度　　　　　　　　　　　　　　　　　　　11 600

　　　　无偿调拨净资产　　　　　　　　　　　　　　　　　28 944 808 400

（3）接受捐赠的公共基础设施，按照确定的成本，借记"公共基础设施"科目，按照发生的相关费用，贷记"财政拨款收入""零余额账户用款额度""银行存款"等科目，按照其差额，贷记"捐赠收入"科目。接受捐赠的公共基础设施成本无法可靠取得的，按照发生的税费等金额，借记"其他费用"科目，贷记"财政拨款收入""零余额账户用款额度""银行存款"等科目。

【例 10-211】市交通局接受民营企业 L 公司捐赠的码头，相关资料显示码头的建设成本为 9 758 226 000 元，发生相关费用 150 000 元，以财政直接支付方式支付。

借：公共基础设施	9 758 226 000
贷：财政拨款收入	150 000
捐赠收入	9 758 076 000

（4）外购的公共基础设施，按照确定的成本，借记"公共基础设施"科目，贷记"财政拨款收入""零余额账户用款额度""银行存款"等科目。

【例 10-212】市体育局购入民营企业 M 公司所建的一个体育场，用于市民的全民健身活动。体育场的建设成本为 557 420 000 元，以财政直接支付方式支付。

| 借：公共基础设施 | 557 420 000 |
| 贷：财政拨款收入 | 557 420 000 |

（5）对于成本无法可靠取得的公共基础设施，单位应当设置备查簿进行登记，待成本能够可靠确定后按照规定及时入账。

（二）与公共基础设施有关的后续支出的核算

（1）将公共基础设施转入改建、扩建时，按照公共基础设施的账面价值，借记"在建工程"科目，按照公共基础设施已计提折旧，借记"公共基础设施累计折旧（摊销）"科目，按照公共基础设施的账面余额，贷记"公共基础设施"科目。

【例 10-213】承例 10-211，市交通局对民营企业 L 公司捐赠的码头进行扩建，公共基础设施的账面余额 9 758 226 000 元，已计提折旧 55 630 元，转入"在建工程"科目。

借：在建工程	9 758 170 370
公共基础设施累计折旧	55 630
贷：公共基础设施	9 758 226 000

（2）为增加公共基础设施使用效能或延长其使用年限而发生的改建、扩建等后续支出，借记"在建工程"科目，贷记"财政拨款收入""零余额账户用款额度""银行存款"等科目。公共基础设施改建、扩建完成，竣工验收交付使用时，按照在建工程成本，借记"公共基础设施"科目，贷记"在建工程"科目。

【例 10-214】承例 10-211 和例 10-213，市交通局扩建码头，发生建设费用 3 654 973 000 元，以财政直接支付方式付款，项目完工并交付使用。

| 借：在建工程 | 3 654 973 000 |
| 贷：财政拨款收入 | 3 654 973 000 |

9 758 170 370 + 3 654 973 000 = 13 413 143 370（元）

| 借：公共基础设施 | 13 413 143 370 |
| 贷：在建工程 | 13 413 143 370 |

（3）为保证公共基础设施正常使用发生的日常维修等支出，借记"业务活动费用""单位管理费用"等科目，贷记"财政拨款收入""零余额账户用款额度""银行存款"等科目。

【例10-215】市交通局对码头进行日常维护，发生维护费用 31 000 元，以零余额账户用款额度支付。

借：业务活动费用　　　　　　　　　　　　　　　　　　　　　　31 000
　　贷：零余额账户用款额度　　　　　　　　　　　　　　　　　　　　　31 000

(三)处置公共基础设施的核算

按照规定报经批准处置公共基础设施，区分不同情况分别处理。

(1) 报经批准对外捐赠公共基础设施，按照公共基础设施已计提的折旧或摊销，借记"公共基础设施累计折旧(摊销)"科目，按照被处置公共基础设施账面余额，贷记"公共基础设施"科目，按照捐赠过程中发生的归属于捐出方的相关费用，贷记"银行存款"等科目，按照其差额，借记"资产处置费用"科目。

【例10-216】市体育局处置一个网球场，该设施账面余额为 88 460 元，已计提折旧 63 771元，发生处置费用 3 000 元，以银行存款支付。

借：资产处置费用　　　　　　　　　　　　　　　　　　　　　　27 689
　　公共基础设施累计折旧　　　　　　　　　　　　　　　　　　　63 771
　　贷：公共基础设施　　　　　　　　　　　　　　　　　　　　　　　88 460
　　　　银行存款　　　　　　　　　　　　　　　　　　　　　　　　　3 000

(2) 报经批准无偿调出公共基础设施，按照公共基础设施已计提的折旧或摊销，借记"公共基础设施累计折旧(摊销)"科目，按照被处置公共基础设施账面余额，贷记"公共基础设施"科目，按照其差额，借记"无偿调拨净资产"科目；同时，按照无偿调出过程中发生的归属于调出方的相关费用，借记"资产处置费用"科目，贷记"银行存款"等科目。

【例10-217】报经批准，市交通局无偿调出一座桥梁，桥梁的账面余额为 6 694 300 元，已计提折旧 2 645 200 元，发生相关费用 1 500 元，以银行存款支付。

借：无偿调拨净资产　　　　　　　　　　　　　　　　　　　　4 049 100
　　公共基础设施累计折旧　　　　　　　　　　　　　　　　　2 654 200
　　贷：公共基础设施　　　　　　　　　　　　　　　　　　　　　6 694 300
借：资产处置费用　　　　　　　　　　　　　　　　　　　　　　1 500
　　贷：银行存款　　　　　　　　　　　　　　　　　　　　　　　　　1 500

(四)公共基础设施清查盘点的核算

单位应当定期对公共基础设施进行清查盘点。对于发生的公共基础设施盘盈、盘亏、毁损或报废，应当先记入"待处理财产损溢"科目，按照规定报经批准后及时进行后续账务处理。

(1) 盘盈的公共基础设施，其成本按照有关凭证注明的金额确定；没有相关凭证但按照规定经过资产评估的，其成本按照评估价值确定；没有相关凭证，也未经过评估的，其成本按照重置成本确定。盘盈的公共基础设施成本无法可靠取得的，单位应当设置备查簿进行登记，待成本确定后按照规定及时入账。盘盈的公共基础设施，按照确定的入账成本，借记"公共基础设施"科目，贷记"待处理财产损溢"科目。

【例10-218】市体育局对公共基础设施进行清查盘点，盘盈一块小型篮球场地，经资产评估确定其成本为 38 000 元。

借：公共基础设施 38 000

　　贷：待处理财产损溢 38 000

（2）盘亏、毁损或报废的公共基础设施，按照待处置公共基础设施的账面价值借记"待处理财产损溢"科目，按照已计提折旧或摊销，借记"公共基础设施累计折旧（摊销）"科目，按照公共基础设施的账面余额，贷记"公共基础设施"科目。

【例 10-219】市体育局所经管的一座足球场毁损严重，经批准予以报废。设施的账面余额为 364 500 元，已计提折旧 339 200 元。

借：待处理财产损溢 25 300

　　公共基础设施累计折旧 339 200

　　贷：公共基础设施 364 500

二、公共基础设施累计折旧（摊销）的核算

为核算单位计提的公共基础设施累计折旧和摊销，设置"公共基础设施累计折旧（摊销）"（1802）科目。本科目期末贷方余额反映单位提取的公共基础设施折旧和摊销的累计数。本科目应当按照所对应公共基础设施的明细分类进行明细核算。

公共基础设施累计折旧（摊销）的主要账务处理如下。

▶ 1. 计提公共基础设施累计折旧的核算

按月计提公共基础设施折旧时，按照应计提的折旧额，借记"业务活动费用"科目，贷记"公共基础设施累计折旧（摊销）"科目。

【例 10-220】承例 10-214，月末，市交通局计提码头的本月累计折旧，折旧额为 55 888 097 元。

借：业务活动费用 55 888 097

　　贷：公共基础设施累计折旧——码头 55 888 097

▶ 2. 摊销土地使用权时的核算

按月对确认为公共基础设施的单独计价入账的土地使用权进行摊销时，按照应计提的摊销额，借记"业务活动费用"科目，贷记"公共基础设施累计折旧（摊销）"科目。

【例 10-221】市体育局对体育场的土地使用权进行单独计价入账，月末，土地使用权摊销额为 354 910 元。

借：业务活动费用 354 910

　　贷：公共基础设施累计摊销——土地使用权 354 910

▶ 3. 处置公共基础设施时的核算

处置公共基础设施时，按照所处置公共基础设施的账面价值，借记"资产处置费用""无偿调拨净资产""待处理财产损溢"等科目，按照已提取的折旧和摊销，借记"公共基础设施累计折旧（摊销）"科目，按照公共基础设施账面余额，贷记"公共基础设施"科目。

【例 10-222】承例 10-218，市体育局对盘盈的小型篮球场进行处置，篮球场的账面余额为 38 000 元，已计提折旧 3 200 元。

借：待处理财产损溢 34 800

　　公共基础设施累计折旧 3 200

　　贷：公共基础设施 38 000

三、政府储备物资的核算

为核算单位控制的政府储备物资的成本，设置"政府储备物资"(1811)科目。本科目期末借方余额反映政府储备物资的成本。对政府储备物资不负有行政管理职责但接受委托具体负责执行其存储保管等工作的单位，其受托代储的政府储备物资应当通过"受托代理资产"科目核算，不通过本科目核算。本科目应当按照政府储备物资的种类、品种、存放地点等进行明细核算。单位根据需要，可在本科目下设置"在库""发出"等明细科目进行明细核算。

政府储备物资的主要账务处理如下。

(一)取得政府储备物资时的核算

政府储备物资在取得时，应当按照其成本入账。

(1)购入的政府储备物资验收入库，按照确定的成本，借记"政府储备物资"科目，贷记"财政拨款收入""零余额账户用款额度""银行存款"等科目。

【例10-223】省卫生防疫中心为应付突发性公共卫生事件购入一批医疗物资，物资价款155 429 600元，增值税24 868 736元，运输装卸费38 400元，包险费2 000元，检测费17 000元，共计180 355 736元，以财政直接支付方式付款，物资已验收入库。

借：政府储备物资 180 355 736

贷：财政拨款收入 180 355 736

(2)涉及委托加工政府储备物资业务的，相关账务处理参照"加工物品"科目。

(3)接受捐赠的政府储备物资验收入库，按照确定的成本，借记"政府储备物资"科目，按照单位承担的相关税费、运输费等，贷记"零余额账户用款额度""银行存款"等科目，按照其差额，贷记"捐赠收入"科目。

【例10-224】省卫生防疫中心接受某民营企业家捐赠的应急卫生物资，相关数据显示，该批物资的成本为3 000 000元，相关税费和运输费用共计24 000元，以零余额账户用款额度支付，物资已验收入库。

借：政府储备物资 3 000 000

贷：零余额账户用款额度 24 000

捐赠收入 2 976 000

(4)接受无偿调入的政府储备物资验收入库，按照确定的成本，借记"政府储备物资"科目，按照单位承担的相关税费、运输费等，贷记"零余额账户用款额度""银行存款"科目，贷记"无偿调拨净资产"科目。

【例10-225】省卫生防疫中心接受一批无偿调入物资，物资成本为34 527 300元，相关税费和运输费等共计11 500元，以零余额账户用款额度支付。

借：政府储备物资 34 527 300

贷：零余额账户用款额度 11 500

无偿调拨净资产 24 515 800

(二)发出政府储备物资时的核算

(1)因动用而发出无需收回的政府储备物资的，按照发出物资的账面余额，借记"业务活动费用"科目，贷记"政府储备物资"科目。

【例10-226】省卫生防疫中心发出一批医疗物资用于H1N1流感防治，物资成本为400 000元。

借：业务活动费用   400 000

  贷：政府储备物资   400 000

（2）因动用而发出需要收回或者可能收回的政府储备物资的，在发出物资时，按照发出物资的账面余额，借记"政府储备物资——发出"科目，贷记"政府储备物资——在库"科目；按照规定的质量验收标准收回物资时，按照收回物资原账面余额，借记"政府储备物资——在库"科目，按照未收回物资的原账面余额，借记"业务活动费用"科目，按照发出物资的账面余额，贷记"政府储备物资——发出"科目。

【例10-227】省卫生防疫中心发出一批医疗设备用于 HIN1 流感诊断，按规定用后收回。发出设备 100 合，每台 9 965 元，共计 996 500 元。按照规定的质量验收标准收回 96 台，账面余额合计 956 640 元；未收回的 4 台设备的账面余额合计 39 860 元。

发出时，编制会计分录如下：

借：政府储备物资——发出   996 500

  贷：政府储备物资——在库   996 500

收回时，编制会计分录如下：

借：政府储备物资——在库   956 640

  业务活动费用   39 860

  贷：政府储备物资——发出   996 500

（3）因行政管理主体变动等原因而将政府储备物资调拨给其他主体的，按照无偿调出政府储备物资的账面余额，借记"无偿调拨净资产"科目，贷记"政府储备物资"科目。

【例10-228】因行政机构改革发生管理主体变动，省卫生防疫中心将部分储备调拨给民政厅，该批物资的账面余额为 7 500 000 元。

借：无偿调拨净资产   7 500 000

  贷：政府储备物资   7 500 000

（4）对外销售政府储备物资并将销售收入纳入单位预算统一管理的发出物资，按照发出物资的账面余额，借记"业务活动费用"科目，贷记"政府诸备物资"科目；实现销售收入时，按照确认的收入金额，借记"银行存款""应收账款"等科目，贷记"事业收入"等科目。

【例10-229】省卫生防疫中心对外销售一批政府储备物资并纳入单位预算统一管理。发出物资的账面余额为 1 360 000 元，取得销售收入 150 000 元，款项已存入银行。

发出时，编制会计分录如下：

借：业务活动费用   1 360 000

  贷：政府储备物资   1 360 000

实现收入时，编制会计分录如下：

借：银行存款   1 500 000

  贷：事业收入   1 500 000

（5）对外销售政府储备物资并按照规定将销售净收入上缴财政的，发出物资时，按照发出物资的账面余额，借记"资产处置费用"科目，贷记"政府储备物资"科目；取得销售价款时，按照实际收到的款项金额，借记"银行存款"等科目，按照发生的相关税费，贷记"银行存款"等科目，按照销售价款与所承担的相关税费的差额，贷记"应缴财政款"科目。

【例10-230】省卫生防疫中心对外销售一批政府储备物资并按照规定将销售净收入上缴财政，发出物资的账面余额为 2 520 000 元，取得销售价款 2 600 000 元存入银行，以银行存款支付相关费用 3 000 元。

发出时，编制会计分录如下：

借：资产处置费用   2 520 000

 贷：政府储备物资   2 520 000

实现收入时，编制会计分录如下：

借：银行存款   2 600 000

 贷：银行存款   3 000

   应缴财政款   2 597 000

（三）清查盘点政府储备物资的核算

单位应当定期对政府储备物资进行清查盘点，每年至少盘点一次，对于发生的政府储备物资盘盈、盘亏、报废或者毁损，应当先记入"待处理财产损溢"科目，按照规定报经批准后及时进行后续账务处理。

（1）盘盈的政府储备物资，按照确定的入账成本，借记"政府储备物资"科目，贷记"待处理财产损溢"科目。

【例 10-231】省卫生防疫中心盘盈 5 箱政府储备医疗材料，每箱估价 21 200 元，共计 106 000 元。

借：政府储备物资   106 000

 贷：待处理财产损溢   106 000

（2）盘盈或者毁损，报废的政府储备物资，按照待处理政府储备物资的账面余额，借记"待处理财产损溢"科目，贷记"政府储备物资"科目。

【例 10-232】承例 10-227，省卫生防疫中心盘亏 1 台用于 HIN1 诊断的医疗设备，设备的账面余额 9 965 元。

借：待处理财产损溢   9 965

 贷：政府储备物资   9 965

四、文物文化资产的核算

为核算单位为满足社会公共需求而控制的文物文化资产的成本，设置"文物文化资产"（1821）科目。本科目期末借方余额反映文物文化资产的成本。单位为满足自身开展业务活动或其他活动需要而控制的文物和陈列品，应当通过"固定资产"科目核算，不通过本科目核算。本科目应当按照文物文化资产的类别、项目等进行明细核算。

文物文化资产的主要账务处理如下。

（一）取得文物文化资产时的核算

文物文化资产在取得时，应当按照其成本入账。

（1）外购的文物文化资产，其成本包括购买价款、相关税费以及可归属于该项资产达到预定用途前所发生的其他支出（如运输费、安装费、装卸费等）。外购的文物文化资产，按照确定的成本，借记"文物文化资产"科目，贷记"财政拨款收入""零余额账户用款额度""银行存款"等科目。

【例 10-233】市自然博物馆购入一块古化石，购买价款为 21 000 元，相关税费为 500 元，以零余额账户用款额度支付。

借：文物文化资产   21 500

贷：零余额账户用款额度	21 500

（2）接受其他单位无偿调入的文物文化资产，其成本按照该项资产在调出方的账面价值加上归属于调入方的相关费用确定。调入的文物文化资产，按照确定的成本，借记"文物文化资产"科目，按照发生的归属于调入方的相关费用，贷记"零余额账户用款额度""银行存款"等科目，按照其差额，贷记"无偿调拨净资产"科目，无偿调入的文物文化资产成本无法可靠取得的，按照发生的归属于调入方的相关费用，借记"其他费用"科目，贷记"零余额账户用款额度""银行存款"等科目。

【例 10-234】市自然博物馆接受省博物馆无偿调入的一个古生物标本，该标本的调出方账面价值为 4 100 元，发生运输费用 2 000 元，以银行存款支付。

借：文物文化资产	4 100
贷：银行存款	2 000
无偿调拨净资产	2 100

（3）接受捐赠的文物文化资产，其成本按照有关凭证注明的金额加上相关费用确定；没有相关凭证可供取得，但按照规定经过资产评估的，其成本按照评估价值加上相关费用确定；没有相关凭证可供取得也未经评估的，其成本比照同类或类似资产的市场价格加上相关费用确定。接受捐赠的文物文化资产，按照确定的成本，借记"文物文化资产"科目，按照发生的相关税费、运输费等金额，贷记"零余额账户用款额度""银行存款"等科目，按照其差额，贷记"捐赠收入"科目。接受捐赠的文物文化资产成本无法可靠取得的，按照发生的相关税费、运输费等金额，借记"其他费用"科目，贷记"零余额账户用款额度""银行存款"等科目。

【例 10-235】市自然博物馆接受某民营企业家捐赠的出土明代陶罐，经资产评估该陶罐价值 50 000 元，资产评估费 1 000 元以零余额账户用款额度支付。

借：文物文化资产	50 000
贷：零余额账户用款额度	1 000
捐赠收入	49 000

（4）对于成本无法可靠取得的文物文化资产，单位应当设置备查簿进行登记，待成本能够可靠确定后按照规定及时入账。与文物文化资产有关的后续支出，参照"公共基础设施"科目的相关规定进行处理。

（二）处置文物文化资产时的核算

按照规定报经批准处置文物文化资产，应当区分不同情况分别处理。

（1）报经批准对外捐赠文物文化资产，按照被处置文物文化资产账面余额和捐赠过程中发生的归属于捐出方的相关费用合计数，借记"资产处置费用"科目，按照被处置文物文化资产账面余额，贷记"文物文化资产"科目，按照捐赠过程中发生的归属于捐出方的相关费用，贷记"银行存款"等科目。

【例 10-236】经批准，市自然博物馆向新成立的 A 县博物馆捐赠一个古生物标本，标本的账面余额为 13 000 元，由本单位承担的运输费 500 元以库存现金支付。

借：资产处置费用	13 500
贷：文物文化资产	13 000
库存现金	500

（2）报经批准无偿调出文物文化资产，按照被处置文物文化资产账面余额，借记"无偿调拨净资产"科目，贷记"文物文化资产"科目；同时，按照无偿调出过程中发生的归属

于调出方的相关费用，借记"资产处置费用"科目，贷记"银行存款"等科目。

【例10-237】经批准，市自然博物馆向L市博物馆无偿调出一块陨石，账面余额为65 400元，发生相关费用100元，以库存现金支付。

借：无偿调拨净资产　　　　　　　　　　　　　　　　　　　　65 400

　　贷：文物文化资产　　　　　　　　　　　　　　　　　　　　　65 400

借：资产处置费用　　　　　　　　　　　　　　　　　　　　　　100

　　贷：库存现金　　　　　　　　　　　　　　　　　　　　　　　　100

（三）文物文化资产盘点的核算

单位应当定期对文物文化资产进行清查盘点，每年至少盘点一次。对于发生的文物文化资产盘盈、盘亏、毁损或报废等，参照"公共基础设施"科目相关规定进行账务处理。

五、保障性住房的核算

为核算单位为满足社会公共需求而控制的保障性住房的原值，设置"保障性住房"（1831）科目。本科目期末借方余额反映保障性住房的原值，本科目应当按照保障性住房的类别、项目等进行明细核算。

保障性住房的主要账务处理如下。

（一）取得保障性住房时的核算

保障性住房在取得时，应当按其成本入账。

（1）外购的保障性住房，其成本包括购买价款、相关税费以及可归属于该项资产达到预定用途前所发生的其他支出。外购的保障性住房，按照确定的成本，借记"保障性住房"科目，贷记"财政拨款收入""零余额账户用款额度""银行存款"等科目。

【例10-238】市住房保障中心购入10套商品房用于出租给低收入家庭，房屋价款为11 225 000元，相关税费为11 200元，以财政直接支付方式付款。

借：保障性住房　　　　　　　　　　　　　　　　　　　11 236 200

　　贷：财政拨款收入　　　　　　　　　　　　　　　　　　　11 236 200

（2）自行建造的保障性住房交付使用时，按照在建工程成本，借记"保障性住房"科目，贷记"在建工程"科目。已交付使用但尚未办理竣工决算手续的保障性住房，按照估计价值入账，待办理竣工决算后再按照实际成本调整原来的暂估价值。

【例10-239】市住房保障中心自行建造2栋保障性住房，在建工程成本为57 421 900元，工程完工，验收合格后交付使用。

借：保障性住房　　　　　　　　　　　　　　　　　　　57 421 900

　　贷：在建工程　　　　　　　　　　　　　　　　　　　　57 421 900

（3）接受其他单位无偿调入的保障性住房，其成本按照该项资产在调出方的账面价值加上归属于调入方的相关费用确定。无偿调入的保障性住房，按照确定的成本，借记"保障性住房"科目，按照发生的归属于调入方的相关费用，贷记"零余额账户用款额度""银行存款"等科目，按照其差额，贷记"无偿调拨净资产"科目。

【例10-240】市住房保障中心接受5套从科技局无偿调入的房屋，房屋在调出方的账面价值为614 800元，发生过户费等相关费用500元，以库存现金支付。

借：保障性住房　　　　　　　　　　　　　　　　　　　　614 800

　　贷：库存现金　　　　　　　　　　　　　　　　　　　　　　　500

　　　　无偿调拨净资产　　　　　　　　　　　　　　　　　　　　614 300

（4）接受捐赠、融资租赁取得的保障性住房，参照"固定资产"科目相关规定进行处理。

（二）与保障性住房有关的后续支出的核算

与保障性住房有关的后续支出，参照"固定资产"科目相关规定进行处理。

（三）出租保障性住房并将出租收入上缴同级财政的核算

按照规定出租保障性住房并将出租收入上缴同级财政，按照收取的租金金额，借记"银行存款"等科目，贷记"应缴财政款"科目。

【例10-241】市住房保障中心收到保障性住房住户缴来的房租收入 6 000 元存入银行。

　　借：银行存款　　　　　　　　　　　　　　　　　　　　6 000

　　　贷：应缴财政款　　　　　　　　　　　　　　　　　　　　6 000

（四）处置保障性住房的核算

（1）报经批准无偿调出保障性住房，按照保障性住房已计提的折旧，借记"保障性住房累计折旧"科目，按照被处置保障性住房账面余额，贷记"保障性住房"科目，按照其差额，借记"无偿调拨净资产"科目；同时，按照无偿调出过程中发生的归属于调出方的相关费用，借记"资产处置费用"科目，贷记"银行存款"等科目。

【例10-242】报经批准，市住房保障中心无偿调出 3 套保障性住房，住房的账面余额为 1 400 000 元，已计提折旧 361 200 元，发生相关费用 3 000 元，以银行存款支付。

　　借：无偿调拨净资产　　　　　　　　　　　　　　　　　1 038 800

　　　　保障性住房累计折旧　　　　　　　　　　　　　　　　361 200

　　　贷：保障性住房　　　　　　　　　　　　　　　　　　1 400 000

　　借：资产处置费用　　　　　　　　　　　　　　　　　　　3 000

　　　贷：银行存款　　　　　　　　　　　　　　　　　　　　3 000

（2）报经批准出售保障性住房，按照被出售保障性住房的账面价值，借记"资产处置费用"科目，按照保障性住房已计提的折旧，借记"保障性住房累计折旧"科目，按照保障性住房账面余额，贷记"保障性住房"科目；同时，按照收到的价款，借记"银行存款"等科目，按照出售过程中发生的相关费用，贷记"银行存款"等科目，按照其差额，贷记"应缴财政款"科目。

【例10-243】报经批准，市住房保障中心向符合条件的承租家庭出售保障性住房 1 套，保障性住房的账面余额为 294 300 元，已计提折旧 55 730 元，收到价款 400 000 元，并存入银行。

　　借：资产处置费用　　　　　　　　　　　　　　　　　　238 570

　　　　保障性住房累计折旧　　　　　　　　　　　　　　　　55 730

　　　贷：保障性住房　　　　　　　　　　　　　　　　　　　294 300

　　借：银行存款　　　　　　　　　　　　　　　　　　　　400 000

　　　贷：应缴财政款　　　　　　　　　　　　　　　　　　　400 000

（五）清查盘点保障性住房的核算

单位应当定期对保障性住房进行清查盘点。对于发生的保障性住房盘盈、盘亏、毁损或报废等，参照"固定资产"科目相关规定进行账务处理。

（六）保障性住房累计折旧的核算

为核算单位计提的保障性住房的累计折旧，设置"保障性住房累计折旧"（1832）科目。本科目期末贷方余额反映单位计提的保障性住房折旧累计数。本科目应当按照所对应保障性住房的类别进行明细核算。单位应当参照《政府会计准则第 3 号——固定资产》及其应用指南的相关规定，按月对其控制的保障性住房计提折旧。

保障性住房累计折旧的主要账务处理如下。

▶ 1. 计提保障性住房折旧的核算

按月计提保障性住房折旧时，按照应计提的折旧额，借记"业务活动费用"科目，贷记"保障性住房折旧"科目。

【例 10-244】月末，市住房保障中心计提本月的保障性住房的折旧额 125 120 元。

借：业务活动费用　　　　　　　　　　　　　　　　　　　　　125 120

　　贷：保障性住房累计折旧　　　　　　　　　　　　　　　　　　125 120

▶ 2. 处置保障性住房时的核算

报经批准处置保障性住房时，按照所处置保障性住房的账面价值，借记"资产处置费用""无偿调拨净资产""待处理财产损溢"等科目，按照已计提折旧，借记"保障性住房累计折旧"科目，按照保障性住房的账面余额，贷记"保障性住房"科目。

【例 10-245】报经批准，市住房保障中心报废 1 栋保障性住宅楼，用于原地重建新的保障性住房。该栋楼的账面余额为 1 169 200 元，已计提折旧 743 150 元。

借：待处理财产损溢　　　　　　　　　　　　　　　　　　　　426 050

　　保障性住房累计折旧　　　　　　　　　　　　　　　　　　743 150

　　贷：保障性住房　　　　　　　　　　　　　　　　　　　　1 169 200

第九节　其他资产的核算

一、待摊费用的核算

为核算单位已经支付，但应当由本期和以后各期分别负担的分摊期在 1 年以内（含 1 年）的各项费用，如预付航空保险费、预付租金等，设置"待摊费用"（1401）科目。本科目期末借方余额反映单位各种已支付但尚未摊销的分摊期在 1 年以内（含 1 年）的费用。摊销期限在 1 年以上的租入固定资产改良支出和其他费用，应当通过"长期待摊费用"科目核算，不通过本科目核算。待摊费用应当在其受益期限内分期平均摊销，如预付航空保险费应在保险期的有效期内、预付租金应在租赁期内分期平均摊销，记入当期费用。本科目应当按照待摊费用种类进行明细核算。

待摊费用的主要账务处理如下。

（一）发生待摊费用时的核算

发生摊费用时，按照实际预付的金额，借记"待摊费用"科目，贷记"财政拨款收入""零余额账户用款额度""银行存款"等科目。

【例 10-246】市中心小学支付本年取暖费 54 860 元，以零余额账户用款额度支付。

借：待摊费用　　　　　　　　　　　　　　　　　　　　　　　54 860

　　贷：零余额账户用款额度　　　　　　　　　　　　　　　　　54 860

（二）摊销待摊费用的核算

按照受益期限分期平均摊销时，按照摊销金额，借记"业务活动费用""单位管理费用"

"经营费用"等科目，贷记"待摊费用"科目。

【例 10-247】承例 10-246，市中心小学所支付的本年取暖费 54 860 元分 5 个月摊销，每月摊销额为 10 972 元，月末予以摊销。

借：业务活动费用　　　　　　　　　　　　　　　　　　　　　10 972
　　贷：待摊费用　　　　　　　　　　　　　　　　　　　　　　10 972

（三）冲转待摊费用的核算

如果某项待摊费用已经不能使单位受益，应当将其摊余金额一次性全部转入当期费用。按照摊销金额，借记"业务活动费用""单位管理费用""经营费用"等科目，贷记"待摊费用"科目。

【例 10-248】承例 10-246 和例 10-247，为改善空气质量，市里统一实行了"煤改气"工程，"煤改气"之后，市中心小学取暖与原来缴纳的取暖费无关，尚有 21 944 元摊余金额一次性全部转入当期费用。

借：业务活动费用　　　　　　　　　　　　　　　　　　　　　21 944
　　贷：待摊费用　　　　　　　　　　　　　　　　　　　　　　21 944

二、受托代理资产的核算

为核算单位接受委托方委托管理的各项资产，包括受托指定转赠的物资、受托存储保管的物资等的成本，设置"受托代理资产"(1891)科目。本科目期末借方余额反映单位受托代理实物资产的成本。单位管理的罚没物资也应当通过本科目核算。单位收到的受托代理资产为现金和银行存款的，不通过本科目核算，应当通过"库存现金""银行存款"科目进行核算。本科目应当按照资产的种类和委托人进行明细核算；属于转赠资产的，还应当按照受赠人进行明细核算。

受托代理资产的主要账务处理如下。

（一）受托转赠物资的核算

(1) 接受委托人委托需要转赠给受赠人的物资，其成本按照有关凭证注明的金额确定。接受委托转赠的物资验收入库，按照确定的成本，借记"受托代理资产"科目，贷记"受托代理负债"科目。受托协议约定由受托方承担相关税费、运输费等的，还应当按照实际支付的相关税费、运输费等金额，借记"其他费用"科目，贷记"银行存款"等科目。

【例 10-249】区民政局接受民营企业家委托向低收入家庭转赠资助物资一批，有关凭证注明该批物资的价款为 300 000 元，发生运输费 2 200 元，以银行存款支付。

借：受托代理资产　　　　　　　　　　　　　　　　　　　　　300 000
　　贷：受托代理负债　　　　　　　　　　　　　　　　　　　　300 000
借：其他费用　　　　　　　　　　　　　　　　　　　　　　　2 200
　　贷：银行存款　　　　　　　　　　　　　　　　　　　　　　2 200

(2) 将受托转赠物资交付受赠人时，按照转赠物资的成本，借记"受托代理负债"科目，贷记"受托代理资产"科目。

【例 10-250】区民政局将价值 126 000 元的受托转赠物资交付给第一批家庭。

借：受托代理负债　　　　　　　　　　　　　　　　　　　　　126 000
　　贷：受托代理资产　　　　　　　　　　　　　　　　　　　　126 000

(3) 转赠物资的委托人取消了对捐赠物资的转赠要求且不再收回捐赠物资的，应当将转赠物资转为单位的存货、固定资产等。按照转赠物资的成本，借记"受托代理负债"科目，贷记"受托代理资产"科目；同时，借记"库存物品""固定资产"等科目，贷记"其他收入"科目。

【例10-251】承例10-249和例10-250，在区民政局转赠了共计26 000元的受托物资后，委托人取消了对剩余的4 000元捐赠物资的转赠要求且不再收回。

借：受托代理负债　　　　　　　　　　　　　　　　　　　　　　40 000
　　贷：受托代理资产　　　　　　　　　　　　　　　　　　　　　40 000
借：库存物品　　　　　　　　　　　　　　　　　　　　　　　　40 000
　　贷：其他收入　　　　　　　　　　　　　　　　　　　　　　　40 000

（二）受托存储保管物资的核算

（1）接受委托人委托存储保管的物资，其成本按照有关凭证注明的金额确定。将委托储存的物资验收入库，按照确定的成本，借记"受托代理资产"科目，贷记"受托代理负债"科目。发生由受托单位承担的与受托存储保管的物资相关的运输费、保管费等费用时，按照实际发生的费用金额，借记"其他费用"等科目，贷记"银行存款"等科目。

【例10-252】区民政局接受某NGO委托存储保管的救灾物资，有关凭证注明该批物资的金额为253 000元，租赁仓库的费用1 000元以银行存款支付。

借：受托代理资产　　　　　　　　　　　　　　　　　　　　　253 000
　　贷：受托代理负债　　　　　　　　　　　　　　　　　　　　253 000
借：其他费用　　　　　　　　　　　　　　　　　　　　　　　　1 000
　　贷：银行存款　　　　　　　　　　　　　　　　　　　　　　　1 000

（2）根据委托人要求交付或发出受托存储保管的物资时，按照发出物资的成本借记"受托代理负债"科目，贷记"受托代理资产"科目。

【例10-253】承例10-252，根据委托人的要求，区民政局将受托存储保管的物资全部发放给灾民。

借：受托代理负债　　　　　　　　　　　　　　　　　　　　　253 000
　　贷：受托代理资产　　　　　　　　　　　　　　　　　　　　253 000

（三）罚没物资的核算

（1）取得罚没物资时，其成本按照有关凭证注明的金额确定。罚没物资验收入库，按照确定的成本，借记"受托代理资产"科目，贷记"受托代理负债"科目。罚没物资成本无法可靠确定的，单位应当设置备查簿进行登记。

【例10-254】区行政执法大队取缔一个非法经营窝点，取得罚没物资一批，有关凭证注明该批物资金额为71 600元。

借：受托代理资产　　　　　　　　　　　　　　　　　　　　　71 600
　　贷：受托代理负债　　　　　　　　　　　　　　　　　　　　71 600

（2）按照规定处置或移交罚没物资时，按照罚没物资的成本，借记"受托代理负债"科目，贷记"受托代理资产"科目。处置时取得款项的，按照实际取得的款项金额，借记"银行存款"等科目，贷记"应缴财政款"等科目。

【例10-255】承例10-254，区行政执法大队按照规定处置罚没物资，取得价款65 000元，存入银行。

借：受托代理负债　　　　　　　　　　　　　　　　　　　　　71 600
　　贷：受托代理资产　　　　　　　　　　　　　　　　　　　　71 600

借：银行存款   65 000
  贷：应缴财政款   65 000

三、长期待摊费用的核算

为核算单位已支出但应由本期和以后各期负担的分摊期限在 1 年以上（不含 1 年）的各项费用，如以经营方式租入的固定资产发生的改良支出等，设置"长期待摊费用"（1901）科目。本科目期末借方余额反映单位尚未摊销完毕的长期待摊费用。本科目应当按照费用项目进行明细核算。

长期待摊费用的主要账务处理如下。

（一）发生长期待摊费用时的核算

发生长期待摊费用时，按照支出金额，借记"长期待摊费用"科目，贷记"财政拨款收入""零余额账户用款额度""银行存款"等科目。

【例 10-256】市中心小学以经营租赁方式租入一台大型教学设备，一次性支付租金 21 600 元，以银行存款支付。摊销期 18 个月，每月 1 200 元。

借：长期待摊费用   21 600
  贷：银行存款   21 600

（二）摊销长期待摊费用时的核算

按照受益期间摊销长期待摊费用时，按照摊销金额，借记"业务活动费用""单位管理费用""经营费用"等科目，贷记"长期待摊费用"科目。

【例 10-257】承例 10-256，月末，市中心小学摊销本月的大型教学设备租金 1 200 元。

借：业务活动费用   1 200
  贷：长期待摊费用   1 200

（三）冲转长期待摊费用的核算

如果某项长期待摊费用已经不能使单位受益，应当将其摊余金额一次性全部转入当期费用。按照摊销金额，借记"业务活动费用""单位管理费用""经营费用"等科目，贷记"长期待摊费用"科目。

【例 10-258】承例 10-256 和例 10-257，市中心小学收到 1 台无偿调入的、功能更加强大的教学设备替代原有的经营租入设备，原租入设备租金摊余金额 4 800 元一次性全部转入当期费用。

借：业务活动费用   4 800
  贷：长期待摊费用   4 800

四、待处理财产损溢的核算

为核算单位在资产清查过程中查明的各种资产盘盈、盘亏、报废和毁损的价值，设置"待处理财产损溢"（1902）科目。本科目期末如为借方余额，反映尚未处理完毕的各种资产的净损失；期末如为贷方余额，反映尚未处理完毕的各种资产的净溢余。年末，经批准处理后，本科目一般应无余额。本科目应当按照待处理的资产项目进行明细核算。对于在资产处理过程中取得收入或发生相关费用的项目，还应当设置"待处理财产价值""处理净收入"明细科目进行明细核算。单位资产清查中查明的资产盘盈、盘亏、报废和毁损，一般应当先记入本科目，按照规定报经批准后及时进行账务处理，年末结账前一般应处理完毕。

待处理财产损溢的主要账务处理如下。

（一）账款核对时发现的库存现金短缺或溢余的核算

（1）每日账款核对中发现库存现金短缺或溢余，属于现金短缺的，按照实际短缺的金额，借记"待处理财产损溢"科目，贷记"库存现金"科目；属于现金溢余的，按照实际溢余的金额，借记"库存现金"科目，贷记"待处理财产损溢"科目。

【例10-259】市职业技术学院在每日账款核对中发现现金溢余600元，转入"待处理财产损溢"科目。

借：库存现金 600
　　贷：待处理财产损溢 600

（2）如为现金短缺，属于应由责任人赔偿或向有关人员追回的，借记"其他应收"科目，贷记"待处理财产损溢"科目；属于无法查明原因的，报经批准核销时，借记"资产处置费用"科目，贷记"待处理财产损溢"科目。

【例10-260】市金融专科学校在每日账款核对中发现现金短缺1 000元，因无法查明原因，报经批准核销。

借：待处理财产损溢 1 000
　　贷：库存现金 1 000
借：资产处置费用 1 000
　　贷：待处理财产损溢 1 000

（3）如为现金溢余，属于应支付给有关人员或单位的，借记"待处理财产损溢"科目，贷记"其他应收款"科目；属于无法查明原因的，报经批准后，借记"待处理财产损溢"科目，贷记"其他收入"科目。

【例10-261】承例10-259，报经批准后，市职业技术学院将无法查明原因的现金溢余1 000元转入"其他收入"科目。

借：待处理财产损溢 1 000
　　贷：其他收入 1 000

（二）资产清查过程中各种资产盘盈、盘亏或报废、毁损的核算

资产清查过程中发现的存货、固定资产、无形资产、公共基础设施、政府储备物资、文物文化资产、保障性住房等各种资产盘盈、盘亏、报废或毁损，应区分不同情况分别处理。

▶ 1. 盘盈的核算

（1）转入待处理资产时，按照确定的成本，借记"库存物品""固定资产""无形资产""公共基础设施""政府储备物资""文物文化资产""保障性住房"等科目，贷记"待处理财产损溢"科目。

【例10-262】市职业技术学院盘盈3箱教学材料，每箱的市场价格为1 200元，共计3 600元。

借：库存物品 3 600
　　贷：待处理财产损溢 3 600

（2）按照规定报经批准后处理时，对于盘盈的流动资产，借记"待处理财产损溢"科目，贷记"单位管理费用"科目（事业单位）或"业务活动费用"科目（行政单位）。对于盘盈的非流动资产，如属于本年度取得的，按照当年新取得相关资产进行账务处理；如属于以前年度取得的，按照前期差错处理，借记"待处理财产损溢"科目，贷记"以前年度盈余调整"科目。

【例 10-263】 承例 10-262，按照规定报经批准后，市职业技术学院处理盘盈的教学材料，冲销业务活动费用。

借：待处理财产损溢 3 600

　　贷：单位管理费用 3 600

▶ 2. 盘亏、毁损或者报废的核算

(1) 转入待处理资产时，借记"待处理财产损溢——待处理财产价值"科目〔盘亏、毁损、报废固定资产、无形资产，公共基础设施、保障性住房的，还应借记"固定资产累计折旧""无形资产累计摊销""公共基础设施累计折旧(摊销)""保障性住房累计折旧"科目〕，贷记"库存物品""固定资产""无形资产""公共基础设施""政府储备物资""文物文化资产""保障性住房""在建工程"等科目。涉及增值税业务的，相关账务处理参见"应交增值税"科目。报经批准处理时，借记"资产处置费用"科目，贷记"待处理财产损溢——待处理财产价值"科目。

【例 10-264】 市金融专科学校盘亏一台教学设备，设备的账面余额为 19 500 元，已计提折旧 11 760 元。报经批准后，予以核销。

转入待处理资产时，编制会计分录如下：

借：待处理财产损溢——待处理财产价值 7 740

　　　固定资产累计折旧 11 760

　　贷：固定资产 19 500

核销时，编制会计分录如下：

借：资产处置费用 7 740

　　贷：待处理财产损溢——待处理财产价值 7 740

(2) 处理毁损、报废实物资产过程中取得的残值或残值变价收入，保险理赔和过失人赔偿等，借记"库存现金""银行存款""库存物品""其他应收款"等科目，贷记"待处理财产损溢——处理净收入"科目；处理毁损、报废实物资产过程中发生的相关费用，借记"待处理财产损溢——处理净收入"科目，贷记"库存现金""银行存款"等科目。处理收支结清，如果处理收入大于相关费用的，按照处理收入减去相关费用后的净收入，借记"待处理财产损溢——处理净收入"科目，贷记"应缴财政款"等科目；如果处理收入小于相关费用的，按照相关费用减去处理收入后的净支出，借记"资产处置费用"科目，贷记"待处理财产损溢——处理净收入"科目。

【例 10-265】 市粮食储运中心在财产清查中发现一批大米发生变质，予以处理。大米的账面余额为 224 800 元，取得变价收入 105 000 元存入银行，发生清理费用 2 400 元，以银行存款支付。

转入待处理，编制会计分录如下：

借：待处理财产损溢——待处理财产价值 224 800

　　贷：政府储备物资 224 800

收到变价收入，编制会计分录如下：

借：银行存款 105 000

　　贷：待处理财产损溢——处理净收入 105 000

发生清理费用，编制会计分录如下：

借：待处理财产损溢——处理净收入 2 400

　　贷：银行存款 2 400

处理收支结清，编制会计分录如下：

借：待处理财产损溢——处理净收入　　　　　　　　　　　　　　102 600

　　贷：应缴财政款　　　　　　　　　　　　　　　　　　　　　　102 600

业务题

根据以下经济业务编制会计分录。

1. 2019年2月10日，某单位收到业务活动费用5 000元，同日支付业务培训费2 000元。2月15日，对外捐出银行存款3 000元。

2. 某单位已经纳入财政国库集中支付制度改革，2019年1月发生部分经济业务如下：

（1）10日，收到"财政授权支付用款额度到账通知书"，确定本月公用经费授权支付额度为20万元，与财政部门批准的分月用款计划核对一致。

（2）15日，同时召开业务相关会议，授权支付会议费金额为25 000元。

（3）20日，预算单位从零余额账户提取现金4 000元。

3. 某事业单位已经纳入财政国库集中支付制度改革，某年12月发生部分经济业务如下：

（1）年终，本年度该单位A项目财政授权支付预算指标数为400 000元，单位零余额账户代理银行收到零余额账户用款额度390 000元，本年度财政授权支付实际支出数为382 000元。事业单位存在尚未使用的财政授权支付预算额度8 000元，存在尚未收到的财政授权支付预算指标10 000元。

（2）次年年初，该事业单位收到代理银行提供的额度恢复到账通知书，恢复财政授权支付额度8 000元。同时，收到该事业单位收到财政部门批复的上年终未下达的单位零余额账户用款额度10 000元。

4. 2019年1月，某事业单位销售产品给A公司，收到A公司签发并承兑的期限为30天、面值为11 700元的无息商业承兑汇票一张。

5. 某单位向某公司订购货品一批，货款为40 000元，事业单位先用零余额账户预付货款的30%，待收到货品并验收合格后，再补付其余的70%。

6. 某单位2019年1月1日给某业务部门核定备用金数额为8 000元，并于当天发放。1月10日，该部门使用备用金购买部分办公耗材花费200元。

7. 某单位已经纳入财政国库集中支付制度改革，该事业单位2019年4月10日购入自用A材料一批，材料价款40 000元，运杂费100元，以上款项均以单位零余额账户支付，使用甲科研项目经费，材料尚未送达。4月25日，材料到达并验收入库。

8. 某单位2019年3月10日开展业务活动领用甲物品一批，价值2 000元，综合部门领用办公耗材一批，价值3 000元。

9. 某单位2019年1月10日取得某项短期投资G债券110万元，包括尚未支付的利息10万元，全部用银行存款支付。3月10日，收到前期尚未支付的利息10万元。6月30日，收到持有期间利息20万元。7月30日，以130万元将该短期投资售出。

10. 某单位 2019 年 1 月 20 日以货币资金 10 万元对外投资甲公司，其中含已经宣告但尚未发放的股利 1 万元。2 月 20 日，收到该现金股利。

11. 2019 年 1 月 10 日，某单位从证券市场上购入 A 公司于 2018 年 1 月 1 日发行的债券，该债券为 4 年期，票面年利率为 4％，到期日为 2022 年 1 月 1 日，到期日一次性归还本金及利息。购入债券的面值为 1 000 万元，实际支付银行存款 1 040 万元。

12. 某单位采购需安装的通用设备一台，价款 5 万元，运费 400 元。设备交付安装，安装工程价款 2 000 元，所有款项均采用财政授权支付方式通过零余额账户用款额度支付。

13. 某单位 2019 年 4 月 10 日购入一批为工程准备的物资 A 产品，财政授权支付 20 000 元，另外用银行存款支付运杂费 1 000 元。5 月 1 日，领用 50％的物资用于建设 B 项目。6 月 1 日，再次领用 40％的物资。8 月 1 日工程完工，剩下的物资转为本单位的库存物品管理。

14. 某单位 2019 年 1 月 8 日委托 B 公司开发一个业务信息系统，合同规定，该信息系统总计 600 000 元，合同签订 10 个工作日内预付 200 000 元开发费用。项目周期为三个月，于 4 月 8 日完成验收，并支付剩余开发费用，全部使用信息化建设项目经费。

15. 某单位建设一个室外公共健身器材，于 2019 年 6 月 1 日完工并交付使用，但尚未办理竣工决算，暂时按照"在建工程"账面价值 240 000 元入账。

16. 某单位于 2019 年 6 月 1 日购买一块公园绿地，支付价款 200 000 元，同时发生相关税费 20 000 元，用银行存款支付，每月折旧 2 000 元。进行计提折旧的会计处理。

17. 某单位 2019 年 1 月 1 日购入一批救灾物资，已经验收入库，支付货款 50 000 元，并支付相关运输费、保管费等 500 元。

18. 某单位 2019 年 1 月 10 日购入一批文化资产，价值 50 000 元，运费 530 元，均以银行存款支付。

19. 某单位 2019 年 1 月 10 日购买 100 套保障性住房，每套价值 10 万元，以财政直接支付方式支付。

20. 某单位 2019 年 1 月 1 日预付了四个月的设备租金 60 000 元用于业务活动，以财政授权支付方式支付。

21. 某单位 2019 年 1 月 1 日对租住的某办公楼进行维修改造，工程款为 96 万元，使用办公楼改造项目经费支付，以财政直接支付方式支付。该办公楼于 2020 年 12 月 31 日租期届满。

22. 某单位受其他单位委托接受一批物资，转赠给事业单位 A，根据委托单位提供的凭证，该批物资价值 100 000 元，2019 年 4 月 1 日验收入库。双方约定由事业单位 A 承担相关运杂费 2 000 元，均以银行存款付讫。

第十一章
政府会计负债的核算

学习目标

1. 掌握政府会计流动负债的核算；
2. 掌握政府会计非流动负债的核算。

第一节 政府会计负债概述

一、政府会计负债的确认条件和计量

政府会计负债是指行政事业单位过去的经济业务或者事项形成的，预期会导致经济资源流出政府会计主体的现时义务。现时义务则是指政府会计主体在现行条件下已承担的义务。未来发生的经济业务或者事项形成的义务不属于现时义务，行政事业单位的负债义务在同时满足以下条件时，方可确认为负债。

（1）履行该义务很可能导致含有服务潜力或者经济利益的经济资源流出政府会计主体；

（2）该义务的金额能够可靠地计量。

符合负债定义和负债确认条件的项目，应当列入资产负债表。

二、政府会计负债的计量

政府会计主体在对负债进行计量时，一般应当采用历史成本。采用现值公允价值计量的，应当保证所确定的负债金额能够持续、可靠计量。负债的计量属性主要包括历史成本、现值和公允价值。在历史成本计量属性下，负债按照因承担现时义务而实际收到的款项或者资产的金额，或者承担现时义务的合同金额，或者按照为偿还负债预期需要支付的现金计量。在现值计量属性下，负债按照预计期限内需要偿还的未来净现金流出量的折现

金额计量。在公允价值计量属性下，负债按照市场参与者在计量日发生的有序交易中，转移负债所需支付的价格计量。

■ 三、政府会计负债的分类与会计科目设置情况

政府会计的负债按照流动性，分为流动负债和非流动负债。流动负债是指预计在 1 年内（含 1 年）偿还的负债，包括应付及预收款项、应付职工薪酬、应缴款项等。非流动负债是指流动负债以外的负债，包括长期应付款、应付政府补贴款和政府依法担保形成的债务等。

政府会计负债类科目包括短期借款、应交增值税、其他应交税费、应缴财政款、应付职工薪酬，应付票据，应付账款、应付政府补贴款，应付利息、预收账款、其他应付款、预提费用、长期借款、长期应付款、预计负债、受托代理负债等。

第二节 政府会计流动负债的核算

■ 一、短期借款的核算

为核算事业单位经批准向银行或其他金融机构等借入的期限在 1 年内（含 1 年）的各种借款，设置"短期借款"（2001）科目。本科目期末贷方余额反映事业单位尚未偿还的短期借款本金。本科目应当按照债权人和借款种类进行明细核算。

短期借款的主要账务处理如下。

（一）借入短期借款的核算

借入各种短期借款时，按照实际借入的金额，借记"银行存款"科目，贷记"短期借款"科目。

【例 11-1】市晚报社向银行借入短期借款 2 000 000 元用于购买新闻纸，款项已存入银行。

借：银行存款　　　　　　　　　　　　　　　　　　　　　　　　　2 000 000
　贷：短期借款　　　　　　　　　　　　　　　　　　　　　　　　　　2 000 000

（二）应付票据转为短期借款的核算

银行承兑汇票到期，本单位无力支付票款的，按照应付票据的账面余额，借记"应付票据"科目，贷记"短期借款"科目。

【例 11-2】市晚报社向纸业公司开出的一张面额为 150 000 元的银行承兑汇票到期，因报社经营困难无力支付票款，改为短期借款。

借：应付票据　　　　　　　　　　　　　　　　　　　　　　　　　　150 000
　贷：短期借款　　　　　　　　　　　　　　　　　　　　　　　　　　150 000

（三）归还短期借款的核算

归还短期借款时，借记"短期借款"科目，贷记"银行存款"科目。

【例 11-3】承例 11-2，市晚报社向纸业公司归还短期借款 150 000 元，以银行款支付。

借：短期借款　　　　　　　　　　　　　　　　　　　　　　　　　　150 000
　贷：银行存款　　　　　　　　　　　　　　　　　　　　　　　　　　150 000

二、应交增值税的核算

(一)应交增值税的科目设置

为核算单位按照税法规定应缴纳的增值税,设置"应交增值税"(2101)科目。本科目期末如为贷方余额,反映单位应交未交的增值税;期末如为借方余额,反映单位尚未抵扣或多交的增值税。

▶ 1.增值税一般纳税人单位

属于增值税一般纳税人的单位,应当在"应交增值税"科目下设置"应交税金""未交税金""预交税金""待抵扣进项税额""待认证进项税额""待转销项税额""简易计税""转让金融商品应交增值税""代扣代交增值税"等明细科目。

(1)"应交税金"明细账内应当设置"进项税额""已交税金""转出未交增值税""转出多交增值税""减免税款""销项税额""进项税额转出"等专栏。其中:①"进项税额"专栏,记录单位购进货物、加工修理修配劳务、服务、无形资产或动产而支付或负担的,准予从当期销项税额中抵扣的增值税税额;②"已交税金"专栏,记录单位当月已缴纳的应交增值税税额;③"转出未交增值税"和"转出多交增值税"专栏,分别记录一般纳税人月度终了转出当月应交未交或多交的增值税税额;④"减免税款"专栏,记录单位按照现行增值税制度规定准予减免的增值税税额;⑤"销项税额"专栏,记录单位销售货物、加工修理修配劳务、服务无形资产或不动产应收取的增值税税额;⑥"进项税额转出"专栏,记录单位购进货物、加工修理修配劳务、服务、无形资产或不动产等发生非正常损失以及其他原因而不应从销项税额中抵扣,按照规定转出的进项税额。

(2)"未交税金"明细科目,核算单位月度终了从"应交税金"或"预交税金"明细科目转入当月应交未交、多交或预交的增值税税额,以及当月缴纳以前期间未交的增值税税额。

(3)"预交税金"明细科目,核算单位转让不动产、提供不动产经营租赁服务期间未交的增值税税额等,以及其他按照现行增值税制度规定应预交的增值税税额。

(4)"待抵扣进项税额"明细科目,核算单位已取得增值税扣税凭证并经税务机关认证,按照现行增值税制度规定准予以后期间从销项税额中抵扣的进项税额。

(5)"待认证进项税额"明细科目,核算单位由于未经税务机关认证而不得从进项税额中抵扣,包括:一般纳税人已取得增值税销项税中扣税凭证并按规定准予从销项税额中抵扣,但尚未经税务机关认证的进项税额;一般纳税人已申请稽核但尚未取得稽核相符结果的海关缴款书进项税额。

(6)"待转销项税额"明细科目,核算单位销售货物、无形资产或不动产、加工修理修配劳务,已确认相关收入(或利得)但尚未发生增值税纳税义务而需于以后期间确认为销项税额的增值税税额。

(7)"简易计税"明细科目,核算单位采用简易计税方法发生的增值税计提扣减、预交、缴纳等业务。

(8)"转让金融商品应交增值税"明细科目,核算单位转让金融商品发生的增值税税额。

(9)"代扣代交增值税"明细科目,核算单位购进在境内未设经营机构的境外单位或个人在境内的应税行为代扣代交的增值税。

▶ 2. 增值税小规模纳税人单位

属于增值税小规模纳税人的单位只需在"应交增值税"科目下设置"转让金融商品应交增值税""代扣代交增值税"明细科目。

（二）应交增值税的主要账务处理

▶ 1. 单位取得资产或接受劳务等业务

（1）采购等业务进项税额允许抵扣。单位购买用于增值税应税项目的资产或服务等时，按照应记入相关成本费用或资产的金额，借记"业务活动费用""在途物品""库存物品""工程物资""在建工程""固定资产""无形资产"等科目，按照当月已认证的可抵扣增值税税额，借记"应交增值税——应交税金——进项税额"科目，按照当月未认证的可抵扣增值税税额，借记"应交增值税——待认证进项税额"科目，按照应付或实际支付的金额，贷记"应付账款""应付票据""银行存款""零余额账户用款额度"等科目。发生退货的，如原增值税专用发票已做认证，应根据税务机关开具的红字增值税专用发票做相反的会计分录；如原增值税专用发票未做认证，应将发票退回并做相反的会计分录。小规模纳税人购买资产或服务等时不能抵扣增值税，发生的增值税记入资产成本或相关成本费用。

【例 11-4】省物理研究所为增值税一般纳税人单位，购入一批材料用于加工产品销售（该产品为增值税应税项目），材料价款 256 000 元，当月已认证的可抵扣增值税税额 40 960 元，共计 296 960 元，以银行存款支付，材料已验收入库。

借：库存物品　　　　　　　　　　　　　　　　　　　256 000
　　应交增值税——应交税金——进项税额　　　　　　 40 960
　贷：银行存款　　　　　　　　　　　　　　　　　　　　　296 960

（2）采购等业务进项税额不得抵扣。单位购进资产或服务等，用于简易计税方法计税项目、免征增值税项目、集体福利或个人消费等，其进项税额按照现行增值税制度规定不得从销项税额中抵扣的，取得增值税专用发票时，应按照增值税发票注明的金额，借记相关成本费用或资产科目，按照待认证的增值税进项税额，借记"应交增值税——待认证进项税额"科目，按照实际支付或应付的金额，贷记"银行存款""应付账款""零余额账户用款额度"等科目。经税务机关认证为不可抵扣进项税时，借记"应交增值税——应交税金——进项税额"科目，贷记"应交增值税——待认证进项税额"科目，同时，将进项税额转出，借记相关成本费用科目，贷记"应交增值税——应交税金——进项税额转出"科目。

【例 11-5】省物理研究所购入一台设备用于职工福利，设备价款 22 400 元，增值税 3 584 元，运输费 500 元，共计 26 484 元，以零余额账户用款额度支付。

借：固定资产　　　　　　　　　　　　　　　　　　　 22 900
　　应交增值税——待认证进项税额　　　　　　　　　　 3 584
　贷：零余额账户用款额度　　　　　　　　　　　　　　　　　26 484

【例 11-6】承例 11-5，经税务机关认证，省物理研究所购入的职工福利用设备所承担的增值税为不可抵扣进项税，进行账务调整。

借：应交增值税——应交税金——进项税额　　　　　　 3 584
　贷：应交增值税——待认证进项税额　　　　　　　　　　　 3 584
借：固定资产　　　　　　　　　　　　　　　　　　　 3 584
　贷：应交增值税——应交税金——进项税额转出　　　　　　 3 584

（3）购进不动产或不动产在建工程按照规定进项税额分年抵扣。单位取得应税项目为不动产或者不动产在建工程，其进项税额按照现行增值税制度规定自取得之日起分 2 年从销项税额中抵扣的，应当按照取得成本，借记"固定资产""在建工程"等科目，按照当期可抵扣的增值税税额，借记"应交增值税——应交税金——进项税额"科目，按照以后期间可抵扣的增值税税额，借记"应交增值税——待抵扣进项税额"科目，按照应付或实际支付的金额，贷记"应付账款""应付票据""银行存款""零余额账户用款度"等科目。尚未抵扣的进项税额待以后期间允许抵扣时，按照允许抵扣的金额，借记"应交增值税——应交税金——进项税额"科目，贷记"应交增值税——待抵扣进项税额"科目。

【例 11-7】省物理研究所自行建设一座实验大楼，建设过程中购买工程物资并投入工程 1 663 500 元，应交增值税税额 266 160 元，共计 1 929 660 元，以零余额账户支付，本月可抵扣的增值税税额为 11 090 元，以后期间可抵扣额为 255 070 元。按照现行增值税制度规定自取得之日起分 2 年从销项税额中抵扣，本月可抵扣的增值税税额为 11 090 元，以后期间可抵扣额为 255 070 元。

借：在建工程 1 663 500

　　应交增值税——应交税金——进项税额 11 090

　　　　　　　　——待抵扣进项税额 255 070

　贷：零余额账户用款额度 1 929 660

（4）进项税额抵扣情况发生改变。单位因发生非正常损失或改变用途等，原已进项税额、待抵扣进项税额或待认证进项税额，但按照现行增值税制度规定不从销项税额中抵扣的，借记"待处理财产损溢""固定资产""无形资产"等科目，贷记"应交增值税——应交税金——进项税额转出"科目、"应交增值税——待抵扣进项税额"或"应交增值税——待认证进项税额"科目；原不得抵扣且未抵扣进项税额的固定资产、无形资产等，因改变用途等用于允许抵扣进项税额的应税项目的，应按照允许抵扣的进项税额，借记"应交增值税——应交税金——进项税额"科目，贷记"固定资产""无形资产"等科目。固定资产、无形资产等经调整后，应按照调整后的账面价值在剩余尚可使用年限内计提折旧或摊销，单位购进时已全额记入进项税额的货物或服务等，对于结转以后期间的进项税额，应借记"应交增值税——待抵扣进项税额"科目，贷记"应交增值税——应交税金——进项税额转出"科目。

【例 11-8】承例 11-4，省物理研究所购入的材料因保管不善而发生毁损，本批材料全部转入"待处理财产损溢"科目。材料成本为 256 000 元，应交增值税（进项税额）40 960 元。

借：待处理财产损溢 296 960

　贷：库存物品 25 600

　　　应交增值税——应交税金——进项税额转出 40 960

【例 11-9】承例 11-5 和例 11-6，省物理研究所购入的用于职工福利的设备改变用途，改为用于增值税应税产品的加工生产，原不可抵扣的进项税额 3 584 元改为可抵扣。

借：应交增值税——应交税金——进项税额 3 584

　贷：固定资产 3 584

（5）购买方作为扣缴义务人。按照现行增值税制度规定，境外单位或个人在境内发生应税行为，在境内未设有经营机构的，以购买方为增值税扣缴义务人。境内一般纳税人购进服务或资产时，按照应记入相关成本费用或资产的金额，借记"业务活动费用""在途物品""库存物品""工程物资""在建工程""固定资产""无形资产"等科目，按照可抵扣的增值税税额，借记"应交增值税——应交税金——进项税额"科目（小规模纳税人应借记相关成本费用或资产科目），按照应付或实际支付的金额，贷记"银行存款""应付账款"等科目，按照应代扣代交的增值税税额，贷记"应交增值税——代扣代交增值税"科目。实际缴纳代扣代交增值税时，按照代扣代交的增值税税额，借记"应交增值税——代扣代交增值税"科目，贷记"银行存款""零余额账户用款额度"等科目。

【例 11-10】省物理研究所购入其境外公司生产的设备用于生产产品，该境外公司在境内未设有经营机构，研究所为增值税扣缴义务人。设备的完税价格 55 000 元以银行存款支付，代扣增值税 8 800 元（可抵扣）。

借：固定资产　　　　　　　　　　　　　　　　　　　　　　　　55 000

　　应交增值税——应交税金——进项税额　　　　　　　　　　　　8 800

　贷：银行存款　　　　　　　　　　　　　　　　　　　　　　　55 000

　　　应交增值税——代扣代交增值税　　　　　　　　　　　　　　8 800

【例 11-11】承例 11-10，省物理研究所代扣代交的增值税税款 8 800 元缴入国库。

借：应交增值税——代扣代交增值税　　　　　　　　　　　　　　8 800

　贷：银行存款　　　　　　　　　　　　　　　　　　　　　　　8 800

▶ **2. 单位销售资产或提供服务等业务**

（1）销售资产或提供服务业务。

① 单位销售货物或提供服务，应当按照应收或已收的金额，借记"应收账款""应收票据""银行存款"等科目，按照确认的收入金额，贷记"经营收入""事业收入"等科目，按照现行增值税制度规定计算的销项税额（或采用简易计税方法计算的应纳增值税税额），贷记"应交增值税——应交税金——销项税额"科目或"应交增值税——简易计税"科目（小规模纳税人应贷记"应交增值税"科目）。发生销售退回的，应根据按照规定开具的红字增值税专用发票做相反的会计分录。

【例 11-12】省物理研究所对外销售产品，价款 40 000 元，增值税 640 元，共 46 400 元，存入银行。

借：银行存款　　　　　　　　　　　　　　　　　　　　　　　46 400

　贷：事业收入　　　　　　　　　　　　　　　　　　　　　　　40 000

　　　应交增值税——应交税金——销项税额　　　　　　　　　　　6 400

② 按照政府会计制度及相关政府会计准则确认收入的时点早于按照增值税制度确认增值税纳税义务发生时点的，应将相关销项税额记入"应交增值税——待转销项税额"科目，待实际发生纳税义务时再转入"应交增值税——应交税金——销项税额"科目或"应交增值税——简易计税"科目。按照增值税制度确认增值税纳税义务发生时点早于按照本制度及相关政府会计准则确认收入的时点的，应按照应纳增值税税额，借记"应收账款"科目，贷记"应交增值税——应交税金——销项税额"科目或"应交增值税——简易计税"科目。

【例 11-13】省物理研究所对外提供有偿服务，月初收到本月服务款 50 000 元，交增值税 8 000 元，共计 58 000 元，存入银行；月末确认本月的纳税义务并予以转账。

月初，编制会计分录如下：

借：银行存款　　　　　　　　　　　　　　　　　　　　　　　　58 000
　　贷：事业收入　　　　　　　　　　　　　　　　　　　　　　　50 000
　　　　应交增值税——待转销项税额　　　　　　　　　　　　　　8 000

月末，编制会计分录如下：

借：应交增值税——待转销项税额　　　　　　　　　　　　　　　8 000
　　贷：应交增值税——应交税金——销项税额　　　　　　　　　8 000

（2）金融商品转让按照规定以盈亏相抵后的余额作为销售额。金融商品实际转让后，月末，如产生转让收益，则按照应纳税额，借记"投资收益"科目，贷记"应交增值税——转让金融商品应交增值税"科目；如产生转让损失，则按照可结转下月抵扣税额，借记"应交增值税——转让金融商品应交增值税"科目，贷记"投资收益"科目。缴纳增值税时，应借记"应交增值税——转让金融商品应交增值税"科目，贷记"银行存款"等科目。年末，"应交增值税——转让金融商品应交增值税"科目如有借方余额，则借记"投资收益"科目，贷记"应交增值税——转让金融商品应交增值税"科目。

【例11-14】某小规模纳税人企业转让金融产品，产生转让收益11 200元，月末确认计税。

税额应为11 200×3%＝336（元）。

借：投资收益　　　　　　　　　　　　　　　　　　　　　　　　336
　　贷：应交增值税——转让金融商品应交增值税　　　　　　　　336

▶ 3. 月末转出多交增值税和未交增值税

月度终了，单位应当将当月应交未交或多交的增值税自"应交税金"明细科目转入"未交税金"明细科目。对于当月应交未交的增值税，借记"应交增值税——应交税金——转出未交增值税"科目，贷记"应交增值税——未交税金"科目；对于当月多交的增值税，借记"应交增值税——未交税金"科目，贷记"应交增值税——应交税金——转出多交增值税"科目。

【例11-15】月末，省物理研究所将当月应交未交的增值税3 700元转入"未交税金"明细科目。

借：应交增值税——应交税金——转出未交增值税　　　　　　　3 700
　　贷：应交增值税——未交税金　　　　　　　　　　　　　　　3 700

▶ 4. 缴纳增值税

（1）缴纳当月应交增值税。单位缴纳当月应交的增值税，借记"应交增值税——应交税金——已交税金"科目，小规模纳税人借记"应交增值税"科目，贷记"银行存款"等科目。

【例11-16】省物理研究所缴纳本月应交增值税14 900元，以银行存款支付。

借：应交增值税——应交税金——已交税金　　　　　　　　　　14 900
　　贷：银行存款　　　　　　　　　　　　　　　　　　　　　　14 900

（2）缴纳以前期间未交增值税。单位缴纳以前期间未交的增值税，借记"应交增值税——未交税金"科目，小规模纳税人借记"应交增值税"科目，贷记"银行存款"等科目。

【例11-17】承例11-15，次月，省物理研究所缴纳应交未交的增值税3 700元以银行存款支付。

借：应交增值税——未交税金　　　　　　　　　　　　　　　3 700

　　贷：银行存款　　　　　　　　　　　　　　　　　　　　　　　　3 700

（3）预交增值税。单位预交增值税时，借记"应交增值税——预交税金"科目，贷记"银行存款"等科目。月末，单位应将"预交税金"明细科目余额转入"未交税金"明细科目，借记"应交增值税——未交税金"科目，贷记"应交增值税——预交税金"科目。

【例 11-18】省物理研究所预交增值税 10 000 元，以银行存款支付。

借：应交增值税——预交税金　　　　　　　　　　　　　　　10 000

　　贷：银行存款　　　　　　　　　　　　　　　　　　　　　　　 10 000

（4）减免增值税。对于当期直接减免的增值税，借记"应交增值税——应交税金——减免税款"科目，贷记"业务活动费用""经营费用"等科目。按照现行增值税制度规定，单位初次购买增值税税控系统专用设备支付的费用以及缴纳的技术维护费允许在增值税应纳税额中全额抵减的，按照规定抵减的增值税应纳税额，借记"应交增值税——应交税金——减免税款"科目（小规模纳税人借记"应交增值税"科目），贷记"业务活动费用""经营费用"等科目。

【例 11-19】省物理研究所初次购买增值税税控系统专用设备，支付费用 31 000 元，按照规定该项目费用允许在增值税应交税额中全额抵减，予以调整。

借：应交增值税——应交税金——减免税款　　　　　　　　　 31 000

　　贷：业务活动费用　　　　　　　　　　　　　　　　　　　　　 31 000

三、其他应交税费的核算

　　为核算单位按照税法等规定计算应缴纳的除增值税以外的各种税费，包括城市维护建设税、教育税附加、车船税、地方教育费附加、车船税、房产税、城镇土地使用税和企业所得税等，设置"其他应交税费"（2102）科目。单位代扣代交的个人所得税，也通过本科目核算。单位应缴纳的印花税不需要预提应交税费，直接通过"业务活动费用""单位管理费用""经营费用"等科目核算，不通过本科目核算。本科目期末贷方余额反映单位应交未交的除增值税以外的税费金额；期末如为借方余额，反映单位多缴纳的除增值税以外的税费金额。本科目应当按照应缴纳的税费种类进行明细核算。

　　其他应交税费的主要账务处理如下。

（一）计算税费的核算

　　发生城市维护建设税、教育费附加、地方教育费附加、车船税、房产税、城镇土地使用税等纳税义务的，按照税法规定计算的应交税费金额，借记"业务活动费用""单位管理费用""经营费用"等科目，贷记"其他应交税费"科目的"应交城市维护建设税""应交地方教育费附加""应交车船税""应交房产税"应交城镇土地使用税等明细科目。

【例 11-20】承例 11-16，省物理研究所本月应交增值税 14 900 元，月末依据本月应交增值税计算城市维护建设税（7%）、教育费附加（3%）、地方教育费附加（1%）。

借：业务活动费用　　　　　　　　　　　　　　　　　　　　　1 639

　　贷：其他应交税费——应交城市维护建设税　　　　　　　　　　 1 043

　　　　　　　　　　——应交教育费附加　　　　　　　　　　　　　 447

　　　　　　　　　　——应交地方教育费附加　　　　　　　　　　　 149

（二）代扣代交职工个人所得税的核算

（1）按照税法规定计算应代扣代交职工（含长期聘用人员）的个人所得税，借记"应付职工薪酬"科目，贷记"其他应交税费——应交个人所得税"。

【例11-21】省物理研究所计算本月应代扣代交职工个人所得税76 945元。

借：应付职工薪酬   76 945

  贷：其他应缴税费——应交个人所得税   76 945

（2）按照税法规定计算应代扣代交应付给职工（含长期聘用人员）以外人员劳务费的个人所得税，借记"业务活动费用""单位管理费用"等科目，贷记"其他应交税费——应交个人所得税"。

【例11-22】省物理研究所计算本月应代扣代交支付外聘人员劳务费的个人所得税9 670元。

借：业务活动费用   9 670

  贷：其他应交税费——应交个人所得税   9 670

（三）发生企业所得税纳税义务的核算

发生企业所得税纳税义务的，按照税法规定计算的应交所得税额，借记"所得税费用"科目，贷记"其他应交税费——单位应交所得税"。

【例11-23】省物理研究所计算本年应交企业所得税165 773元。

借：所得税费用   165 773

  贷：其他应交税费——单位应交所得税   165 773

（四）单位实际缴纳各种税费的核算

单位实际缴纳上述各种税费时，借记"其他应交税费"科目的"应交城市维护建设税""应交教育费附加""应交地方教育费附加""应交车船税""应交房产税""应交城镇土地使用税""应交个人所得税""单位应交所得税"等明细科目，贷记"财政拨款收入""零余额账户用款额度""银行存款"等科目。

【例11-24】承例11-20～例11-23，省物理研究所缴纳城市维护建设税1 043元、教育费附加447元、地方教育费附加149元、个人所得税86 615元、单位应交所得税165 773元，以银行存款支付。

借：其他应交税费——应交城市维护建设税   1 043

     ——应交教育费附加   447

     ——应交地方教育费附加   149

     ——应交个人所得税   86 615

     ——单位应交所得税   165 773

  贷：银行存款   254 027

四、应缴财政款的核算

为核算单位取得或应收的按照规定应当上缴财政的款项，包括应缴国库的款项和应缴财政专户的款项，设置"应缴财政款"（2103）科目。单位按照国家税法等有关规定应当缴纳的各种税费，通过"应交增值税""其他应交税费"科目核算，不通过本科目核算。本科目期末贷方余额反映单位应当上缴财政但尚未缴纳的款项。年终清缴后，本科目一般应无余额。本科目应当按照应缴财政款项的类别进行明细核算。

应缴财政款的主要账务处理如下。

（一）取得应缴财政款项的核算

单位取得或应收按照规定应缴财政的款项时，借记"银行存款""应收账款"等科目，贷记"应缴财政款"科目。

【例 11-25】县工商局收到违章经营罚款 1 000 元并存入银行，按规定该款项应缴财政。

借：银行存款 　　　　　　　　　　　　　　　　　　　　　　　 1 000

　　贷：应缴财政款 　　　　　　　　　　　　　　　　　　　　　　 1 000

（二）处置资产净收入应上缴财政的核算

单位处置资产取得的应上缴财政的处置资产净收入的账务处理，参见"待处理财产损溢"等科目。

（三）上缴应缴财政款项的核算

单位上缴应缴财政的款项时，按照实际上缴的金额，借记"应缴财政款"科目，贷记"银行存款"科目。

【例 11-26】承例 11-25，县工商局将应缴财政款 1 000 元上缴财政。

借：应缴财政款 　　　　　　　　　　　　　　　　　　　　　　　 1 000

　　贷：银行存款 　　　　　　　　　　　　　　　　　　　　　　　 1 000

五、应付职工薪酬的核算

为核算单位按照有关规定应付给职工（含长期聘用人员）及为职工支付的各种薪酬，包括基本工资、国家统一规定的津贴补贴、规范津贴补贴（绩效工资）、改革性补贴、社会保险费（如职工基本养老保险费、职业年金、基本医疗保险费等）、住房公积金等，设置"应付职工薪酬"（2201）科目。本科目期末贷方余额反映单位应付未付的职工薪酬。本科目应当根据国家有关规定按照"基本工资（含离退休费）""国家统一规定的津贴补贴""规范津贴补贴（绩效工资）""改革性补贴""社会保险费""住房公积金""其他个人收入"等进行明细核算。其中，"社会保险费""住房公积金"明细科目核算内容包括单位从职工工资中代扣代缴的社会保险费、住房公积金，以及单位为职工计算缴纳的社会保险费、住房公积金。

应付职工薪酬的主要账务处理如下：

（一）计算确认当期应付职工薪酬的核算

计算确认当期应付职工薪酬（含单位为职工计算缴纳的社会保险费、住房公积金）时，要区分不同情况分别处理。

（1）计提从事专业及其辅助活动人员的职工薪酬，借记"业务活动费用""单位管理费用"科目，贷记"应付职工薪酬"科目。

【例 11-27】省物理研究所计提从事专业及其辅助活动人员的职工薪酬 1 365 756 元。其中，专业人员的基本工资（含离退休费）325 776 元、国家统一规定的津贴补贴 144 900 元、规范津贴补贴（绩效工资）563 600 元、部门津贴 52 300 元，共计 1 086 576 元；辅助活动人员基本工资（含离退休费）185 480 元、国家统一规定的津贴补贴 56 700 元、规范津贴补贴（绩效工资）29 000 元、部门津贴 8 000 元，共计 279 180 元。

借：业务活动费用 　　　　　　　　　　　　　　　　　　　 1 086 576

　　单位管理费用 　　　　　　　　　　　　　　　　　　　　 279 180

　　　　贷：应付职工薪酬——基本工资(含离退休费)　　　　　　　　　　511 256

　　　　　　　　　　　——国家统一规定的津贴补贴　　　　　　　　　201 600

　　　　　　　　　　　——规范津贴补贴(绩效工资)　　　　　　　　　592 600

　　　　　　　　　　　——其他个人收入　　　　　　　　　　　　　　　60 300

　　(2)计提应由在建工程、加工物品、自行研发无形资产负担的职工薪酬，借记"在建工程""加工物品""研发支出"等科目，贷记"应付职工薪酬"科目。

　　【例11-28】省物理研究所自行研发一项专利技术，计提应由研发支出负担的本月职工薪酬107 859元。其中，基本工资(含离退休费)43 659元、国家统一规定的津贴补贴11 200元、规范津贴补贴(绩效工资)48 000元、部门津贴5 000元。

　　　　借：研发支出　　　　　　　　　　　　　　　　　　　　　　　　107 859

　　　　　　贷：应付职工薪酬——基本工资(含离退休费)　　　　　　　　　43 659

　　　　　　　　　　　　——国家统一规定的津贴补贴　　　　　　　　　11 200

　　　　　　　　　　　　——规范津贴补贴(绩效工资)　　　　　　　　　48 000

　　　　　　　　　　　　——其他个人收入　　　　　　　　　　　　　　5 000

　　(3)计提从事专业及其辅助活动之外的经营活动人员的职工薪酬，借记"经营费用"科目，贷记"应付职工薪酬"科目。

　　【例11-29】省物理研究所下设某非独立核算职业介绍中心，现计提该经营活动人员的职工薪酬39 760元。其中，基本工资34 760元、规范津贴补贴(绩效工资)5 000元。

　　　　借：经营费用　　　　　　　　　　　　　　　　　　　　　　　　39 760

　　　　　　贷：应付职工薪酬——基本工资　　　　　　　　　　　　　　　34 760

　　　　　　　　　　　　——规范津贴补贴(绩效工资)　　　　　　　　　5 000

　　(4)因解除与职工的劳动关系而给予的补偿，借记"单位管理费用"等科目，贷记"应付职工薪酬"科目。

　　【例11-30】省物理研究所与一名员工解除劳动关系，向对方补偿50 000元。

　　　　借：单位管理费用　　　　　　　　　　　　　　　　　　　　　　50 000

　　　　　　贷：应付职工薪酬——其他个人收入　　　　　　　　　　　　　50 000

(二)向职工支付薪酬的核算

　　向职工支付工资、津贴补贴等薪酬时，按照实际支付的金额，借记"应付职工薪酬"科目，贷记"财政拨款收入""零余额账户用款额度""银行存款"等科目。

　　【例11-31】承例11-27~例11-30，以及例11-32~例11-34，省物理研究向职工发放本月薪酬1 242 527元，其中，基本工资(含离退休费)268 827元(除代扣个人所得税、垫付水电费等款项后)、国家统一规定的津贴补贴212 800元、规范津贴补贴(绩效工资)645 600元和其他个人收入115 300元，以零余额账户款额度支付。

　　　　借：应付职工薪酬——基本工资(含离退休费)　　　　　　　　　　268 827

　　　　　　　　　　　——国家统一规定的津贴补贴　　　　　　　　　212 800

　　　　　　　　　　　——规范津贴补贴(绩效工资)　　　　　　　　　645 600

　　　　　　　　　　　——其他个人收入　　　　　　　　　　　　　　115 300

　　　　　　贷：零余额账户用款额度　　　　　　　　　　　　　　　　　124 257

（三）代扣款项的核算

（1）按照税法规定代扣职工个人所得税时，借记"应付职工薪酬——基本工资"科目，贷记"其他应交税费——应交个人所得税"科目。

【例 11-32】承例 11-31，省物理研究所按照税法规定代扣职工个人所得税 211 325 元。

借：应付职工薪酬——基本工资　　　　　　　　　　　　211 325

　　贷：其他应交税费——应交个人所得税　　　　　　　　　　211 325

（2）从应付职工薪酬中代扣为职工垫付的水电费、房租等费用时，按照实际扣除的金额，借记"应付职工薪酬——基本工资"科目，贷记"其他应收款"科目。

【例 11-33】承例 11-31，省物理研究所从应付职工薪酬中代扣为职工垫付的水电费 3 000 元。

借：应付职工薪酬——基本工资　　　　　　　　　　　　3 000

　　贷：其他应收款　　　　　　　　　　　　　　　　　　　3 000

（3）从应付职工薪酬中代扣社会保险费和住房公积金，按照代扣的金额，借记"应付职工薪酬——基本工资"科目，贷记"应付职工薪酬——社会保险费、住房公积金"科目。

【例 11-34】承例 11-31，省物理研究所从应付职工薪酬中代扣社会保险费 55 870 元和住房公积金 50 653 元。

借：应付职工薪酬——基本工资　　　　　　　　　　　　106 523

　　贷：应付职工薪酬——社会保险费　　　　　　　　　　　55 870

　　　　　　　　　——住房公积金　　　　　　　　　　　　50 653

（四）缴纳职工社会保险费和住房公积金的核算

按照国家有关规定缴纳职工社会保险费和住房公积金时、按照实际支付的金额，借记"应付职工薪酬——社会保险费、住房公积金"科目，贷记"财政拨款收入""零余额账户用款额度""银行存款"等科目。

【例 11-35】承例 11-34，省物理研究所按照国家有关规定缴纳职工社会保费费和住房公积金，从应付职工薪酬中代扣部分和单位为职工缴纳部分各占 50%，以财政直接支付方式支付。

借：应付职工薪酬——社会保险费　　　　　　　　　　　111 740

　　　　　　　　　——住房公积金　　　　　　　　　　　　101 300

　　贷：财政拨款收入　　　　　　　　　　　　　　　　　213 040

（五）从应付职工薪酬中支付其他款项的核算

从应付职工薪酬中支付的其他款项，借记"应付职工薪酬"科目，贷记"零余额账户用款额度""银行存款"等科目。

【例 11-36】省物理研究所预付本年度工会付费 10 000 元，等以后月份从应付职工薪酬中扣除，以零余额账户用款额度支付。

借：应付职工薪酬——基本工资　　　　　　　　　　　　10 000

　　贷：零余额账户用款额度　　　　　　　　　　　　　　10 000

六、应付票据的核算

为核算事业单位因购买材料、物资等而开出、承兑的商业汇票，包括银行承兑汇票和商业承兑汇票，设置"应付票据"（2301）科目。本科目期末贷方余额反映事业单位开出、承兑的尚未到期的应付票据金额。

单位应当设置"应付票据备查簿"，详细登记每一张应付票据的种类、号数、出票日期、到期日、票面金额、交易合同号、收款人姓名或单位名称，以及付款日期和金额等。应付票据到期结清票款后，应当在备查簿内逐笔注销。本科目应当按照债权人进行明细核算。

应付票据的主要账务处理如下。

（一）开出、承兑商业汇票的核算

开出、承兑商业汇票时，借记"库存物品""固定资产"等科目，贷记"应付票据"科目。涉及增值税业务的，相关账务处理参见"应交增值税"科目。以商业汇票抵付应付账款时，借记"应付账款"科目，贷记"应付票据"科目。

【例 11-37】省物理研究所开出一张期限 90 天，金额为 54 000 元的银行承兑汇票，用于购买实验用材料，材料已验收入库。

借：库存物品　　　　　　　　　　　　　　　　　　　　　　　　　　54 000
　贷：应付票据　　　　　　　　　　　　　　　　　　　　　　　　　　54 000

（二）支付银行承兑汇票的手续费的核算

支付银行承兑汇票的手续费时，借记"业务活动费用""经营费用"等科目，贷记"银行存款""零余额账户用款额度"等科目。

【例 11-38】承例 11-37，省物理研究所支付银行承兑汇票的手续费 540 元，以银行存款支付。

借：业务活动费用　　　　　　　　　　　　　　　　　　　　　　　　　540
　贷：银行存款　　　　　　　　　　　　　　　　　　　　　　　　　　540

（三）商业汇票到期的核算

商业汇票到期时，应当区分不同情况分别处理。

（1）收到银行支付到期票据的付款通知时，借记"应付票据"科目，贷记"银行存款"科目。

【例 11-39】承例 11-37 和例 11-38，省物理研究所收到银行支付到期票据的付款通知，以银行存款 54 000 元支付到期的银行承兑汇票。

借：应付票据　　　　　　　　　　　　　　　　　　　　　　　　　　54 000
　贷：银行存款　　　　　　　　　　　　　　　　　　　　　　　　　　54 000

（2）银行承兑汇票到期，单位无力支付票款的，按照应付票据账面余额，借记"应付票据"科目，贷记"短期借款"科目。

【例 11-40】承例 11-37 和例 11-38，省物理研究所开出的银行承兑汇票到期，因资金周转困难转为短期借款。

借：应付票据　　　　　　　　　　　　　　　　　　　　　　　　　　54 000
　贷：短期借款　　　　　　　　　　　　　　　　　　　　　　　　　　54 000

（3）商业承兑汇票到期、单位无力支付票款的，按照应付票据账面余额，借记"应付票据"科目，贷记"应付账款"科目。

【例 12-41】省物理研究所开出的金额为 34 000 元的商业承兑汇票到期，单位无力支付票款，转为应付账款。

借：应付票据　　　　　　　　　　　　　　　　　　　　　　　　　　34 000
　贷：应付账款　　　　　　　　　　　　　　　　　　　　　　　　　　34 000

七、应付账款的核算

为核算单位购买物资、接受服务，开展工程建设等而应付的偿还期限在 1 年以内（含 1 年）的款项，设置"应付账款"（2302）科目。本科目期末贷方余额反映单位尚未支付的应付账款金额。核销的应付账款应在备查簿中保留登记。本科目应当按照债权人进行明细核实，对于建设项目，还应设置"应付器材款""应付工程款"等明细科目，并按照具体项目进行明细核算。

应付账款的主要账务处理如下。

（一）发生应付未付账款时的核算

收到所购材料、物资、设备或服务，以及确认完成工程进度但尚未付款时，根据发票及账单等有关凭证，按照应付未付款项的金额，借记"库存物品""固定资产""在建工程"等科目，贷记"应付账款"科目。涉及增值税业务的，相关账务处理参见"应交增值税"科目。

【例 11-42】省物理研究所向 A 公司购买一台实验用设备，价款和相关税费共 41 650 元，账款暂欠。

    借：固定资产   41 650
        贷：应付账款——A 公司   41 650

（二）偿付应付账款时的核算

偿付应付账款时，按照实际支付的金额，借记"应付账款"科目，贷记"财政拨款收入""零余额账户用款额度""银行存款"等科目。

【例 11-43】承例 11-42，省物理研究所偿付 A 公司的设备款 41 650 元，以零余额账户用款额度支付。

    借：应付账款——A 公司   41 650
        贷：零余额账户用款额度   41 650

（三）开出、承兑商业汇票抵付应付账款时的核算

开出、承兑商业汇票抵付应付账款时，借记"应付账款"科目，贷记"应付票据"科目。

【例 11-44】承例 11-42，省物理研究所开出银行承兑汇票抵付 A 公司的设备款 41 650 元，期限 3 个月，无息。

    借：应付账款——A 公司   41 650
        贷：应付票据   41 650

（四）无法偿付或债权人豁免偿还的应付账款的核算

无法偿付或债权人豁免偿还的应付账款，应当按照规定报经批准后进行账务处理。经批准核销时，借记"应付账款"科目，贷记"其他收入"科目。

【例 11-45】承例 11-42，A 公司豁免省物理研究所的应付账款，经批准核销。

    借：应付账款——A 公司   41 650
        贷：其他收入   41 650

八、应付政府补贴款的核算

为核算负责发放政府补贴的行政单位按照规定应当支付给政府补贴接受者的各种政府补贴款，设置"应付政府补贴款"（23030）科目。本科目期末贷方余额反映行政单位应付未

付的政府补贴金额。本科目应当按照支付的政府补贴种类进行明细核算。单位还应当根据需要按照补贴接受者进行明细核算，或者建立备查簿对补贴接受者予以登记。

应付政府补贴款的主要账务处理如下。

（一）发生应付政府补贴时的核算

发生应付政府补贴时，按照依规定计算确定的应付政府补贴金额，借记"业务活动费用"科目，贷记"应付政府补贴款"科目。

【例 11-46】市住房保障中心按照规定计算确定本月贫困家庭住房补贴款 602 862 元。

借：业务活动费用   602 862
　　贷：应付政府补贴款   602 862

（二）支付应付政府补贴款时的核算

支付应付政府补贴款时，按照支付金额，借计"应付政府补贴款"科目，贷记"零余额账户用款额度""银行存款"等科目。

【例 11-47】承例 11-46，市住房保障中心支付本月贫困家庭住房补贴款 602 862 元。

借：应付政府补贴款   602 862
　　贷：零余额账户用款额度   602 862

九、应付利息的核算

为核算事业单位按照合同约定应支付的借款利息，包括短期借款、分期付息到期还本的长期借款等应支付的利息，设置"应付利息"（2304）科目。本科目期末贷方余额反映事业单位应付未付的利息金额。本科目应当按照债权人等进行明细核算。

应付利息的主要账务处理如下。

（一）专门借款的应付利息的核算

为建造固定资产、公共基础设施等借入的专门借款的利息，属于建设期间发生的，按期计提利息费用时，按照计算确定的金额，借记"在建工程"科目，贷记"应付利息"科目；不属于建设期间发生的，按期计提利息费用时，按照计算确定的金额，借记"其他费用"科目，贷记"应付利息"科目。

【例 11-48】省物理研究所为建造实验大楼向银行贷入一笔款项，本月应付利息 21 050 元，大楼正在建设中。

借：在建工程   21 050
　　贷：应付利息   21 050

（二）其他借款的应付利息的核算

对于其他借款，按期计提费用时，按照计算确定的金额，借记"其他费用"科目，贷记"应付利息"科目。

【例 11-49】为周转需要，省物理研究所向银行借入短期借款 1 000 000 元，期限为 6 个月，年利率 6%，现计提本月利息费用 5 000 元。

借：其他费用   5 000
　　贷：应付利息   5 000

（三）实际支付应付利息时的核算

实际支付应付利息时，按照支付的金额，借记"应付利息"科目，贷记"银行存款"等科目。

【例 11-50】承例 11-49，省物理研究所的短期借款到期，本金 1 000 000 元，已计提利息 25 000 元，本月应付利息 5 000 元，共计 1 030 000 元，以银行存款支付。

借：短期借款　　　　　　　　　　　　　　　　　　　1 000 000

　　应付利息　　　　　　　　　　　　　　　　　　　　　25 000

　　其他费用　　　　　　　　　　　　　　　　　　　　　 5 000

　　贷：银行存款　　　　　　　　　　　　　　　　　　1 030 000

十、预收账款的核算

为核算事业单位预先收取但尚未结算的款项，设置"预收账款"（2305）科目。本科目期末贷方余额反映事业单位预收但尚未结算的款项金额。核销的预收账款应在备查簿中保留登记。本科目应当按照债权人进行明细核算。

预收账款的主要账务处理如下。

（一）预收款项时的核算

从付款方预收款项时，按照实际预收的金额，借记"银行存款"等科目，贷记"预收账款"科目。

【例 11-51】省物理研究所为 B 企业研制特殊材料，预收订货款 50 000 元，存入银行。

借：银行存款　　　　　　　　　　　　　　　　　　　　50 000

　　贷：预收账款——B 企业　　　　　　　　　　　　　　50 000

（二）确认收入时的核算

确认有关收入时，按照预收账款账面余额，借记"预收账款"科目，按照应确认的收入金额，贷记"事业收入""经营收入"等科目，按照付款方补付或退回付款方的金额，借记或贷记"银行存款"等科目。涉及增值税业务的，相关账务处理参见"应交增值税"科目。

【例 11-52】承例 11-51，省物理研究所向 B 企业交货，材料总价款 238 600 元，增值税 38 176 元。预收款 50 000 元，余款 226 776 元存入银行。

借：银行存款　　　　　　　　　　　　　　　　　　　226 776

　　预收账款——B 企业　　　　　　　　　　　　　　　50 000

　　贷：事业收入　　　　　　　　　　　　　　　　　　238 600

　　　　应交增值税——应交税金——销项税额　　　　　　38 176

（三）批准核销时的核算

无法偿付或债权人豁免偿还的预收账款，应当按照规定报经批准后进行账务处理。经批准核销时，借记"预收账款"科目，贷记"其他收入"科目。

【例 11-53】承例 11-51，因 B 企业产业转型，原预订的特殊材料不再需要，解除订货并放弃预付款项追索。经批准，省物理研究所核销预收 B 企业的账款。

借：预收账款——B 企业　　　　　　　　　　　　　　　50 000

　　贷：其他收入　　　　　　　　　　　　　　　　　　　50 000

十一、其他应付款的核算

为核算单位除应交增值税、其他应交税费、应缴财政款、应付职工薪酬、应付票据、应付账款、应付政府补贴款、应付利息、预收账款以外，其他各项偿还期限在 1 年内（含 1 年）

的应付及暂收款项，如收取的押金、存入保证金、已经报销但尚未偿还银行的本单位公务卡欠款等，设置"其他应付款"（2307）科目。本科目期末贷方余额反映单位尚未支付的其他应付款金额。同级政府财政部门预拨的下期预算款和没有纳入预算的暂付款项，以及采用实拨资金方式通过本单位转拨给下属单位的财政拨款，也通过本科目核算。核销的其他应付款应在备查簿中保留登记。本科目应当按照其他应付款的类别以及债权人等进行明细核算。

其他应付款的主要账务处理如下。

（一）发生其他应付及暂收款项的核算

发生其他应付及暂收款项时，借记"银行存款"等科目，贷记"其他应付款"科目。支付（或退回）其他应付及暂收款项时，借记"其他应付款"科目，贷记"银行存款"等科目。将暂收款项转为收入时，借记"其他应付款"科目，贷记"事业收入"等科目。

【例11-54】省物理研究所收取临时工王艳的押金1 000元。

借：库存现金 1 000

　　贷：其他应付款 1 000

（二）收到同级政府财政部门预拨款项的核算

（1）收到同级政府财政部门预拨的下期预算款和没有纳入预算的暂付款项，按照实际收到的金额，借记"银行存款"等科目，贷记"其他应付款"科目；待到下一预算期或批准纳入预算时，借记"其他应付款"科目，贷记"财政拨款收入"科目。

【例11-55】县农业局收到同级政府财政部门预拨下月经费100 000元。

借：银行存款 100 000

　　贷：其他应付款 100 000

（2）采用实拨资金方式通过本单位转拨给下属单位的财政拨款，按照实际收到的金额，借记"银行存款"科目，贷记"其他应付款"科目；向下属单位转拨财政拨款时，按照转拨的金额，借记"其他应付款"科目，贷记"银行存款"科目。

【例11-56】某县采用实拨资金方式，县农业局收到应转拨给下属单位的财政拨款80 000元，并转拨。

收到时，编制会计分录如下：

借：银行存款 80 000

　　贷：其他应付款 80 000

转拨时，编制会计分录如下：

借：其他应付款 80 000

　　贷：银行存款 80 000

（三）公务卡持卡人报销的核算

本单位公务卡持卡人报销时，按照审核报销的金额，借记"业务活动费用""单位管理费用"等科目，贷记"其他应付款"科目；偿还公务卡欠款时，借记"其他应付款"科目，贷记"零余额账户用款额度"等科目。

【例11-57】县农业局公务卡持卡人王某报销差旅费6 792元，并于月底偿还公务卡欠款。

借：业务活动费用 6 792

　　贷：其他应付款——王某 6 792

借：其他应付款——王某   6 792

  贷：银行存款   6 792

（四）涉及质保金的核算

涉及质保金形成其他应付款的，相关账务处理参见"固定资产"科目。

【例 11-58】 县农业局购入一台设备，总价款 24 700 元，按照协议有 5% 的质保金，余款 23 465 元以银行存款支付。

借：固定资产   24 700

  贷：银行存款   23 465

    其他应付款   1 235

（五）核销其他应收款的核算

无法偿付或债权人豁免偿还的其他应付款项，应当按照规定报经批准后进行账务处理。经批准核销时，借记"其他应付款"科目，贷记"其他收入"科目。

【例 11-59】 承例 11-58，县农业局所购设备的质保金 1 235 元被债权人豁免，经批准予以核销。

借：其他应付款   123 523

  贷：其他收入   123 523

十二、预提费用的核算

为核算单位预先提取的已经发生但尚未支付的费用，如预提租金费用等，设置"预提费用"（2401）科目。本科目期末贷方余额反映单位已预提但尚未支付的各项费用。事业单位按规定从科研项目收入中提取的项目间接费用或管理费用，也通过本科目核算。事业单位计提的借款利息费用，通过"应付利息""长期借款"科目核算，不通过本科目核算。本科目应当按照预提费用的种类进行明细核算。对于提取的项目间接费用或管理费用，应当在本科目下设置"项目间接费用"或"管理费用"明细科目，并按项目进行明细核算。

预提费用的主要账务处理如下。

（一）项目间接费用或管理费用的核算

（1）按规定从科研项目收入中提取项目间接费用或管理费用时，按照提取的金额借记"单位管理费用"科目，贷记"预提费用——项目间接费用或管理费用"科目。

【例 11-60】 省物理研究所按规定从科研项目收入中提取项目间接费用 167 000 元。

借：单位管理费用   167 000

  贷：预提费用——项目间接费用   167 000

（2）实际使用计提的项目间接费用或管理费用时，按照实际支付的金额，借记"预提费用——项目间接费用或管理费用"科目，贷记"银行存款""库存现金"等科目。

【例 11-61】 承例 11-60，省物理研究所用项目间接费用 100 000 元支付职工科研奖励。

借：预提费用——项目间接费用   100 000

  贷：应付职工薪酬——规范津贴补贴（绩效工资）   100 000

（二）其他预提费用

（1）按期预提租金等费用时，按照预提的金额，借记"业务活动费用""单位管理费用""经营费用"等科目，贷记"预提费用"科目。

【例 11-62】省物理研究所租用某大型场地用于材料的冲击实验，租金 120 000 元/年，计提本月租金 10 000 元。

借：业务活动费用　　　　　　　　　　　　　　　　　　　　　　　　10 000

　　贷：预提费用　　　　　　　　　　　　　　　　　　　　　　　　　　10 000

（2）实际支付款项时，按照支付金额，借记"预提费用"科目，贷记"零余额账户用款额度""银行存款"等科目。

【例 11-63】承例 11-62，年末，省物理研究所支付材料冲击实验用场地的租金 120 000 元，以银行存款支付。

借：预提费用　　　　　　　　　　　　　　　　　　　　　　　　　　120 000

　　贷：银行存款　　　　　　　　　　　　　　　　　　　　　　　　　　120 000

第三节　政府会计非流动负债的核算

一、长期借款的核算

为核算事业单位经批准向银行或其他金融机构等借入的期限超过 1 年（不含 1 年）的各种借款本息，设置"长期借款"（2501）科目。本科目期末贷方余额反映事业单位尚未偿还的长期借款本息金额。本科目应当设置"本金"和"应计利息"明细科目，并按照贷款单位和贷款种类进行明细核算。对于建设项目借款，还应按照具体项目进行明细核算。

长期借款的主要账务处理如下。

（一）借入长期借款的核算

借入各项长期借款时，按照实际借入的金额，借记"银行存款"科目，贷记"长期借款——本金"科目。

【例 11-64】省物理研究所为购入大型设备（需安装）而向银行借入长期借款 5 000 000 元，期限 18 个月，年利率 6%，一次性还本付息，款已到账。

借：银行存款　　　　　　　　　　　　　　　　　　　　　　　　　5 000 000

　　贷：长期借款——本金　　　　　　　　　　　　　　　　　　　　　5 000 000

（二）计提基建借款利息的核算

为建造固定资产、公共基础设施等应支付的专门借款利息，按期计提利息时，区分不同情况分别处理。

（1）属于工程项目建设期间发生的利息，记入工程成本，按照计算确定的应支付的利息金额，借记"在建工程"科目，贷记"应付利息"科目。

【例 11-65】承例 11-64，省物理研究所购买大型设备尚未安装完成，计提本月长期借息 25 000 元。

借：在建工程　　　　　　　　　　　　　　　　　　　　　　　　　　25 000

　　贷：应付利息　　　　　　　　　　　　　　　　　　　　　　　　　　25 000

（2）属于工程项目完工交付使用后发生的利息，记入当期费用，按照计算确定的应支付的利息金额，借记"其他费用"科目，贷记"应付利息"科目。

【例 11-66】承例 11-64 和例 11-65，省物理研究所购买的大型设备安装完成并投入使用，计提本月长期借款利息 25 000 元。

借：其他费用 25 000
　　贷：应付利息 25 000

（三）计提其他长期借款利息的核算

按期计提其他长期借款的利息时，按照计算确定的应支付的利息金额，借记"其他费用"科目，贷记"应付利息"科目（分期付息、到期还本借款的利息）或"长期贷款——应计利息"科目（到期一次还本付息借款的利息）。

【例 11-67】省物理研究所借入 2 年期长期借款 8 000 000 元，用于实验项目资金周转，年利率 6%，到期一次还本付息。现计提本月利息 4 000 元。

借：其他费用 4 000
　　贷：长期借款——应计利息 4 000

（四）归还长期借款本息的核算

到期归还长期借款本金，利息时，借记"长期借款——本金、应计利息"科目，贷记"银行存款"科目。

【例 11-68】承例 11-64～例 11-66，长期借款到期，省物理研究所偿还长期借款本金 5 000 000元，应付利息 450 000 元，共计 5 450 000 元，以银行存款支付。

借：长期借款——本金 5 000 000
　　　　　　——应计利息 450 000
　　贷：银行存款 5 450 000

二、长期应付款的核算

为核算单位发生的偿还期限超过 1 年（不含 1 年）的应付款项，如以融资租赁方式取得固定资产应付的租赁费等，设置"长期应付款"（2502）科目。本科目期末贷方余额反映单位尚未支付的长期应付款金额。本科目应当按照长期应付款的类别以及债权人进行明细核算。

长期应付款的主要账务处理如下。

（一）发生长期应付款时的核算

发生长期应付款时，借记"固定资产""在建工程"等科目，贷记"长期应付款"科目。

【例 11-69】省物理研究所向 L 公司融资租入一台设备，价款及相关税费 180 000 元，首付 20 000 元以银行存款支付，余款 160 000 元分 8 个季度还清，每季末偿付 20 000 元。

借：固定资产 180 000
　　贷：银行存款 160 000
　　　长期应付款——L 公司 20 000

（二）支付长期应付款的核算

支付长期应付款时，按照实际支付的金额，借记"长期应付款"科目，贷记"财政拨款收入零余额账户用款额度""银行存款"等科目，涉及增值税业务的，相关账务处理见"应交增值税"科目。

【例11-70】承例11-69，季度末，省物理研究所向L公司支付融资租赁设备费用20 000元。

借：长期应付款——L公司　　　　　　　　　　　　　　　20 000

　　贷：银行存款　　　　　　　　　　　　　　　　　　　　20 000

（三）核销长期应付款时的核算

无法偿付或债权人豁免偿还的长期应付款，应当按照规定报经批准后进行账务处理。经批准核销时，借记"长期应付款"科目，贷记"其他收入"科目。核销的长期应付款应在备查簿中保留登记。

【例11-71】承例11-69和例11-70，省物理研究所已支付L公司融资租入设备款160 000元，尚有20 000元没有付清。L公司提出豁免省物理研究所的偿还义务，经批准予以核销。

借：长期应付款——L公司　　　　　　　　　　　　　　　20 000

　　贷：其他收入　　　　　　　　　　　　　　　　　　　　20 000

（四）涉及质保金形成长期应付款的核算

涉及质保金形成长期应付款的，相关账务处理参见"固定资产"科目。

三、预计负债的核算

为核算单位对因或有事项所产生的现时义务而确认的负债，如对未决诉讼等确认的负债，设置"预计负债"（2601）科目。本科目期末贷方余额反映单位已确认但尚未支付的预计负债金额。本科目应当按照预计负债的项目进行明细核算。

预计负债的主要账务处理如下。

（一）确认预计负债时的核算

确认预计负债时，按照预计的金额，借记"业务活动费用""经营费用""其他费用"等科目，贷记"预计负债"科目。

【例11-72】省物理研究所与A公司之间因材料供应问题有一项未决诉讼，预计省物理研究所需向A公司支付100 000元赔偿款，确认预计负债100 000元。

借：业务活动费用　　　　　　　　　　　　　　　　　　100 000

　　贷：预计负债　　　　　　　　　　　　　　　　　　　100 000

（二）实际偿付预计负债时的核算

实际偿付预计负债时，按照偿付的金额，借记"预计负债"科目，贷记"银行存款""零余额账户用款额度"等科目。

【例11-73】承例11-72，省物理研究所向A公司支付100 000元赔偿款，以银行存款支付。

借：预计负债　　　　　　　　　　　　　　　　　　　　100 000

　　贷：银行存款　　　　　　　　　　　　　　　　　　　100 000

（三）调整预计负债账面余额的核算

根据确凿证据需要对已确认的预计负债账面余额进行调整的，按照调整增加的金额，借记有关科目，贷记"预计负债"科目；按照调整减少的金额，借记"预计负债"科目，贷记有关科目。

---| **业务题** |---

根据以下经济业务编制会计分录。

1. 2019 年 3 月 1 日，某单位在开展事业活动中发生临时性资金周转向银行借入款项 500 000 元，借款期限 6 个月，年利率为 6%，到期归还本息。

2. 接上题，该事业单位向银行借入的款项到期归还借款本息。

3. 某事业单位为增值税一般纳税人，于 2019 年 2 月 5 日购进存货 10 000 元，取得可以抵扣的增值税专用发票 1 700 元，用银行存款支付 11 700 元，于 2019 年 2 月 20 日取得技术服务收入 100 000 元，开具增值税专用票 100 000 元（含税金 12 529.91 元），该笔款项已存入银行。假设本月无其他涉及增值税业务，3 月缴纳增值税 12 826.91 元。

4. 某省行政单位下属事业单位于 2019 年 3 月 1 日报废一批固定资产，收到变价收入 20 000 元，保险赔款 4 000 元，相关款项已存入银行，用银行存款支付发生处置费用 1 000 元。按照该单位资产管理规定，资产处置收入直接上缴国库。

5. 某事业单位 2019 年 5 月有关应付账款业务以下：

（1）5 月 1 日，向甲公司购进实验室材料一批，价值 10 000 元，货物已验收入库，款项尚未支付。

（2）5 月 10 日，用银行存款支付前欠乙公司的实验室材料款 5 000 元。

6. 某市事业单位 2019 年 6 月 15 日，向 W 公司购入一批原材料，价款 30 000 元，材料已验收入库。开出一张面值为 30 000 元，期限为 3 个月的商业承兑汇票。假设该票据为不带息商业汇票。

7. 某事业单位 2019 年 1 月 3 日向银行借入短期借款 100 000 元，用于日常业务发展需要，借款年利率 5%，2019 年 4 月 3 日归还利息。

8. 某省机关服务中心 2019 年 3 月发生以下预收账款业务：

（1）3 月 10 日，预收 H 公司服务费 5 000 元，存入银行；

（2）3 月 15 日，服务完成后，实际结算价款 5 500 元，H 公司已经用银行存款补付。

9. 某事业单位于 2019 年 1 月 1 日从工商银行借入款项 2 000 000 元，借款期限为 3 年，年利率为 8%，款项已存入银行，本息于到期日一次性偿还。该借款全部用于建造一个业务车间，该项目建造期为 6 个月，即 6 月 30 日完工交付使用。

第十二章
政府会计预算的核算

学习目标

1. 掌握政府会计预算收入的核算；
2. 掌握政府会计预算支出的核算；
3. 掌握政府会计预算结余的核算。

我国《政府会计准则——基本准则》规定，政府会计由预算会计和财务会计构成。预算会计是指以收付实现制为基础，对政府会计主体预算执行过程中发生的全部收入和全部支出进行会计核算，主要反映和监督预算收支执行情况的会计，其会计要素包括预算收入、预算支出与预算结余。

第一节 政府会计预算收入的核算

预算收入是指行政事业单位在预算年度内依法取得的并纳入预算管理的现金流入。预算收入一般在实际收到时予以确认，以实际收到的金额计量。依据来源不同，行政事业单位的预算收入分为财政拨款预算收入、事业预算收入、上级补助预算收入、附属单位上缴预算收入、经营预算收入、债务预算收入、非同级财政拨款预算收入、投资预算收益和其他预算收入等。

一、财政拨款预算收入的核算

为核算单位从同级政府财政部门取得的各类财政拨款，设置"财政拨款预算收入"（6001）科目。年末结转后，本科目应无余额。本科目应当设置"基本支出"和"项目支出"两个明细科目，并按照《政府收支分类科目》中"支出功能分类科目"的项级科目进行明细核算；同时，在"基本支出"明细科目下按照"人员经费"和"日常公用经费"进行明细核算，在"项目支出"明细科目下按照具体项目进行明细核算。有一般公共预算财政拨款、政府性基金预算财政拨款等两种或两种以上财政拨款的单位，还应当按照财政拨款的种类进行明细核算。

财政拨款预算收入的主要账务处理如下。

（一）财政直接支付方式下

（1）财政直接支付方式下，单位根据收到的"财政直接支付入账通知书"及相关原始凭证，按照通知书中的直接支付金额，借记"行政支出""事业支出"等科目，贷记"财政拨款预算收入"科目。

【例 12-1】市审计局用审计督察专项经费购买 3 台电脑，价款及相关税费为 13 100 元，以财政直接支付方式付款。依据收到的"财政直接支付入账通知书"和相关原始凭证记账。

借：行政支出　　　　　　　　　　　　　　　　　　　　　　　　　　13 100
　　贷：财政拨款预算收入——项目支出　　　　　　　　　　　　　　　　13 100

（2）年末，根据本年度财政直接支付预算指标数与当年财政直接支付实际支出数的差额，借记"资金结存——财政应返还额度"科目，贷记"财政拨款预算收入"科目。

【例 12-2】年末，市审计局的年度财政直接支付预算指标数与当年财政直接支付实际支出数的差额为 200 000 元，其中，期末支出 150 000 元、项目支出 50 000 元，转为财政应返还额度。

借：资金结存——财政应返还额度　　　　　　　　　　　　　　　　　200 000
　　贷：财政拨款预算收入　　　　　　　　　　　　　　　　　　　　　200 000

（二）财政授权支付方式下

（1）财政授权支付方式下，单位根据收到的"财政授权支付额度到账通知书"，按照通知书中的授权支付额度，借记"资金结存——零余额账户用款额度"科目，贷记"财政拨款预算收入"科目。

【例 12-3】市审计局收到"财政授权支付额度到账通知书"，通知书中的授权支付额度为 250 000 元。

借：资金结存——零余额账户用款额度　　　　　　　　　　　　　　　250 000
　　贷：财政拨款预算收入　　　　　　　　　　　　　　　　　　　　　250 000

（2）年末，单位本年度财政授权支付预算指标数大于零余额账户用款额度下达数的，按照两者差额，借记"资金结存——财政应返还额度"科目，贷记"财政拨款预算收入"科目。

【例 12-4】年末，市审计局的年度财政授权支付预算指标数大于零余额账户用款额度下达数 300 000 元，转为财政应返还额度。

借：资金结存——财政应返还额度　　　　　　　　　　　　　　　　　300 000
　　贷：财政拨款预算收入　　　　　　　　　　　　　　　　　　　　　300 000

（三）其他方式下

（1）其他方式下，单位按照本期预算收到财政拨款预算收入时，按照实际收到金额，借记"资产结存——货币资金"科目，贷记"财政拨款预算收入"科目。

【例 12-5】某县实行实拨资金制度，县审计局收到财政拨款预算收入 160 000 元，存入银行。

借：资金结存——货币资金　　　　　　　　　　　　　　　　　　　　160 000
　　贷：财政拨款预算收入　　　　　　　　　　　　　　　　　　　　　160 000

（2）单位收到下期预算的财政预拨款，应当在下个预算期，按照预收的金额，借记"资金结存——货币资金"科目，贷记"财政拨款预算收入"科目。

【例 12-6】县审计局收到下个预算季度的财政预拨款 120 000 元。

在下个预算期，编制会计分录如下：

借：资金结存——货币资金　　　　　　　　　　　　　　　　　　　　120 000
　　贷：财政拨款预算收入　　　　　　　　　　　　　　　　　　　　　120 000

（四）国库直接支付款项退回

因差错更正、购货退回等发生国库直接支付款项退回的，属于本年度支付的款项，按照退回金额，借记"财政拨款预算收入"科目，贷记"行政支出""事业支出"等科目。

【例12-7】承例12-1，因质量问题，市审计局退回所购电脑，款项退回国库。

借：财政拨款预算收入——项目支出 13 100

 贷：行政支出 13 100

（五）年末结转

年末，将"财政拨款预算收入"科目本年发生额转入"财政拨款结转"科目，借记"财政拨款预算收入"科目，贷记"财政拨款结转——本年收支结转"科目。

【例12-8】年末，市审计局将"财政拨款预算收入"科目本年发生额14 300 000元转入"财政拨款结转"科目。

借：财政拨款预算收入 14 300 000

 贷：财政拨款结转——本年收支结转 14 300 000

二、事业预算收入的核算

为核算事业单位开展专业业务活动及其辅助活动取得的现金流入，设置"事业预算收入"（6101）科目。年末结转后，本科目应无余额。事业单位因开展科研及其辅助活动从非同级政府财政部门取得的经费拨款，也通过本科目核算。本科目应当按照事业预算收入类别、项目、来源，以及《政府收支分类科目》中"支出功能分类科目"的项级科目等进行明细核算。对于因开展科研及其辅助活动从非同级政府财政部门取得的经费拨款，应当在本科目下单设"非同级财政拨款"明细科目进行明细核算；事业预算收入中如有专项资金收入，还应按照具体项目进行明细核算。

事业预算收入的主要账务处理如下。

（1）采用财政专户返还方式管理的事业预算收入，收到从财政专户返还的事业预算收入时，按照实际收到的返还金额，借记"资金结存——货币资金"科目，贷记"事业预算收入"科目。

【例12-9】理工大学收取的学费收入采用财政专户返还方式管理。现收到从财政专户返还收入3 000 000元。

借：资金结存——货币资金 3 000 000

 贷：事业预算收入 3 000 000

（2）收到其他事业预算收入时，按照实际收到的款项金额，借记"资金结存——货币资金"科目，贷记"事业预算收入"科目。

【例12-10】理工大学收到合作单位交来的实验室共建费用120 000元，存入银行。

借：资金结存——货币资金 120 000

 贷：事业预算收入 120 000

（3）年末，将"事业预算收入"科目本年发生额中的"专项资金收入"转入"非财政拨款结转"科目，借记"事业预算收入"科目下各专项资金收入明细科目，贷记"非财政拨款结转——本年收支结转"科目；将"事业预算收入"科目本年发生额中的"非专项资金收入"转入"其他结余"科目，借记"事业预算收入"科目下各非专项资金收入明细科目，贷记"其他结余"科目。

【例12-11】年末，理工大学将"事业预算收入——专项资金收入"本年发生额5 612 000元转入"非财政拨款结转"科目；将"事业预算收入——非专项资金收入"本年发生40 800 000元转入"其他结余"科目。

借：事业预算收入——专项资金收入　　　　　　　　　　　　　　5 612 000

　　贷：非财政拨款结转——本年收支结转　　　　　　　　　　　　　5 612 000

借：事业预算收入——非专项资金收入　　　　　　　　　　　　　40 800 000

　　贷：其他结余　　　　　　　　　　　　　　　　　　　　　　　40 800 000

三、上级补助预算收入的核算

为核算事业单位从主管部门和上级单位取得的非财政补助现金流入，设置"上级补助预算收入"（6201）科目。年末结转后，本科目应无余额。本科目应当按照发放补助单位、补助项目，以及《政府收支分类科目》中"支出功能分类科目"的项级科目等进行明细核算。上级补助预算收入中如有专项资金收入，还应按照具体项目进行明细核算。

上级补助预算收入的主要账务处理如下。

（1）收到上级补助预算收入时，按照实际收到的金额，借记"资金结存——货币资金"科目，贷记"上级补助预算收入"科目。

【例12-12】理工大学收到上级主管部门的补助预算收入5 000 000元，存入银行。

借：资金结存——货币资金　　　　　　　　　　　　　　　　　　5 000 000

　　贷：上级补助预算收入　　　　　　　　　　　　　　　　　　　　5 000 000

（2）年末，将"上级补助预算收入"科目本年发生额中的"专项资金收入"转入"非财政拨款结转"科目，借记"上级补助预算收入"科目下各专项资金收入明细科目，贷记"非财政拨款结转——本年收支结转"科目；将"上级补助预算收入"科目本年发生额中的"非专项资金收入"转入"其他结余"科目，借记"上级补助预算收入"科目下各非专项资金收入明细科目，贷记"其他结余"科目。

【例12-13】年末，理工大学将"上级补助预算收入——专项资金收入"10 000 000元转入"非财政拨款结转"科目；将"上级补助预算收入——非专项资金收入"20 000 000元转入"其他结余"科目。

借：上级补助预算收入——专项资金收入　　　　　　　　　　　10 000 000

　　贷：非财政拨款结转——本年收支结转　　　　　　　　　　　　10 000 000

借：上级补助预算收入——非专项资金收入　　　　　　　　　　20 000 000

　　贷：其他结余　　　　　　　　　　　　　　　　　　　　　　20 000 000

四、附属单位上缴预算收入的核算

为核算事业单位取得附属独立核算单位根据有关规定上缴的现金流入，设置"附属单位上缴预算收入"（6301）科目。年末结转后，本科目应无余额。本科目应当按照附属单位、缴款项目，以及《政府收支分类科目》中"支出功能分类科目"的项级科目等进行明细核算。附属单位上缴预算收入中如有专项资金收入，还应按照具体项目进行明细核算。

附属单位上缴预算收入的主要账务处理如下。

（1）收到附属单位缴来款项时，按照实际收到的金额，借记"资金结存——货币资金"

科目，贷记"附属单位上缴预算收入"科目。

【例 12-14】理工大学收到附属出版社缴来款项 1 000 000 元，存入银行。

借：资金结存——货币资金   1 000 000

 贷：附属单位上缴预算收入   1 000 000

（2）年末，将"附属单位上缴预算收入"科目本年发生额中的"专项资金收入"转入"非财政拨款结转"科目，借记"附属单位上缴预算收入"科目下各专项资金收入明细科目，贷记"非财政拨款结转——本年收支结转"科目；将"附属单位上缴预算收入"科目本年发生额中的"非专项资金收入"转入"其他结余"科目，借记"附属单位上缴预算收入"科目下各非专项资金收入明细科目，贷记"其他结余"科目。

【例 12-15】年末，理工大学将"附属单位上缴预算收入——专项资金收入"2 000 000 元转入"非财政拨款结转"科目；将"附属单位上缴预算收入——非专项资金收入"1 000 000 元转入"其他结余"科目。

借：附属单位上缴预算收入——专项资金收入   2 000 000

 贷：非财政拨款结转——本年收支结转   2 000 000

借：附属单位上缴预算收入——非专项资金收入   1 000 000

 贷：其他结余   1 000 000

五、经营预算收入的核算

为核算事业单位在专业业务活动及其辅助活动之外开展非独立核算经营活动取得的现金流入，设置"经营预算收入"（6401）科目。年末结转后，本科目应无余额。本科目应当按照经营活动类别、项目，以及《政府收支分类科目》中"支出功能分类科目"的项级科目等进行明细核算。

经营预算收入的主要账务处理如下。

（1）收到经营预算收入时，按照实际收到的金额，借记"资金结存——货币资金"科目，贷记"经营预算收入"科目。

【例 12-16】理工大学非独立核算招待所收到住宿收入 11 200 元，存入银行。

借：资金结存——货币资金   11 200

 贷：经营预算收入   11 200

（2）年末，将"经营预算收入"科目本年发生额转入"经营结余"科目，借记"经营预算收入"科目，贷记"经营结余"科目。

【例 12-17】年末，理工大学将"经营预算收入"科目本年发生额 603 000 元转入"经营结余"科目。

借：经营预算收入   603 000

 贷：经营结余   603 000

六、债务预算收入的核算

为核算事业单位按照规定从银行和其他金融机构等借入的、纳入部门预算管理的、不以财政资金作为偿还来源的债务本金，设置"债务预算收入"（6501）科目。年末结转后，本科目应无余额。本科目应当按照贷款单位、贷款种类，以及《政府收支分类科目》中"支出功能分类科目"的项级科目等进行明细核算。债务预算收入中如有专项资金收入，还应按照具体项目进行明细核算。

债务预算收入的主要账务处理如下。

(1) 借入各项短期或长期借款时，按照实际借入的金额，借记"资金结存——货币资金"科目，贷记"债务预算收入"科目。

【例12-18】理工大学借入3年期银行贷款5 000 000元，用于建设教学大楼。

借：资金结存——货币资金   5 000 000

  贷：债务预算收入   5 000 000

(2) 年末，将"债务预算收入"科目本年发生额中的"专项资金收入"转入"非财政拨款结转"科目，借记"债务预算收入"科目下各专项资金收入明细科目，贷记"非财政拨款结转——本年收支结转"科目；将"债务预算收入"科目本年发生额中的"非专项资金收入"转入"其他结余"科目，借记"债务预算收入"科目下各非专项资金收入明细科目，贷记"其他结余"科目。

【例12-19】年末，理工大学将"债务预算收入——专项资金收入"18 000 000元转入"非财政拨款结转"科目；将"债务预算收入——非专项资金收入"9 000 000元转入"其他结余"科目。

借：债务预算收入——专项资金收入   18 000 000

  贷：非财政拨款结转——本年收支结转   18 000 000

借：债务预算收入——非专项资金收入   9 000 000

  贷：其他结余   9 000 000

七、非同级财政拨款预算收入的核算

为核算单位从非同级政府财政部门取得的财政拨款，包括本级横向转拨财政款和非本级财政拨款，设置"非同级财政拨款预算收入"(6001)科目。年末结转后，本科目应无余额。对于因开展科研及其辅助活动从非同级政府财政部门取得的经费拨款，应当通过"事业预算收入——非同级财政拨款"科目进行核算，不通过本科目核算。本科目应当按照非同级财政拨款的项级科预算收入的类别、来源，以及《政府收支分类科目》中"支出功能分类科目"的项级科目等进行明细核算。非同级财政拨款预算收入中如有专项资金收入，还应按照具体项目进行明细核算。

非同级财政拨款预算收入的主要财务处理如下。

(1) 取得非同级财政拨款预算收入时，按照实际收到的金额，借记"资金结存——货币资金"科目，贷记"非同级财政拨款预算收入"科目。

【例12-20】理工大学为省属高校，现收到中央财政拨入的省部共建资金5 000 000元。

借：资金结存——货币资金   5 000 000

  贷：非同级财政拨款预算收入   5 000 000

(2) 年末，将"非同级财政拨款预算收入"科目本年发生额中的"专项资金收入"转入"非财政拨款结转"科目，借记"非同级财政拨款预算收入"科目下各专项资金收入明细科目，贷记"非财政拨款结转——本年收支结转"科目；将"非同级财政拨款预算收入"科目本年发生额中的"非专项资金收入"转入"其他结余"科目，借记"非同级财政拨款预算收入"科目下各非专项资金收入明细科目，贷记"其他结余"科目。

【例12-21】年末，理工大学将"非同级财政拨款预算收入——专项资金收入"10 000 000元转入"非财政拨款结转"科目；将"非同级财政拨款预算收入——非专项资金收入"2 000 000元转入"其他结余"科目。

借：非同级财政拨款预算收入——专项资金收入　　　　　　　　10 000 000
　贷：非财政拨款结转——本年收支结转　　　　　　　　　　　　10 000 000
借：非同级财政拨款预算收入——非专项资金收入　　　　　　　　2 000 000
　贷：其他结余　　　　　　　　　　　　　　　　　　　　　　　2 000 000

八、投资预算收益的核算

为核算事业单位取得的按照规定应纳入部门预算管理的属于投资收益性质的现金流入，包括股权投资收益、出售或收回债券投资所取得的收益和债券投资利息收入，设置"投资预算收益"（6602）科目。年末结转后，本科目应无余额。本科目应当按照《政府收支分类科目》中"支出功能分类科目"的项级科目进行明细核算。

投资预算收益的主要账务处理如下。

（一）出售或到期收回投资的核算

（1）出售或到期收回本年度取得的短期、长期债券，按照实际取得的价款或实际收到的本息金额，借记"资金结存——货币资金"科目，按照取得债券时"投资支出"科目的发生额，贷记"投资支出"科目，按照其差额，贷记或借记"投资预算收益"科目。

【例12-22】理工大学将本年购入的3年期债券在二级市场上出售，取得价款605 000元。债券的成本为600 000元。

借：资金结存——货币资金　　　　　　　　　　　　　　　　　605 000
　贷：投资支出　　　　　　　　　　　　　　　　　　　　　　　600 000
　　投资预算收益　　　　　　　　　　　　　　　　　　　　　　5 000

（2）出售或到期收回以前年度取得的短期、长期债券，按照实际取得的价款或实际收到的本息金额，借记"资金结存——货币资金"科目，按照取得债券时"投资支出"科目的发生额，贷记"其他结余"科目，按照其差额，贷记或借记"投资预算收益"科目。

【例12-23】省物理研究所收回以前年度取得的长期债券，本息金额共计321 000元，取得债券时，"投资支出"科目的发生额为300 000元。

借：资金结存——货币资金　　　　　　　　　　　　　　　　　321 000
　贷：其他结余　　　　　　　　　　　　　　　　　　　　　　　300 000
　　投资预算收益　　　　　　　　　　　　　　　　　　　　　　21 000

（3）出售、转让以货币资金取得的长期股权投资的，其账务处理参照出售或到期收回债券投资。

（二）收到利息的核算

（1）持有的短期投资以及分期付息、一次还本的长期债券投资收到利息时，按照实际收到的金额，借记"资金结存——货币资金"科目，贷记"投资预算收益"科目。

【例12-24】理工大学收到分期付息、一次还本的5年期债券投资利息2 000元。

借：资金结存——货币资金　　　　　　　　　　　　　　　　　2 000
　贷：投资预算收益　　　　　　　　　　　　　　　　　　　　　2 000

（2）持有长期股权投资取得被投资单位分派的现金股利或利润时，按照实际收到的金额，借记"资金结存——货币资金"科目，贷记"投资预算收益"科目。

【例12-25】省物理研究所持有的长期股权投资取得现金股利 30 000 元。

借：资金结存——货币资金　　　　　　　　　　　　　　　30 000

　　贷：投资预算收益　　　　　　　　　　　　　　　　　　　30 000

（3）出售、转让以非货币性资产取得的长期股权投资时，按照实际取得的价款扣减支付的相关费用和应缴财政款后的余额（按照规定应纳入单位预算管理的），借记"资金结存—货币资金"科目，贷记"投资预算收益"科目。

【例12-26】理工大学转让以非货币资金性资产取得的长期股权投资，取得价款 725 000 元，支付相关费用 500 元，应缴财政款 650 000 元，余额 74 500 元为投资预算收益。

借：资金结存——货币资金　　　　　　　　　　　　　　　74 500

　　贷：投资预算收益　　　　　　　　　　　　　　　　　　　74 500

（三）期末结转

年末，将"投资预算收益"科目本年发生额转入"其他结余"科目，借记或贷记"投资预算收益"科目，贷记或借记"其他结余"科目。

【例12-27】年末，理工大学将"投资预算收益"科目本年发生额 151 050 元转入"其他结余"科目。

借：投资预算收益　　　　　　　　　　　　　　　　　　　151 050

　　贷：其他结余　　　　　　　　　　　　　　　　　　　　　151 050

九、其他预算收入的核算

为核算单位除财政拨款预算收入、事业预算收入、上级补助预算收入、附属单位上缴预算收入、经营预算收入、债务预算收入、非同级财政拨款预算收入、投资预算收益之外的纳入部门预算管理的现金流入，包括捐赠预算收入、利息预算收入、租金预算收入、现金盘盈收入等，设置"其他预算收入"（6609）科目。年末结转后，本科目应无余额。

单位发生的捐赠预算收入、利息预算收入、租金预算收入金额较大或者业务较多的，可单独设置"捐赠预算收入"（6603）、"利息预算收入"（6604）、"租金预算收入"（6605）等科目。

"其他预算收入"科目应当按照其他收入类别，以及《政府收支分类科目》中"支出功能分类科目"的项级科目等进行明细核算。其他预算收入中如有专项资金收入，还应按照具体项目进行明细核算。

其他预算收入的主要账务处理如下。

（1）接受捐赠现金资产、收到银行存款利息、收到资产承租人支付的租金时，按照实际收到的金额，借记"资金结存——货币资金"科目，贷记"其他预算收入"科目。

【例12-28】理工大学收到校友捐赠现金 200 000 元。

借：资金结存——货币资金　　　　　　　　　　　　　　　200 000

　　贷：其他预算收入　　　　　　　　　　　　　　　　　　　200 000

（2）每日现金账款核对时，如发现现金溢余，按照溢余的现金金额，借记"资金结存——货币资金"科目，贷记"其他预算收入"科目。经核实，属于应支付给有关个人和单位的部分，按照实际支付的金额，借记"其他预算收入"科目，贷记"资金结存——货币资金"科目。

【例12-29】理工大学在每日现金账款核对中发现现金溢余 200 元。

　　借：资金结存——货币资金　　　　　　　　　　　　　　　　200

　　　　贷：其他预算收入　　　　　　　　　　　　　　　　　　　　200

（3）收到其他预算收入时，按照收到的金额，借记"资金结存——货币资金"科目，贷记"其他预算收入"科目。

【例12-30】理工大学收到银行存款利息收入 350 元。

　　借：资金结存——货币资金　　　　　　　　　　　　　　　　350

　　　　贷：其他预算收入　　　　　　　　　　　　　　　　　　　　350

（4）年末，将"其他预算收入"科目本年发生额中的"专项资金收入"转入"非财政拨款结转"科目，借记"其他预算收入"科目下各专项资金收入明细科目，贷记"非财政拨款结转——本年收支结转"科目；将"其他预算收入"科目本年发生额中的"非专项资金收入"转入"其他结余"科目，借记"其他预算收入"科目下各非专项资金收入明细科目，贷记"其他结余"科目。

【例12-31】年末，理工大学将"其他预算收入——专项资金收入"350 000 元转入"非财政拨款结转"科目；将"其他预算收入——非专项资金收入"3 000 元转入"其他结余"科目。

　　借：其他预算收入——专项资金收入　　　　　　　　　　　350 000

　　　　贷：非财政拨款结转——本年收支结转　　　　　　　　　　350 000

　　借：其他预算收入——非专项资金收入　　　　　　　　　　　　3 000

　　　　贷：其他结余　　　　　　　　　　　　　　　　　　　　　3 000

第二节　政府会计预算支出的核算

　　预算支出是指政府会计主体在预算年度内依法发生并纳入预算管理的现金流出。预算支出一般在实际支付时予以确认，以实际支付的金额计量。行政事业单位的预算支出包括行政支出、事业支出、经营支出、上缴上级支出、对附属单位补助支出、投资支出、债务还本支出和其他支出等。

一、行政支出的核算

　　为核算行政单位履行其职责实际发生的各项现金流出，设置"行政支出"（7101）科目。年末结转后，本科目应无余额。本科目应当分别按照"财政拨款支出""非财政专项资金支出"和"其他资金支出"，"基本支出"和"项目支出"等进行明细核算，并按照《政府收支分类科目》中"支出功能分类科目"的项级科目进行明细核算；"基本支出"和"项目支出"明细科目下应当按照《政府收支分类科目》中"部门预算支出经济分类科目"的款项科目进行明细核算，同时在"项目支出"明细科目下按照具体项目进行明细核算。有一般公共预算财政拨款、政府性基金预算财政拨款等两种或两种以上财政拨款的行政单位，还应当在"财政拨款支出"明细科目下按照财政拨款的种类进行明细核算。对于预付款项，可通过在本科目下设置"待处理"明细科目进行核算，待确认具体支出项目后再转入本科目下相关明细科目。年末结账前，应将本科目"待处理"明细科目余额全部转入本科目下相关明细科目。

行政支出的主要账务处理如下。

（一）支付单位职工薪酬的核算

（1）向单位职工个人支付薪酬时，按照实际支付的金额，借记"行政支出"科目，贷记"财政拨款预算收入""资金结存"科目。

【**例 12-32**】市审计局向单位职工个人支付薪酬 314 620 元，以财政直接支付方式支付。

借：行政支出 314 620

　　贷：财政拨款预算收入 314 620

（2）按照规定代扣代缴个人所得税或为职工缴纳职工社会保险费、住房公积金等时，按照实际缴纳的金额，借记"行政支出"科目，贷记"财政接款预算收入""资金结存"科目。

【**例 12-33**】承例 12-32，市审计局按照规定为职工缴纳职工社会保险费 15 000 元，由财政直接支付方式支付。

借：行政支出 15 000

　　贷：财政拨款预算收入 15 000

（二）支付外部人员劳务费的核算

（1）按照实际支付给外部人员个人的金额，借记"行政支出"科目，贷记"财政拨款预算收入""资金结存"科目。

【**例 12-34**】市审计局支付外部人员劳务费 44 860 元，以银行存款支付。

借：行政支出 44 860

　　贷：资金结存 44 860

（2）按照规定代扣代缴个人所得税时，按照实际缴纳的金额，借记"行政支出"科目，贷记"财政拨款预算收入""资金结存"科目。

【**例 12-35**】市审计局按照规定代扣代缴外部人员个人所得税 500 元，以银行存款支付。

借：行政支出 500

　　贷：资金结存 500

（三）购买存货、固定资产、无形资产等的核算

（1）为购买存货、固定资产、无形资产等以及在建工程支付相关款项时，按照实际支付的金额，借记"行政支出"科目，贷记"财政拨款预算收入""资金结存"科目。

【**例 12-36**】市审计局购买电脑 5 台，总价款和相关税费 31 000 元，以财政直接支付方式支付。

借：行政支出 31 000

　　贷：财政拨款预算收入 31 000

（2）发生预付账款时，按照实际支付的金额，借记"行政支出"科目，贷记"财政拨款预算收入""资金结存"科目。

【**例 12-37**】市审计局委托软件公司开发审计专用软件，预付款项 50 000 元以银行存款支付。

借：行政支出 50 000

　　贷：资金结存 50 000

（3）对于暂付款项，在支付款项时可不做预算会计处理，待结算或报销时，按照结算或报销的金额，借记"行政支出"科目，贷记"资金结存"科目。

【例 12-38】市审计局工作人员王勇出差，预借差旅费 20 000 元，出差回来报销 18 400 元，余款 1 600 元交回。

借：行政支出 　　　　　　　　　　　　　　　　　　　　　　　　18 400

　　贷：资金结存 　　　　　　　　　　　　　　　　　　　　　　18 400

（4）发生其他各项支出时，按照实际支付的金额，借记"行政支出"科目，贷记"财政拨款预算收入""资金结存"科目。

【例 12-39】市审计局以银行存款支付本月电费 8 000 元。

借：行政支出 　　　　　　　　　　　　　　　　　　　　　　　　8 000

　　贷：资金结存 　　　　　　　　　　　　　　　　　　　　　　8 000

（5）因购货退回等发生款项退回，或者发生差错更正的，属于当年支出收回的，按照收回或更正金额，借记"财政拨款预算收入""资金结存"科目，贷记"行政支出"科目。

【例 12-40】承例 12-36，市审计局退回所购电脑，所付款项 31 000 元也退回国库。

借：财政拨款预算收入 　　　　　　　　　　　　　　　　　　　31 000

　　贷：行政支出 　　　　　　　　　　　　　　　　　　　　　31 000

（四）期末结转

年末，将"行政支出"科目本年发生额中的"财政拨款支出"转入"财政拨款结转"科目，借记"财政拨款结转——本年收支结转"科目，贷记"行政支出"科目下各财政拨款支出明细科目；将"行政支出"科目本年发生额中的"非财政专项资金支出"转入"非财政拨款结转"科目，借记"非财政拨款结转——本年收支结转"科目，贷记"行政支出"科目下各非财政专项资金支出明细科目；将"行政支出"科目本年发生额中的"非财政非专项资金支出"转入"其他结余"科目，借记"其他结余"科目，贷记"行政支出"科目下其他资金支出明细科目。

【例 12-41】年末，市审计局将"行政支出"科目下"财政拨款支出"36 500 000 元转入"财政拨款结转"科目，"非财政专项资金支出"942 000 元转入"非财政拨款结转"科目。

借：财政拨款结转——本年收支结转 　　　　　　　　　　　　36 500 000

　　贷：行政支出——财政拨款支出 　　　　　　　　　　　　36 500 000

借：非财政拨款结转——本年收支结转 　　　　　　　　　　　　942 000

　　贷：行政支出——非财政专项资金支出 　　　　　　　　　　942 000

二、事业支出的核算

为核算事业单位开展专业业务活动及其辅助活动实际发生的各项现金流出，设置"事业支出"（7201）科目。年末结转后，本科目应无余额。单位发生教育、科研、医疗、行政管理、后勤保障等活动的，可在本科目下设置相应的明细科目进行核算，或单设"教育支出"（7201）、"科研支出"（7202）、"医疗支出"（7203）、"行政管理支出"（7204）、"后勤保障支出"（7205）等一级会计科目进行核算。

"事业支出"科目应当分别按照"财政拨款支出""非财政专项资金支出"和"其他资金支出""基本支出"和"项目支出"等进行明细核算，并按照《政府收支分类科目》中"支出功能分类科目"的项级科目进行明细核算；"基本支出"和"项目支出"明细科目下应当按照《政府收支分类科目》中"部门预算支出经济分类科目"的款级科目进行明细核算，同时在"项目支出"明细科目下按照具体项目进行明细核算。

有一般公共预算财政拨款、政府性基金预算财政拨款两种或两种以上财政拨款的事业单位，还应在"财政拨款支出"明细科目下按照财政拨款的种类进行明细核算。

对于预付款项，可通过在"事业支出"科目下设置"待处理"明细科目进行明细核算，待确认具体支出项目后再转入"事业支出"科目下相关明细科目。年末结账前，应将"事业支出"科目"待处理"明细科目余额全部转入"事业支出"科目下相关明细科目。

事业支出的主要账务处理如下。

(一) 支付单位职工(经营部门职工除外)薪酬的核算

(1) 向单位职工个人支付薪酬时，按照实际支付的数额，借记"事业支出"科目，贷记"财政拨款预算收入""资金结存"科目。

【例 12-42】理工大学向单位职工个人支付薪酬 2 465 000 元，以财政直接支付方式支付。

借：事业支出 2 465 000
　　贷：财政拨款预算收入 2 465 000

(2) 按照规定代扣代缴个人所得税或为职工缴纳职工社会保险费、住房公积金等时，按照实际缴纳的金额，借记"事业支出"科目，贷记"财政拨款预算收入""资金结存"科目。

【例 12-43】按照规定，理工大学缴纳代扣代缴个人所得税 160 300 元，以财政直接支付方式支付。

借：事业支出 160 300
　　贷：财政拨款预算收入 160 300

(二) 支付外部人员劳务费的核算

(1) 按照实际支付给专业业务活动及其辅助活动外部人员个人的金额，借记"事业支出"科目，贷记"财政拨款预算收入""资金结存"科目。

【例 12-44】理工大学支付外部人员劳务费 167 300 元，以银行存款支付。

借：事业支出 167 300
　　贷：资金结存 167 300

(2) 按照规定代扣代缴个人所得税时，按照实际缴纳的金额，借记"事业支出"科目，贷记"财政拨款预算收入""资金结存"科目。

【例 12-45】按照规定，理工大学代扣代缴外部人员个人所得税 100 500 元，以银行存款支付。

借：事业支出 100 500
　　贷：资金结存 100 500

(三) 购买存货、固定资产、无形资产等的核算

开展专业业务活动及其辅助活动过程中为购买存货、固定资产、无形资产等以及在建工程支付相关款项时，按照实际支付的金额，借记"事业支出"科目，贷记"财政拨款预算收入""资金结存"科目。

【例 12-46】理工大学购买办公用品一批，价款及相关税费共计 65 000 元，以财政直接支付方式支付。

借：事业支出 65 000
　　贷：财政拨款预算收入 65 000

（四）发生预付账款的核算

（1）开展专业业务活动及其辅助活动过程中发生预付账款时，按照实际支付的金额，借记事业支出科目，贷记"财政拨款预算收入""资金结存"科目。

【例 12-47】理工大学向 M 公司订购教学设备一批，预付款 200 000 元，以财政直接支付方式支付。

借：事业支出   200 000

 贷：财政拨款预算收入   200 000

（2）对于暂付款项，在支付款项时可不做作预算会计处理，待结算或报销时，按照结算或报销的金额，借记"事业支出"科目，贷记"资金结存"科目。

【例 12-48】理工大学高分子材料实验室向财务预借 1 000 000 元用于实验室改造，改造完成后报销 121 600 元，差额以库存现金补足。

借：事业支出   121 600

 贷：资金结存   121 600

（五）缴纳税费的核算

开展专业业务活动及其辅助活动过程中缴纳的相关税费以及发生的其他各项支出，按照实际支付的金额，借记"事业支出"科目，贷记"财政拨款预算收入""资金结存"科目。

【例 12-49】理工大学缴纳房产税 1 000 元，以银行存款支付。

借：事业支出   1 000

 贷：资金结存   1 000

（六）款项退回的核算

开展专业业务活动及其辅助活动过程中因购货退回等发生款项退回，或者发生差错更正的，属于当年支出收回的，按照收回或更正金额，借记"财政拨款预算收入""资金结存"科目，贷记"事业支出"科目。

【例 12-50】承例 12-48，理工大学高分子材料实验室改造工程完工，因质量问题，对方退回 10 000 元。

借：资金结存   10 000

 贷：事业支出   10 000

（七）期末结转

年末，将"事业支出"科目本年发生额中的"财政拨款支出"转入"财政拨款结转"科目，借记"财政结转——本年收支结转"科目，贷记"事业支出"科目下各财政拨款支出明细科目；将"事业支出"科目本年发生额中的"非财政专项资金支出"转入"非财政拨款结转"科目，借记"非财政拨款结转——本年收支结转"科目，贷记"事业支出"科目下各非财政专项资金支出明细科目；将"事业支出"科目本年发生额中的"非财政非专项资金支出"转入"其他结余"科目，借记"其他结余"科目，贷记"事业支出"科目下其他资金支出明细科目。

【例 12-51】年末，理工大学将"事业支出"科目本年发生额中的"财政拨款支出" 30 322 400 元转入"财政拨款结转"科目；将"非财政专项资金支出"80 856 000 元转入"财政拨款结转"科目。

借：财政拨款结转——本年收支结转   30 322 400

 贷：事业支出——财政拨款支出   30 322 400

借：非财政拨款结转——本年收支结转　　　　　　　　8 085 600

　贷：事业支出——非财政专项资金支出　　　　　　　　　8 085 600

六、经营支出的核算

为核算事业单位在专业业务活动及其辅助活动之外开展非独立核算经营活动实际发生的各项现金流出，设置"经营支出"（7301）科目。年末结转后，本科目应无余额。本科目应当按照经营活动类别、项目，以及《政府收支分类科目》中"支出功能类科目"的项级科目和"部门预算支出经济分类科目"的款级科目等进行明细核算。对于预付款项，可通过在本科目下设置"待处理"明细科目进行明细核算，待确认具体支出项目后再转入本科目下相关明细科目。年末结账前，应将本科目"待处理"明细科目余额全部转入本科目下相关明细科目。

经营支出的主要账务处理如下。

（一）支付经营部门职工薪酬的核算

（1）向职工个人支付薪酬时，按照实际的金额，借记"经营支出"科目，贷记"资金结存"科目。

【例 12-52】理工大学附属非独立核算招待所向职工个人支付薪酬 65 000 元，以银行存款支付。

借：经营支出　　　　　　　　　　　　　　　　　　　　65 000

　贷：资金结存　　　　　　　　　　　　　　　　　　　　　65 000

（2）按照规定代扣代缴个人所得税或为职工缴纳社会保险费、住房公积金时，按照实际缴纳的金额，借记"经营支出"科目，贷记"资金结存"科目。

【例 12-53】理工大学按照规定代扣代缴招待所职工个人所得税 3 000 元，以银行存款支付。

借：经营支出　　　　　　　　　　　　　　　　　　　　3 000

　贷：资金结存　　　　　　　　　　　　　　　　　　　　　3 000

（二）为经营活动支付外部人员劳务费的核算

（1）按照实际支付给外部人员个人的金额，借记"经营支出"科目，贷记"资金结存"科目。

【例 12-54】理工大学支付给经营活动的外部人员劳务费 81 200 元，以银行存款支付。

借：经营支出　　　　　　　　　　　　　　　　　　　　81 200

　贷：资金结存　　　　　　　　　　　　　　　　　　　　　81 200

（2）按照规定代扣代缴个人所得税时，按照实际缴纳的金额，借记"经营支出"科目，贷记"资金结存"科目。

【例 12-55】理工大学按照规定代扣代缴外部人员个人所得税 300 元，以银行存款支付。

借：经营支出　　　　　　　　　　　　　　　　　　　　300

　贷：资金结存　　　　　　　　　　　　　　　　　　　　　300

（三）购买存货、固定资产、无形资产等的核算

开展经营活动过程中为购买存货、固定资产、无形资产等，以及在建工程支付相关款项时，按照实际支付的金额，借记"经营支出"科目，贷记"资金结存"科目。

【例 12-56】理工大学招待所购买 3 台空调机，共计 11 000 元，以银行存款支付。

借：经营支出   11 000

  贷：资金结存   11 000

（四）发生预付账款的核算

（1）开展经营活动过程中发生预付账款时，按照实际支付的金额，借记"经营支出"科目，贷记"资金结存"科目。

【例 12-57】理工大学招待所扩建，预付给工程队款项 50 000 元，以银行存款支付。

借：经营支出   50 000

  贷：资金结存   50 000

（2）对于暂付款项，在支付款项时可不做预算会计处理，待结算或报销时，按照结算或报销的金额，借记"经营支出"科目，贷记"资金结存"科目。

【例 12-58】理工大学招待所临时工王国涛因家庭突发事故生活困难，预支下月薪酬 4 000 元，待次月末扣回。

借：经营支出   4 000

  贷：资金结存   4 000

（五）因开展经营活动缴纳的相关税费的核算

因开展经营活动缴纳的相关税费以及发生的其他各项支出，按照实际支付的金额，借记"经营支出"科目，贷记"资金结存"科目。

【例 12-59】理工大学招待所缴纳增值税 26 300 元，以银行存款支付。

借：经营支出   26 300

  贷：资金结存   26 300

（六）发生款项退回的核算

开展经营活动过程中因购货退回等发生款项退回，或者发生差错更正的，属于当年支出收回的，按照收回或更正金额，借记"资金结存"科目，贷记"经营支出"科目。

【例 12-60】承例 12-56，理工大学招待所购买的 3 台空调机，因质量问题有 2 台退货，所退价款 6 400 元。

借：资金结存   6 400

  贷：经营支出   6 400

（七）期末结转

年末，将"经营支出"科目本年发生额转入"经营结余"科目，借记"经营结余"科目，贷记"经营支出"科目。

【例 12-61】年末，理工大学"经营支出"科目本年发生额 551 500 元转入经营结余。

借：经营结余   551 500

  贷：经营支出   551 500

四、上缴上级支出的核算

为核算事业单位按照财政部门和主管部门的规定上缴上级单位款项发生的现金流出，设置"上缴上级支出"（7401）科目。年末结转后，本科目应无余额。本科目应当按照收缴款项单位、缴款项目，以及《政府收支分类科目》中"支出功能分类科目"的项级科目和"部门预算支出经济分类科目"的款级科目等进行明细核算。

上缴上级支出的主要账务处理如下。

（1）按照规定将款项上缴上级单位的，按照实际上缴的金额，借记"上缴上级支出"科目，贷记"资金结存"科目。

【例 12-62】理工大学按照规定上缴上级单位，款项 500 000 元以银行存款数支付。

借：上缴上级支出   500 000

  贷：资金结存   500 000

（2）年末，将"上缴上级支出"科目本年发生额转入"其他结余"科目，借记"其他结余"科目，贷记"上缴上级支出"科目。

【例 12-63】年末，理工大学将"上缴上级支出"科目本年发生额 500 000 元转入"其他结余"科目。

借：其他结余   500 000

  贷：上缴上级支出   500 000

五、对附属单位补助支出的核算

为核算事业单位用财政拨款预算收入之外的收入对附属单位补助发生的现金流出，设置"对附属单位补助支出"（7501）科目。年末结转后，本科目应无余额。本科目应当按照接受补助单位、补助项目，以及《政府收支分类科目》中"支出功能分类科目"的项级科目和"部门预算支出经济分类科目"的款级科目等进行明细核算。

对附属单位补助支出的主要账务处理如下。

（1）发生对附属单位补助支出的，按照实际补助的金额，借记"对附属单位补助支出"科目，贷记"资金结存"科目。

【例 12-64】理工大学向附属小学拨付补助款 500 000 元，以银行存款支付。

借：对附属单位补助支出   500 000

  贷：资金结存   500 000

（2）年末，将"对附属单位补助支出"科目本年发生额转入"其他结余"科目，借记"其他结余"科目，贷记"对附属单位补助支出"科目。

【例 12-65】年末，理工大学将对附属单位补助支出科目本年发生额 3 000 000 元转入"其他结余"科目。

借：其他结余   3 000 000

  贷：对附属单位补助支出   3 000 000

六、投资支出的核算

为核算事业单位以货币资金对外投资发生的现金流出，设置"投资支出"（7601）科目。年末结转后，本科目应无余额。本科目应当按照投资类型、投资对象，以及《政府收支分类科目》中"支出功能分类科目"的项级科目和"部门预算支出经济分类科目"的款级科目等进行明细核算。

投资支出的主要账务处理如下。

（一）以货币资金对外投资的核算

以货币资金对外投资时，按照投资金额和所支付的相关税费金额的合计数，借记"投资支出"科目，贷记"资金结存"科目。

【例 12-66】理工大学以货币资金对外投资，取得 C 公司股票，价款和相关税费共计 2 600 000元。

借：投资支出　　　　　　　　　　　　　　　　　　　　　　2 600 000

　　贷：资金结存　　　　　　　　　　　　　　　　　　　　　　2 600 000

（二）收回以货币资金取得对外投资的核算

（1）出售、对外转让或到期收回本年度以货币资金取得的对外投资的，如果按规定将投资收益纳入单位预算，按照实际收到的金额，借记"资金结存"科目，按照取得投资时"投资支出"科目的发生额，贷记"投资支出"科目，按照其差额，贷记或借记"投资预算收益"科目；如果按规定将投资收益上缴财政的，按照取得投资时"投资支出"科目的发生额，借记"资金结存"科目，贷记"投资支出"科目。

【例 12-67】承例 12-66，因资金紧张，理工大学对外转让本年度以货币资金取得的 C 公司股票，收到资金 265 4000 元，投资成本 2 600 000 元，按规定将投资收益纳入单位预算。

借：资金结存　　　　　　　　　　　　　　　　　　　　　　2 654 000

　　贷：投资支出　　　　　　　　　　　　　　　　　　　　　　2 600 000

　　　　投资预算收益　　　　　　　　　　　　　　　　　　　　　54 000

（2）出售、对外转让或到期收回以前年度以货币资金取得的对外投资的，如果按规定将投资收益纳入单位预算，按照实际收到的金额，借记"资金结存"科目，按取得投资时"投资支出"科目的发生额，贷记"其他结余"科目，按照其差额，贷记或借记"投资预算收益"科目；如果按规定将投资收益上缴财政的，按照取得投资时"投资支出"科目的发生额，借记"资金结存"科目，贷记"其他结余"。

【例 12-68】理工大学到期收回以前年度以货币资金取得的对外投资，取得资金 524 300 元，投资成本 500 000 元，按规定投资收益上缴财政。

借：资金结存　　　　　　　　　　　　　　　　　　　　　　500 000

　　贷：其他结余　　　　　　　　　　　　　　　　　　　　　　500 000

（三）期末结转

年末，将"投资支出"科目本年发生额转入"其他结余"科目，借记"其他结余"科目，贷记"投资支出"科目。

【例 12-69】年末，理工大学将"投资支出"科目本年发生额 2 600 000 元转入"其他结余"科目。

借：其他结余　　　　　　　　　　　　　　　　　　　　　　2 600 000

　　贷：投资支出　　　　　　　　　　　　　　　　　　　　　　2 600 000

七、债务还本支出的核算

为核算事业单位偿还自身承担的纳入预算管理的从金融机构举借的债务本金的现金流出，设置"债务还本支出"（7701）科目。年末结转后，本科目应无余额。本科目应当按照贷款单位、贷款种类，以及《政府收支分类科目》中"支出功能分类科目"的项级科目和"部门预算支出经济分类科目"的款级科目等进行明细核算。

债务还本支出的主要账务处理如下。

（1）偿还各项短期或长期借款时，按照偿还的借款本金，借记"债务还本支出"科目，贷记"资金结存"科目。

【例12-70】理工大学偿还短期借款1 000 000元，利息10 000元，共计1 010 000元，以银行存款支付。

借：债务还本支出   1 010 000

  贷：资金结存   1 010 000

（2）年末，将"债务还本支出"科目本年发生额转入"其他结余"科目，借记"其他结余"科目，贷记"债务还本支出"科目。

【例12-71】年末，理工大学将"债务还本支出"科目的本年发生额35 410 000元转入"其他结余"。

借：其他结余   35 410 000

  贷：债务还本支出   35 410 000

八、其他支出的核算

为核算单位除行政支出、事业支出、经营支出、上缴上级支出、对附属单位补助支出、投资支出、债务还本支出以外的各项现金流出，包括利息支出、对外捐赠现金支出、现金盘亏损失、接受捐赠（调入）和对外捐赠（调出）非现金资产发生的税费支出、资产置换过程中发生的相关税费支出、罚没支出等，设置"其他支出"（7901）科目。年末结转后，本科目应无余额。本科目应当按照其他支出的类别、"财政拨款支出""非财政专项资金支出""其他资金支出"，以及《政府收支分类科目》中"支出功能分类科目"的项级科目和"部门预算支出经济分类科目"的款级科目等进行明细核算，其他支出中如有专项资金支出，还应按照具体项目进行明细核算。

有一般公共预算财政拨款、政府性基金预算财政拨款两种或两种以上财政拨款的事业单位，还应当在"财政拨款支出"明细科目下按照财政拨款的种类进行明细核算。单位发生利息支出、捐赠支出等其他支出金额较大或业务较多的，可单独设置"利息支出"（7902）、"捐赠支出"（7903）等科目。

其他支出的主要账务处理如下。

（一）利息支出的核算

支付银行借款利息时，按照实际支付金额，借记"其他支出"科目，贷记"资金结存"科目。

【例12-72】理工大学支付长期借款利息12 000元。

借：其他支出   12 000

  贷：资金结存   12 000

（二）对外捐赠现金资产的核算

对外捐赠现金资产时，按照捐赠金额，借记"其他支出"科目，贷记"资金结存——货币资金"科目。

【例12-73】理工大学对外捐赠现金资产，向农民工子弟学校捐赠现金20 000元。

借：其他支出   12 000

  贷：资金结存——货币资金   12 000

（三）现金盘亏损失的核算

每日现金账款核对时，如发现现金短缺，按照短缺的金额，借记"其他支出"科目，贷记"资金结存——货币资金"科目。经核实，属于应当由有关人员赔偿的，按照收到的赔偿金额，借记"资金结存——货币资金"科目，贷记"其他支出"科目。

【例 12-74】理工大学在每日现金账款核对中发现现金短缺 500 元。

借：其他支出　　　　　　　　　　　　　　　　　　　　　500

　　贷：资金结存——货币资金　　　　　　　　　　　　　　　　500

（四）接受捐赠和对外捐赠非现金资产发生的税费支出的核算

接受捐赠（无偿调入）非现金资产发生的归属于捐入方（调入方）的相关税费、运输费等，以及对外捐赠（无偿调出）非现金资产发生的归属于捐出方（调出方）的相关税费、运输费等，按照实际支付金额，借记"其他支出"科目，贷记"资金结存"科目。

【例 12-75】理工大学接受捐赠教学设备 2 台，发生的税费支出 1 000 元，以银行存款支付。

借：其他支出　　　　　　　　　　　　　　　　　　　　1 000

　　贷：资金结存　　　　　　　　　　　　　　　　　　　　1 000

（五）资产置换过程中发生的相关税费支出的核算

资产置换过程中发生的相关税费，按照实际支付金额，借记"其他支出"科目，贷记"资金结存"科目。

【例 12-76】理工大学以 2 项专利技术转换 L 公司的股权，发生相关税费支出 1 700 元，以银行存款支付。

借：其他支出　　　　　　　　　　　　　　　　　　　　1 700

　　贷：资金结存　　　　　　　　　　　　　　　　　　　　1 700

（六）其他支出的核算

发生罚没等其他支出时，按照实际支出金额，借记"其他支出"科目，贷记"资金结存"科目。

【例 12-77】理工大学支付车辆违章罚款 2 400 元，以银行存款支付。

借：其他支出　　　　　　　　　　　　　　　　　　　　2 400

　　贷：资金结存　　　　　　　　　　　　　　　　　　　　2 400

（七）期末结转

年末，将"其他支出"科目本年发生额中的"财政拨款支出"转入"财政拨款结转"科目，借记"财政拨款结转——本年收支结转"科目，贷记"其他支出"科目下各财政拨款支出明细科目；将"其他支出"科目本年发生额中的"非财政专项资金支出"转入"非财政拨款结转"科目，借记"非财政拨款结转——本年收支结转"科目，贷记"其他支出"科目下各非财政专项资金支出明细科目；将"其他支出"科目本年发生额中的"非财政非专项资金支出"转入"其他结余"科目，借记"其他结余"科目，贷记"其他支出"科目下各其他资金支出明细科目。

【例 12-78】年末，理工大学将"其他支出——财政拨款支出"129 520 元转入"财政拨款结转"科目；将"其他支出——非财政专项资金支出"35 000 元转入"非财政拨款结转"科目；将"其他支出——非财政非专项资金支出"2 000 元转入"其他结余"科目。

借：财政拨款结转——本年收支结转 129 520
　贷：其他支出——财政拨款支出 129 520
借：非财政拨款结转——本年收支结转 35 000
　贷：其他支出——非财政专项资金支出 35 000
借：其他结余 2 000
　贷：其他支出——非财政非专项资金支出 2 000

第三节　政府会计预算结余的核算

预算结余是指行政事业单位预算年度内预算收入扣除预算支出后的资金余额，以及历年滚存的资金余额，包括结余资金和结转资金等。

一、资金结存的核算

为核算单位纳入部门预算管理的资金的流入、流出、调整和滚存等情况，设置"资金结存"（8001）科目。本科目年末借方余额反映单位预算资金的累计滚存情况。

（一）资金结存的明细科目设置

（1）"零余额账户用款额度"明细科目核算实行国库集中支付的单位根据财政部门批复的用款计划收到和支用的零余额账户用款额度。年末结账后，本明细科目应无余额。

（2）"货币资金"明细科目核算单位以库存现金、银行存款、其他货币资金形态存在的资金。本明细科目年末借方余额反映单位尚未使用的货币资金。

（3）"财政应返还额度"明细科目核算实行国库集中支付的单位可以使用的以前年度财政直接支付资金额度和财政应返还的财政授权支付资金额度。本明细科目下可设置"财政直接支付""财政授权支付"两个明细科目进行明细核算。本明细科目年末借方余额反映单位应收财政返还的资金额度。

（二）资金结存的主要账务处理

（1）取得预算资金的核算。

① 财政授权支付方式下，单位根据代理银行转来的财政授权支付额度到账通知书，按照通知书中的授权支付额度，借记"资金结存——零余额账户用款额度"科目，贷记"财政拨款预算收入"科目。

【例 12-79】市审计局收到代理银行转来的财政授权支付额度到账通知书，通知书中的授权支付额度为 200 000 元。

借：资金结存——零余额账户用款额度 200 000
　贷：财政拨款预算收入 200 000

② 以国库集中支付以外的其他支付方式取得预算收入时，按照实际收到的金额，借记"资金结存——货币资金"科目，贷记"财政拨款预算收入""事业预算收入""经营算收入"等科目。

【例 12-80】县农科所以实拨资金的方式取得预算收入 60 000 元。

借：资金结存——货币资金   60 000

    贷：财政拨款预算收入   60 000

（2）各种支出的核算。

① 财政授权支付方式下，发生相关支出时，按照实际支付的金额借记"行政支出""事业支出"等科目，贷记"资金结存——零余额账户用款额度"科目。

【例 12-81】市审计局购买一批办公用品直接投入使用，价款 31 000 元，以零余额账户用款额度支付。

借：行政支出   31 000

    贷：资金结存——零余额账户用款额度   31 000

② 从零余额账户提取现金时，借记"资金结存——货币资金"科目，贷记"资金结存——零余额账户用款额度"科目。退回现金时，做相反会计分录。

【例 12-82】市审计局从零余额账户提取现金 50 000 元。

借：资金结存——货币资金   50 000

    贷：资金结存——零余额账户用款额度   50 000

③ 使用以前年度财政直接支付额度发生支出时，按照实际支付金额，借记"行政支出""事业支出"等科目，贷记"资金结存——财政应返还额度"科目。

【例 12-83】市审计局用以前年度财政直接支付额度购买电脑 2 台，价款 8 000 元。

借：行政支出   8 000

    贷：资金结存——财政应返还额度   8 000

④ 国库集中支付以外的其他支付方式下，发生相关支出时，按照实际支付的金额，借记"事业支出""经营支出"等科目，贷记"资金结存——货币资金"科目。

【例 12-84】理工大学附属非独立核算招待所购买被服 60 500 元，以银行存款支付。

借：经营支出   60 500

    贷：资金结存——货币资金   60 500

（3）按规定上缴或注销财政拨款结转结余资金的核算。

① 按照规定上缴财政拨款结转结余资金或注销财政拨款结转结余资金额度的，按照实际上缴资金数额或注销的资金额度数额，借记"财政拨款结转——归集上缴"或"财政拨款结余——归集上缴"科目，贷记"资金结存——财政应返还额度、零余额账户用款额度、货币资金"科目。

【例 12-85】理工大学按照规定上缴财政拨款结转结余资金 100 000 元，以财政应返还额度冲抵。

借：财政拨款结转——归集上缴   100 000

    贷：资金结存——财政应返还额度   100 000

② 按规定向原资金拨入单位缴回非财政拨款结转资金的，按照实际缴回资金数额，借记"非财政拨款结转——缴回资金"科目，贷记"资金结存——货币资金"科目。

【例 12-86】理工大学按规定向上级部门缴回非财政拨款结转 50 000 元，以银行存款支付。

借：非财政拨款结转——缴回资金   50 000

    贷：资金结存——货币资金   50 000

③ 收到从其他单位调入的财政拨款结转资金的，按照实际调入资金数额，借记"资金结存——财政应返还额度、零余额账户用款额度、货币资金"科目，贷记"财政拨款——归集调入"科目。

【例 12-87】市审计局从县审计局调入财政拨款结转资金 50 000 元，增加授权支付额度。

借：资金结存——零余额账户用款额度 50 000
　　贷：财政拨款结转——归集调入 50 000

（4）按照规定使用专用基金时，按照实际支付金额，借记"专用结余"科目（从非财政拨款结余中提取的专用基金）或"事业支出"等科目（从预算收入中计提的专用基金），贷记"资金结存——货币资金"科目。

【例 12-88】理工大学按照规定使用专用结余（从非财政拨款结余中提取的专用基金）购买空调 2 台，用于改善教师休息室环境。空调价款共计 16 400 元，以银行存款支付。

借：专用结余——从非财政拨款结余中提取的专用基金 16 400
　　贷：资金结存——货币资金 16 400

（5）购货退回、发生差错更正等的核算。

① 因购货退回、发生差错更正等退回国库直接支付、授权支付款项，或者收回货币资金的，属于本年度支付的，借记"财政拨款预算收入"科目或"资金结存——零余额账户用款额度、货币资金"科目，贷记相关支出科目。

【例 12-89】因质量问题，理工大学附属非独立核算招待所退回当年购买被服 60 500 元，款项存入银行。

借：资金结存——货币资金 60 500
　　贷：经营支出 60 500

② 属于以前年度支付的，借记"资金结存——财政应返还额度、零余额账户用款额度、货币资金"科目，贷记"财政拨款结转""财政拨款结余""非财政拨款结转""非财政拨款结余"科目。

【例 12-90】因质量问题，理工大学附属非独立核算招待所退回上年度购买被服 60 500 元，款项存入银行。

借：资金结存——货币资金 60 500
　　贷：非财政拨款结余 60 500

（6）有企业所得税缴纳义务的事业单位缴纳所得税时，按照实际缴纳金额，借记"财政拨款结余——累计结余"科目，贷记"资金结存——货币资金"科目。

【例 12-91】理工大学附属非独立核算招待所缴纳企业所得税 26 830 元，以银行存款支付。

借：非财政拨款结余——累计结余 26 830
　　贷：资金结存——货币资金 26 830

（7）年末，根据本年度财政直接支付预算指标数与当年财政直接支付实际支出数的差额，借记"资金结存——财政应返还额度"科目，贷记"财政拨款预算收入"科目。

【例 12-92】年末，理工大学本年度财政直接支付预算指标数与当年财政直接支付实际支出数的差额为 300 000 元，转入"财政应返还额度"科目。

借：资金结存——财政应返还额度　　　　　　　　　　　　　　300 000
　　贷：财政拨款预算收入　　　　　　　　　　　　　　　　　　300 000

（8）年末，单位依据代理银行提供的对账单做注销额度的相关账务处理，借记"资金结存——财政应返还额度"科目，贷记"资金结存——零余额账户用款额度"科目；本年度财政授权支付预算指标数大于零余额账户用款额度下达数的，根据未下达的用款额度，借记"资金结存——财政应返还额度"科目，贷记"财政拨款预算收入"科目。

【例12-93】年末，理工大学依据代理银行提供的对账单注销零余额账户用款额度215 400元。

借：资金结存——财政应返还额度　　　　　　　　　　　　　　215 400
　　贷：资金结存—零余额账户用款额度　　　　　　　　　　　　215 400

（9）下年年初，单位依据代理银行提供的额度恢复到账通知书做恢复额度的相关账务处理，借记"资金结存——零余额账户用款额度"科目，贷记"资金结存——财政应返还额度"科目。单位收到财政部门批复的上年末未下达零余额账户用款额度的，借记"资金结存——零余额账户用款额度"科目，贷记"资金结存——财政应返还额度"科目。

【例12-94】下年年初，理工大学依据代理银行提供的额度215 400元恢复到账通知书做恢复额度的相关账务处理。

借：资金结存——零余额账户用款额度　　　　　　　　　　　　215 400
　　贷：资金结存——财政应返还额度　　　　　　　　　　　　　215 400

二、财政拨款结转的核算

为核算单位取得的同级财政拨款结转资金的调整、结转和滚存情况，设置"财政拨款结转"（8101）科目。本科目年末贷方余额反映单位滚存的财政拨款结转资金数额。

（一）财政拨款结转的明细科目设置

▶ 1. 与会计差错更正、以前年度支出收回相关的明细科目

"年初余额调整"明细科目核算因发生会计差错更正、以前年度支出收回等，需要调整财政拨款结转的金额。年末结账后，本明细科目应无余额。

▶ 2. 与财政拨款调拨业务相关的明细科目

（1）"归集调入"明细科目核算按照规定从其他单位调入财政拨款结转资金时，实际调增的额度数额或调入的资金数额。年末结账后，本明细科目应无余额。

（2）"归集调出"明细科目核算按照规定向其他单位调出财政拨款结转资金时，实际调减的额度数额或调出的资金数额。年末结账后，本明细科目应无余额。

（3）"归集上缴"明细科目核算按照规定上缴财政拨款结转资金时，实际核销的额度数额或上缴的资金数额。年末结账后，本明细科目应无余额。

（4）"单位内部调剂"明细科目核算经财政部门批准对财政拨款结余资金改变用途，调整用于本单位其他未完成项目等的调整金额。年末结账后，本明细科目应无余额。

▶ 3. 与年末财政拨款结转业务相关的明细科目

（1）"本年收支结转"明细科目核算单位本年度财政拨款收支相抵后的余额。年末结账后，本明细科目应无余额。

（2）"累计结转"明细科目核算单位滚存的财政拨款结转资金。本明细科目年末贷方余

额反映单位财政拨款滚存的结转资金数额。

"财政拨款结转"科目还应当设置"基本支出结转""项目支出结转"两个明细科目,并在"基本支出结转"明细科目下按照"人员经费""日常公用经费"进行明细核算,在"项目支出结转"明细科目下按照具体项目进行明细核算;同时,"财政拨款结转"科目还应按照《政府收支分类科目》中"支出功能分类科目"的相关科目进行明细核算。

有一般公共预算财政拨款、政府性基金预算财政拨款等两种或两种以上财政拨款的,还应当在"财政拨款结转"科目下按照财政拨款的种类进行明细核算。

(二)财政拨款结转的主要账务处理

▶ 1. 与会计差错更正、以前年度支出收回相关的账务处理

(1)因发生会计差错更正退回以前年度国库直接支付、授权支付款项或财政性货币资金,或者因发生会计差错更正增加以前年度国库直接支付、授权支付支出或财政性货币资金支出,属于以前年度财政拨款结转资金的,借记或贷记"资金结存——财政应返还额度""资金结存——零余额账户用款额度""资金结存——货币资金"科目,贷记或借记"财政拨款结转——年初余额调整"科目。

【例 12-95】因计算错误,理工大学上一年度以财政直接支付方式购买的材料多付款项 35 000 元,现予以退回。

借:资金结存——财政应返还额度 35 000
　贷:财政拨款结转——年初余额调整 35 000

(2)因购货退回、预付款项收回等发生以前年度支出又收回国库直接支付、授权支付款项或收回财政性货币资金,属于以前年度财政拨款结转资金的,借记"资金结存——财政应返还额度""资金结存——零余额账户用款额度""资金结存——货币资金"科目,贷记"财政拨款结转——年初余额调整"科目。

【例 12-96】因质量问题,理工大学上一年度购买的设备退货,货款 44 300 元退回国库直接支付。

借:资金结存——财政应返还额度 44 300
　贷:财政拨款结转——年初余额调整 44 300

▶ 2. 与财政拨款结转结余资金调整业务相关的账务处理

(1)按照规定从其他单位调入财政拨款结转资金的,按照实际调增的额度数额或调入的资金数额,借记"资金结存——零余额账户用款额度""资金结存财政应返还额度""资金结存——货币资金"科目,贷记"财政拨款结转——归集调入"科目。

【例 12-97】理工大学按照规定从附属中学调入财政拨款结转资金 80 000 元,并调增财政应返还额度。

借:资金结存——财政应返还额度 80 000
　贷:财政拨款结转——归集调入 80 000

(2)按照规定向其他单位调出财政拨款结转资金的,按照实际调减的额度数额或调出的资金数额,借记"财政拨款结转——归集调出"科目,贷记"资金结存——财政应返还额度""资金结存——零余额账户用款额度""资金结存——货币资金"科目。

【例 12-98】理工大学按照规定向省教育部调出财政拨款结转资金 510 000 元,并调减财政应返还额度。

借：财政拨款结转——归集调出　　　　　　　　　　　　　　　　　　510 000

　　贷：资金结存——财政应返还额度　　　　　　　　　　　　　　　　510 000

（3）按照规定上缴财政拨款结转资金或注销财政拨款结转资金额度的，按照实际上缴资金数额或注销的资金额度数额，借记"财政拨款结转——归集上缴"科目、贷记"资金结存——财政应返还额度""资金结存——零余额账户用款额度""资金结存——货币资金"科目。

【例 12-99】按照规定，理工大学注销财政拨款结转资金额度 150 000 元。

借：财政拨款结转——归集上缴　　　　　　　　　　　　　　　　　　150 000

　　贷：资金结存——财政应返还额度　　　　　　　　　　　　　　　　150 000

（4）经财政部门批准对财政拨款结余资金改变用途，调整用于本单位基本支出或其他未完成项目支出的，按照批准调剂的金额，借记"财政拨款结余——单位内部调剂"科目，贷记"财政拨款结转——单位内部调剂"科目。

【例 12-100】经财政部门批准，理工大学对财政拨款结余资金 400 000 元改变用途，调整用于单位基本支出。

借：财政拨款结余——单位内部调剂　　　　　　　　　　　　　　　　400 000

　　贷：财政拨款结转—单位内部调剂　　　　　　　　　　　　　　　400 000

▶ 3. 与年末财政拨款结转和结余业务相关的账务处理

（1）年末，将财政拨款预算收入本年发生额转入"财政拨款结转"科目，借记"财政拨款预算收入"科目，贷记"财政拨款结转——本年收支结转"科目；将其他支出中财政拨款支出本年发生额转入"财政拨款结转"科目，借记"财政拨款结转——本年收支结转"科目，贷记"其他支出——财政拨款支出"科目。

【例 12-101】年末，理工大学将财政拨款预算收入 35 000 000 元转入"财政拨款结转"科目。

借：财政拨款预算收入　　　　　　　　　　　　　　　　　　　35 000 000

　　贷：财政拨款结转——本年收支结转　　　　　　　　　　　　35 000 000

【例 12-102】年末，理工大学将"事业支出"科目本年发生额中的财政拨款支出 30 322 400元、"其他支出"科目本年发生额中的财政拨款支出 129 520 元转入"财政拨款结转"科目。

借：财政拨款结转——本年收支结转　　　　　　　　　　　　　30 451 920

　　贷：事业支出——财政拨款支出　　　　　　　　　　　　　　30 322 400

　　　　其他支出——财政拨款支出　　　　　　　　　　　　　　　129 520

（2）年末冲销有关明细科目余额。将"财政拨款结转——本年收支结转、年初余额调整、归集调入、归集调出、归集上缴、单位内部调剂"科目余额转入"财政拨款结转——累计结转"科目。结转后，"财政拨款结转"科目除"累计结转"明细科目外，其他明细科目应无余额。

【例 12-103】年末，理工大学"财政拨款结转"科目中本年收支结转贷方余额 4 548 080元、年初余额调整贷方余额 79 300 元、归集调入贷方余额 80 000 元、归集调出借方余额510 000 元、归集上缴借方余额 150 000 元、单位内部调剂贷方余额 400 000 元转入"财政拨款结转——累计结转"科目。

借：财政拨款结转——本年收支结转　　　　　　　　　　　　　　4 548 080

财政拨款结转——年初余额调整	79 300
财政拨款结转——归集调入	80 000
财政拨款结转——单位内部调剂	400 000
贷：财政拨款结转——归集调出	510 000
财政拨款结转——归集上缴	150 000
财政拨款结转——累计结转	4 447 380

（3）年末完成上述结转后，应当对财政拨款结转各明细项目执行情况进行分析，按照有关规定将符合财政拨款结余性质的科目余额转入"财政拨款结余"科目，借记"财政拨款结转——累计结转"科目，贷记"财政拨款结余——结转转入"科目。

【例12-104】年末，理工大学将符合财政拨款结余性质的科目余额4 447 380元转入"财政拨款结余"科目。

借：财政拨款结转——累计结转	4 447 380
贷：财政拨款结余——结转转入	4 447 380

三、财政拨款结余的核算

为核算单位取得的同级财政拨款项目支出结余资金的调整、结转和滚存情况，设置"财政拨款结余"(8102)科目。本科目年末贷方余额反映单位滚存的财政拨款结余资金数额。

（一）财政拨款结余的明细科目设置

▶ **1. 与会计差错更正、以前年度支出收回相关的明细科目**

"年初余额调整"明细科目核算因发生会计差错更正、以前年度支出收回等，需要调整财政拨款结余的金额。年末结账后，本明细科目应无余额。

▶ **2. 与财政拨款结余资金调整业务相关的明细科目**

（1）"归集上缴"明细科目核算按照规定上缴财政拨款结余资金时，实际核销的额度数额或上缴的资金数额。年末结账后，本明细科目应无余额。

（2）"单位内部调剂"明细科目核算经财政部门批准对财政拨款结余资金改变用途，调整用于本单位其他未完成项目等的调整金额。年末结账后，本明细科目应无余额。

▶ **3. 与年末财政拨款结余业务相关的明细科目**

（1）"结转转入"明细科目核算单位按照规定转入财政拨款结余的财政拨款结转资金。年末结账后，本明细科目应无余额。

（2）"累计结转"明细科目核算单位滚存的财政拨款结余资金。本明细科目年末贷方余额反映单位财政拨款滚存的结余资金数额。

"财政拨款结余"科目还应当按照具体项目、《政府收支分类科目》中"支出功能分类科目"的相关科目等进行明细核算。

有一般公共预算财政拨款、政府性基金预算财政拨款两种或两种以上财政拨款的，还应当在"财政拨款结余"科目下按照财政拨款的种类进行明细核算。

（二）财政拨款结余的主要账务处理

▶ **1. 与会计差错更正、以前年度支出收回相关的账务处理**

（1）因发生会计差错更正退回以前年度国库直接支付、授权支付款项或财政性货币资金，或者因发生会计差错更正增加以前年度国库直接支付、授权支付支出或财政性货币资金支出，属于以前年度财政拨款结余资金的，借记或贷记"资金结存——财政应返还额度""资金结存——零余额账户用款额度""资金结存——货币资金"科目，贷记或借记"财政拨款结余——年初余额调整"科目。

【例12-105】因发生会计差错，理工大学以前年度应支付的劳务公司保洁费少付了50 000元，予以更正，以零余额账户用款额度支付。

　　借：财政拨款结余——年初余额调整　　　　　　　　　　　　　　50 000
　　　　贷：资金结存——零余额账户用款额度　　　　　　　　　　　　　　50 000

（2）因购货退回、预付款项收回等发生以前年度支出又收回国库直接支付、授权支付款项或收回财政性货币资金，属于以前年度财政拨款结余资金的，借记"资金结存——财政应返还额度""资金结存——零余额账户用款额度""资金结存——货币资金"科目，贷记"财政拨款结余——年初余额调整"科目。

【例12-106】理工大学上一年度支付给T公司的预订设备款30 000元，因对方技术原因无法履行合同而退回，款项退回至零余额账户。

　　借：资金结存——零余额账户用款额度　　　　　　　　　　　　　30 000
　　　　贷：财政拨款结余——年初余额调整　　　　　　　　　　　　　　30 000

▶ 2. 与财政拨款结余资金调整业务相关的账务处理

（1）经财政部门批准对财政拨款结余资金改变用途，调整用于本单位基本支出其他来完成项目支出的，按照批准调剂的金额，借记"财政拨款结余——单位内部调剂"科目，贷记"财政拨款结转——单位内部调剂"科目。

【例12-107】经财政部门批准，理工大学对财政拨款结余资金400 000元改变用途，调整用于单位基本支出。

　　借：财政拨款结余——单位内部调剂　　　　　　　　　　　　　400 000
　　　　贷：财政拨款结转——单位内部调剂　　　　　　　　　　　　　400 000

（2）按照规定上缴财政拨款结余资金或注销财政拨款结余资金额度的，按照实际上缴资金数额或注销的资金额度数额，借记"财政拨款结余——归集上缴"科目，贷记"资金结存——财政应返还额度""资金结存——零余额账户用款额度""资金结存——货币资金"科目。

【例12-108】按照规定，理工大学上缴财政拨款结余资金100 000元，冲减财政应返还额度。

　　借：财政拨款结余——归集上缴　　　　　　　　　　　　　　　100 000
　　　　贷：资金结存——零余额账户用款额度　　　　　　　　　　　　　100 000

▶ 3. 与年末财政拨款结转和结余业务相关的账务处理

（1）年末，对财政拨款结转各明细项目执行情况进行分析，按照有关规定将符合财政拨款结余性质的科目余额转入"财政拨款结余"科目，借记"财政拨款结转——累计结转"科目，贷记"财政拨款结余——结转转入"科目。

【例12-109】年末，理工大学将符合财政拨款结余性质的科目余额4 447 380元，转入"财政拨款结余"科目。

　　借：财政拨款结转——累计结转　　　　　　　　　　　　　　4 447 380
　　　　贷：财政拨款结余——结转转入　　　　　　　　　　　　　　4 447 380

（2）年末冲销有关明细科目余额。将"财政拨款结余——年初余额调整、归集上缴、单位的内部调剂、结转转入"科目余额转入"财政拨款结余——累计结余"科目后，"财政拨款结余"科目除"累计结余"明细科目外，其他明细科目应无余额。

【例 12-110】年末，理工大学将"财政拨款结余"科目的年初余额调整借方 20 000 元，归集上缴借方余额 100 000 元，单位内部调剂借方余额 40 000 元，结转转入贷方余额 4 447 380元，转入"财政拨款结余——累计结余"明细科目。

借：财政拨款结余——结转转入 4 447 380
 贷：财政拨款结余——年初余额调整 20 000
  财政拨款结余——归集上缴 10 000
  财政拨款结余——单位内部调剂 400 000
  财政拨款结余——累计结余 3 927 380

四、非财政拨款结转的核算

为核算单位除财政拨款收支、经营收支以外各非同级财政拨款专项资金的调整、结转和滚存情况，设置"非财政拨款结转"（8201）科目。本科目年末贷方余额反映单位滚存的非同级财政拨款专项结转资金数额。

（一）非财政拨款结转的明细科目设置

（1）"年初余额调整"明细科目核算因发生会计差错更正、以前年度支出收回等，需要调整非财政拨款结转的资金。年末结账后，本明细科目应无余额。

（2）"缴回资金"明细科目核算按照规定缴回非财政拨款结转资金时，实际缴回的资金数额。年末结账后，本明细科目应无余额。

（3）"项目间接费用或管理费"明细科目核算单位取得的科研项目预算收入中，按照规定计提项目间接费用或管理费的数额。年末结账后，本明细科目应无余额。

（4）"本年收支结转"明细科目核算单位本年度非同级财政拨款专项收支相抵后的余额。年末结账后，本明细科目应无余额。

（5）"累计结转"明细科目核算单位滚存的非同级财政拨款专项结转资金。本明细科目年末贷方余额反映单位非同级财政拨款滚存的专项结转资金数额。

"非财政拨款结转"科目还应当按照具体项目、《政府收支分类科目》中"支出功能分类科目"的相关科目等进行明细核算。

（二）非财政拨款结转的主要账务处理

（1）按照规定从科研项目预算收入中提取项目管理费或间接费时，按照提取金额，借记"非财政拨款结转——项目间接费用或管理费"科目，贷记"非财政拨款结余——项目间接费用或管理费"科目。

【例 12-111】理工大学从科研项目预算收入中提取项目管理费 2 600 000 元。

借：非财政拨款结转——项目间接费用或管理费 2 600 000
 贷：非财政拨款结余——项目间接费用或管理费 2 600 000

（2）差错更正或支出收回。

① 因会计差错更正收到或支出非同级财政拨款货币资金，属于非财政拨款结转资金的，按照收到或支出的金额，借记或贷记"资金结存——货币资金"科目，贷记或借记"非

财政拨款结转——年初余额调整"科目。

【例12-112】理工大学非独立核算招待所收回上年度多支付的洗卫用品材料费 20 000元，存入银行。

借：资金结存——货币资金　　　　　　　　　　　　　　　　　　　　　20 000

　　贷：非财政拨款结转——年初余额调整　　　　　　　　　　　　　　20 000

② 因收回以前年度支出等收到非同级财政拨款货币资金，属于非财政拨款结转资金的，按照收到的金额，借记"资金结存——货币资金"科目，贷记"非财政拨款结转——年初余额调整"科目。

【例12-113】经核查，理工大学以前年度用中央财政拨款购买的设备存在质量问题，经协调，对方退回 50 000 元作为补偿。

借：资金结存——货币资金　　　　　　　　　　　　　　　　　　　　　50 000

　　贷：非财政拨款结转——年初余额调整　　　　　　　　　　　　　　50 000

（3）按照规定缴回非财政拨款结转资金的，按照实际缴回资金数额（撤回资金），贷记"资金结存——货币资金"科目。

【例12-114】按照规定，理工大学缴回非财政拨款资金 500 000 元。

借：非财政拨款结转——缴回资金转资金　　　　　　　　　　　　　　500 000

　　贷：资金结存——货币资金　　　　　　　　　　　　　　　　　　500 000

（4）年末，将事业预算收入、上级补助预算收入、附属单位上缴预算收入、非同级财政款预算收入、债务预算收入、其他预算收入本年发生额中的专项资金收入转入"非财政拨款结转"科目，借记"事业预算收入""上级补助预算收入""附属单位上预算收入""非同级财政拨款预算收入""债务预算收入""其他预算收入"科目下各专项资金收入明细科目，贷记"非财政拨款结转——本年收支结转"科目，借记"非财政拨款结转——本年收支结转"科目，贷记"行政支出""事业支出""其他支出"科目下各非财政拨款专项资金支出明细科目。

【例12-115】年末，理工大学将"事业预算收入——专项资金收入"70 000 000 元、"上级补助预算收入——专项资金收入"500 000 元、"附属单位上缴预算收入——专项资金收入"200 000 元、"非同级财政拨款预算收入——专项资金收入"6 000 000 元、"债务预算收入——专项资金收入"1 000 000 元、"其他预算收入——专项资金收入"7 000 元转入"非财政拨款结转——本年收支结转"科目。

借：事业预算收入——专项资金收入　　　　　　　　　　　　　　70 000 000

　　上级补助预算收入——专项资金收入　　　　　　　　　　　　　500 000

　　附属单位上缴预算收入——专项资金收入　　　　　　　　　　　200 000

　　非同级财政拨款预算收入——专项资金收入　　　　　　　　　6 000 000

　　债务预算收入——专项资金收入　　　　　　　　　　　　　　1 000 000

　　其他预算收入——专项资金收入　　　　　　　　　　　　　　　　7 000

　　贷：非财政拨款结转——本年收支结转　　　　　　　　　　　　77 707 000

【例12-116】年末，理工大学将"事业支出——非财政专项资金支出"80 856 000 元、"其他支出——非财政专项资金支出"35 000 元转入"非财政拨款结转——本年收支结转"科目。

借：非财政拨款结转——本年收支结转　　　　　　　　　　　　　80 891 000

贷：事业支出——非财政专项资金支出　　　　　　　　　　80 856 000

其他支出——非财政专项资金支出　　　　　　　　　　35 000

（5）年末冲销有关明细科目余额。将"非财政拨款结转——年初余额调整、项目间接费用或管理费、缴回资金、本年收支结转"科目余额转入"非财政拨款结转——累计结转"科目。结转后，本科目除"累计结转"明细科目外，其他明细科目应无余额。

【例 12-117】年末，理工大学将"非财政拨款结转"科目的年初余调整贷方余额 70 000元、项目间接费用或管理费借方余额 2 600 000 元、撤回资金借方余额 500 000 元、本年收支结转借方余额 3 184 000 元转入"非财政拨款结转——累计结转"明细科目。

借：非财政拨款结转——年初余额调整　　　　　　　　　　70 000

非财政拨款结转——累计结转　　　　　　　　　　　　6 214 000

贷：非财政拨款结转——缴回资金　　　　　　　　　　　　500 000

非财政拨款结转——项目间接费用或管理费　　　　　　2 600 000

非财政拨款结转——本年收支结转　　　　　　　　　　3 184 000

（6）年末完成上述结转后，应当对非财政拨款专项结转资金各项目情况进行分析，将留归本单位使用的非财政拨款专项（项目已完成）剩余资金转入非财政拨款结余，借记"非财政拨款结转——累计结转"科目，贷记"非财政拨款结余——结转转入"科目。

【例 12-118】年末，理工大学对非财政拨款专项结转资金各项目情况进行分析，将留归本单位使用的非财政拨款专项（项目已完成）剩余资金 6 214 000 元转入"非财政拨款结余"科目。

借：非财政拨款结转——累计结转　　　　　　　　　　　　6 214 000

贷：非财政拨款结余——结转转入　　　　　　　　　　　　6 214 000

五、非财政拨款结余的核算

为核算单位历年滚存的非限定用途的非同级财政拨款结余资金，主要为非财政拨款结余扣除结余分配后滚存的金额，设置"非财政拨款结余"（8202）科目。本科目年末贷方余额反映单位非同级财政拨款结余资金的累计滚存数额。

（一）非财政拨款结余的明细科目设置

（1）"年初余额调整"明细科目核算因发生会计差错更正、以前年度支出收回等，需要调整非财政拨款结余的资金。年末结账后，本明细科目应无余额。

（2）"项目间接费用或管理费"明细科目核算单位取得的科研项目预算收入中，按照规定计提的项目间接费用或管理费数额。年末结账后，本明细科目应无余额。

（3）"结转转入"明细科目核算按照规定留归单位使用，由单位统筹调配，纳入单位非财政拨款结余的非同级财政拨款专项剩余资金。年末结账后，本明细科目应无余额。

（4）"累计结余"明细科目核算单位历年滚存的非同级财政拨款、非专项结余资金。本明细科目年末贷方余额反映单位非同级财政拨款滚存的非专项结余资金数额。

"非财政拨款结余"科目还应当按照《政府收支分类科目》中"支出功能分类科目"的相关科目进行明细核算。

（二）非财政拨款结余的主要账务处理

（1）按照规定从科研项目预算收入中提取项目间接费用或管理费时，借记"非财政款结转——项目间接费用或管理费"科目，贷记"非财政拨款结余——项目间接费用或管理费"科目。

【例12-119】理工大学从科研项目预算收入中提取项目管理费2 600 000元。

借：非财政拨款结转——项目间接费用或管理费　　　　　　　　　2 600 000

　　贷：非财政拨款结余——项目间接费用或管理费　　　　　　　　　　2 600 000

（2）有企业所得税缴纳义务的事业单位实际缴纳企业所得税时，按照缴纳金额，借记"非财政拨款结余——累计结余"科目，贷记"资金结存——货币资金"科目。

【例12-120】理工大学附属非独立核算待所缴纳企业所得税26 830元，以银行存款支付。

借：非财政拨款结余——累计结余　　　　　　　　　　　　　　　　26 830

　　贷：资金结存——货币资金　　　　　　　　　　　　　　　　　　　26 830

（3）差错更正和退回。

① 因会计差错更正收到或支出非同级财政拨款货币资金，属于非财政拨款结余资金的，按照收到或支出的金额，借记或贷记"资金结存——货币资金"科目，贷记或借记"非财政拨款结余——年初余额调整"科目。

【例12-121】因会计差错，理工大学补付上一年度采购材料款60 000元，该批材料由单位自筹资金购买。

借：非财政拨款结余——年初余额调整　　　　　　　　　　　　　60 000

　　贷：资金结存——货币资金　　　　　　　　　　　　　　　　　　　60 000

② 因收回以前年度支出等收到非同级财政拨款货币资金，属于非财政拨款结余资金的，按照收到的金额，借记"资金结存——货币资金"科目，贷记"非财政拨款结余——年初余额调整"科目。

【例12-122】理工大学（省属）收回以前年度与J企业的合作资金200 000元，该资金当初以中央财政拨款支付。

借：资金结存——货币资金　　　　　　　　　　　　　　　　　　200 000

　　贷：非财政拨款结余——年初余额调整　　　　　　　　　　　　　　200 000

（4）年末，将留归本单位使用的非财政拨款专项（项目已完成）剩余资金转入"非财政拨款结余"科目，借记"非财政拨款结转——累计结转"科目，贷记"非财政拨款结余——结转转入"科目。

【例12-123】年末，理工大学对非财政拨款专项结转资金各项目情况进行分析，将留归本单位使用的非财政拨款专项（项目已完成）剩余资金6 214 000元转入"非财政拨款结余"科目。

借：非财政拨款结余——结转转入　　　　　　　　　　　　　　6 214 000

　　贷：非财政拨款结转——累计结转　　　　　　　　　　　　　　　6 214 000

（5）年末冲销有关明细科目余额。将"非财政拨款结余——年初余额调整、项目间接费用或管理费、结转转入"科目余额结转入"非财政拨款结余——累计结余"科目。结转后，"非财政拨款结余"科目除"累计结余"明细科目外，其他明细科目应无余额。

【例12-124】年末，理工大学将"非财政拨款结余"科目的年初余额调整贷方余额140 000元、项目间接费用或管理费贷方余额2 600 000元、结转转入借方余额6 214 000元转入"非财政拨款结余——累计结余"明细科目。

借：非财政拨款结余——年初余额调整　　　　　　　　　　　　　140 000

　　　　——项目间接费用或管理费　　　　　　　　　　　　　2 600 000

　　　　——累计结余　　　　　　　　　　　　　　　　　　　3 474 000

贷：非财政拨款结余——结转转入 6 214 000

（6）年末处理。

① 事业单位将"非财政拨款结余分配"科目余额转入非财政拨款结余。"非财政拨款结余分配"科目为借方余额的，借记"非财政拨款结余——累计结余"科目，贷记"非财政拨款结余分配"科目。"非财政拨款结余分配"科目为贷方余额的，借记"非财政拨款结余分配"科目，贷记"非财政拨款结余——累计结余"科目。

【例12-125】年末，理工大学将"非财政拨款结余分配"科目贷方余额725 000元转入"非财政拨款结余"科目。

借：非财政拨款结余分配 725 000
 贷：非财政拨款结余——累计结余 725 000

② 年末，行政单位将"其他结余"科目余额转入"非财政拨款结余"科目。"其他结余"科目为借方余额的，借记"非财政拨款结余——累计结余"科目，贷记"其他结余"科目；"其他结余"科目为贷方余额的，借记"其他结余"科目，贷记"非财政拨款结余——累计结余"科目。

【例12-126】年末，市审计局将"其他结余"科目借方余额22 500元转入"非财政拨款结余"科目。

借：非财政拨款结余——累计结余 22 500
 贷：其他结余 22 500

六、专用结余的核算

为核算事业单位按照规定从非财政拨款结余中提取的具有专门用途的资金的变动和滚存情况，设置"专用结余"（8301）科目。本科目年末贷方余额反映事业单位从非同级财政拨款结余中提取的专用基金的累计滚存数额。本科目应当按照专用结余的类别进行明细核算。

专用结余的主要账务处理如下。

（1）根据有关规定从本年度非财政拨款结余或经营结余中提取基金的，按照提取金额，借记"非财政拨款结余分配"科目，贷记"专用结余"科目。

【例12-127】根据有关规定，理工大学从本年度经营结余中提取职工福利基金150 000元。

借：非财政拨款结余分配 150 000
 贷：专用结余 150 000

（2）根据规定使用从非财政拨款结余或经营结余中提取的专用基金时，按照使用金额，借记"专用结余"科目，贷记"资金结存——货币资金"科目。

【例12-128】根据有关规定，理工大学使用从本年度经营结余中提取的职工福利基金30 000元，以银行存款支付。

借：专用结余 30 000
 贷：资金结存——货币资金 30 000

七、经营结余的核算

为核算事业单位本年度经营活动收支相抵后的余额弥补以前年度经营亏损后的余额，设置"经营结余"（801）科目。年末结账后，本科目一般无余额。如为借方余额，反映事业单位累计发生的经营亏损。本科目可以按照经营活动类别进行明细核算。

经营结余的主要账务处理如下。

(1) 年末，将经营预算收入本年发生额转入"经营结余"科目，借记"经营预算收入"科目，贷记"经营结余"科目；将经营支出本年发生额转入"经营结余"科目，借记"经营结余"科目，贷记"经营支出"科目。

【例 12-129】年末，理工大学将经营预算收入本年发生额 4 967 000 元转入"经营结余"科目。

借：经营预算收入　　　　　　　　　　　　　　　　　　　4 967 000
　　贷：经营结余　　　　　　　　　　　　　　　　　　　　　4 967 000

【例 12-130】年末，理工大学将经营支出本年发生额 3 855 000 元转入"经营结余"科目。

借：经营结余　　　　　　　　　　　　　　　　　　　　3 855 000
　　贷：经营支出　　　　　　　　　　　　　　　　　　　　　3 855 000

(2) 年末，完成上述结转后，如"经营结余"科目为贷方余额，将"经营结余"科目贷方余额转入"非政款结余分配"科目，借记"经营结余"科目，贷记"非财政拨款结余分配"科目；如"经营结余"科目为借方余额，为经营亏损，不予结转。

【例 12-131】年末，理工大学将经营结余贷方余额 1 112 000 元转入"非财政拨款结余分配"科目。

借：经营结余　　　　　　　　　　　　　　　　　　　　1 112 000
　　贷：非财政拨款结余分配　　　　　　　　　　　　　　　　1 112 000

八、其他结余的核算

为核算单位本年度除财政拨款收支、非同级财政专项资金收支和经营收支以外各项收支相抵后的金额，设置"其他结余"(8501)科目。年末结账后，本科目应无余额。

其他结余的主要账务处理如下。

(1) 年末，将事业预算收入、上级补助预算收入、附属单位上缴预算收入、非同级财政拨款预算收入、债务预算收入、其他预算收入本年发生额中的非专项资金收入以及投资预算收益本年发生额转入"其他结余"科目，借记"事业预算收入""上级补助算收入""附属单位上缴预算收入""非同级财政款预算收入""债务预算收入""其他预算收入"科目下各非专项资金收入明细科目和"投资预算收益"科目，贷记"其他结余"科目("投资预算收益"科目本年发生额为借方净额时，借记"其他结余"科目，贷记"投资预算收益"科目)。

【例 12-132】年末，理工大学将"事业预算收入——非专项资金收入"24 685 000 元、"上级补助预算收入——非专项资金收入"200 000 元，"附属单位上缴预算收入——非专项资金收入"100 000 元、"非同级财政预算收入——非专项资金收入"3 000 000 元、"债务预算收入——非专项资金收入"1 000 000 元、"其他预算收入——非专项资金收入"120 000 元和"投资预算收益"84 000 元转入"其他结余"科目。

借：事业预算收入——非专项资金收入　　　　　　　　24 685 000
　　上级补助预算收入——非专项资金收入　　　　　　　　200 000
　　附属单位上缴预算收入——非专项资金收入　　　　　　100 000
　　非同级财政拨款预算收入——非专项资金收入　　　　3 000 000
　　债务预算收入——非专项资金收入　　　　　　　　　1 000 000
　　其他预算收入——非专项资金收入　　　　　　　　　　120 000

投资预算收益　　　　　　　　　　　　　　　　　　　　　　　　　84 000

　　贷：其他结余　　　　　　　　　　　　　　　　　　　　　　　29 189 000

（2）年末，将行政支出、事业支出、其他支出本年发生额中的非同级财政、非专项资金支出，以及上缴上级支出、对附属单位补助支出、投资支出、债务还本支出本年发生额转入"其他结余"科目，借记"其他结余"科目，贷记"行政支出""事业支出""其他支出"科目下各非同级财政、非专项资金支出明细科目和"上缴上级支出""对附属单位补助支出""投资支出""债务还本支出"科目。

【例 12-133】年末，理工大学将"事业支出——非同级财政"8 547 000 元、"事业支出——非专项资金支出"1 4354 000 元、"其他支出——非同级财政"120 000 元、"其他支出——非专项资金支出"105 000 元、"上缴上级支出"200 000 元、"对附属单位补助支出"300 000 元、"投资支出"800 000 元、"债务还本支出"5 000 000 元转入"其他结余"科目。

借：其他结余　　　　　　　　　　　　　　　　　　　　　　　29 426 000

　　贷：事业支出——非同级财政　　　　　　　　　　　　　　　　8 547 000

　　　　事业支出——非专项资金支出　　　　　　　　　　　　　14 354 000

　　　　其他支出——非同级财政　　　　　　　　　　　　　　　　　120 000

　　　　其他支出——非专项资金支出　　　　　　　　　　　　　　　105 000

　　　　上缴上级支出　　　　　　　　　　　　　　　　　　　　　　200 000

　　　　对附属单位补助支出　　　　　　　　　　　　　　　　　　　300 000

　　　　投资支出　　　　　　　　　　　　　　　　　　　　　　　　800 000

　　　　债务还本支出　　　　　　　　　　　　　　　　　　　　　5 000 000

（3）年末，完成上述结转后，行政单位将"其他结余"科目余额转入"非财政拨款结余——累计结余"科目；事业单位将"其他结余"科目余额转入"非财政拨款结余分配"科目。当"其他结余"科目为贷方余额时，借记"其他结余"科目，贷记"非财政拨款结余——累计结余"或"非财政款结余分配"科目；当"其他结余"科目为借方余额时，借记"非财政拨款结余——累计结余"或"非财政拨款结余分配"科目，贷记"其他结余"科目。

【例 12-134】年末，理工大学将"其他结余"科目借方余额 237 000 元转入"非财政拨款结余分配"科目。

借：非财政拨款结余分配　　　　　　　　　　　　　　　　　　　　237 000

　　贷：其他结余　　　　　　　　　　　　　　　　　　　　　　　　237 000

九、非财政拨款结余分配的核算

为核算事业单位本年度非财政拨款结余分配的情况和结果，设置"非财政拨款结余分配"（8701）科目。年末结账后，本科目应无余额。

非财政拨款结余分配的主要账务处理如下。

（1）年末，将"其他结余"科目余额转入"非财政拨款结余分配"科目，当"其他结余"科目为贷方余额时，借记"其他结余"科目，贷记"非财政拨款结余分配"科目；当"其他结余"科目为借方余额时，借记"非财政拨款结余分配"科目，贷记"其他结余"科目。年末，将"经营结余"科目贷方余额转入"非财政拨款结余分配"科目，借记"经营结余"科目，贷记"非财政拨款结余分配"科目。

【例12-135】年末，理工大学将"其他结余"科目借方余额237 000元转入"非财政拨款结余分配"科目。

借：非财政拨款结余分配 237 000

贷：其他结余 237 000

【例12-136】年末，理工大学将"经营结余"科目贷方余额1 112 000元转入"非财政拨款结余分配"科目。

借：经营结余 1 112 000

贷：非财政拨款结余分配 1 112 000

（2）根据有关规定提取专用基金的，按照提取的金额，借记"非财政拨款结余分配"科目，贷记"专用结余"科目。

【例12-137】年末，根据有关规定，理工大学从本年度经营结余中提取职工福利基金150 000元。

借：非财政拨款结余分配 150 000

贷：专用结余 150 000

（3）年末，按照规定完成上述处理后，将"非财政拨款结余分配"科目余额转入"非财政拨款结余"科目。当"非财政拨款结余分配"科目为借方余额时，借记"非财政拨款结余——累计结余"科目，贷记"非财政拨款结余分配"科目；当"非财政拨款结余分配"科目为贷方余额时，借记"非财政拨款结余分配"科目，贷记"非财政拨款结余——累计结余"科目。

【例12-138】年末，理工大学将"非财政拨款结余分配"科目贷方余额725 000元转入"非财政拨款结余"科目。

借：非财政拨款结余分配 725 000

贷：非财政拨款结余——累计结余 725 000

┤ 业务题 ├

根据以下经济业务编制会计分录。

1. 年末，某单位"财政拨款预算收入——基本支出"账户余额为300 000元，"事业支出——财政拨款支出——基本支出"余额为286 000元。

2. 期末，某单位"财政拨款收入——项目支出"账户余额为160 000元，其中，A项目70 000元、B项目50 000元、C项目40 000元；"事业支出——财政拨款支出——项目支出"账户余额为131 000元，其中，A项目66 000元、B项目30 000元、C项目35 000元。

3. 接上题，本年度财政拨款项目中A项目已经完成，项目当年剩余资金为4 000元；B项目因为计划调整，工作终止，项目当年剩余资金为20 000元，均符合财政拨款结余性质；C项目尚未完成，当年项目资金剩余5 000元。应结转下一年度，继续按原项目安排使用。

4. 某单位年末对财政拨款结余进行处置，已完成的A项目当年剩余资金4 000元予以注销，抵财政应返还额度中未下达的财政授权支付额度；因故终止的B项目当年剩余资金20 000元通过零余额账户上缴财政。

第十三章
政府会计报表

学习目标

1. 熟悉政府会计报表的种类；
2. 掌握政府会计资产负债表、收入费用表、财政拨款预算收入支出表的编制。

第一节　政府会计报表的分类与编制要求

一、政府会计报表的分类

决算报告的目标是向决算报告使用者提供与政府预算执行情况有关的信息，综合反映政府会计主体预算收支的年度执行结果，有助于决算报告使用者进行监督和管理，并为编制后续年度预算提供参考和依据。

财务报告是对行政事业单位财务状况、运行情况和现金流量等信息的结构性表述。财务报表包括会计报表和附注。会计报表至少应当包括资产负债表、收入费用表和现金流量表，单位应当根据相关规定编制合并财务报表。资产负债表是反映政府会计主体在某一特定日期的财务状况的报表。收入费用表是反映政府会计主体在一定会计期间运行情况的报表。现金流量表是反映政府会计主体在一定会计期间现金及现金等价物流入和流出情况的报表。附注是对资产负债表、收入费用表、现金流量表等报表中列示项目所做的进一步说明，以及对未能在这些报表中列示项目的说明。

政府会计报表的分类如表 13-1 所示。

表 13-1　政府会计报表的分类

类　别	编　号	报表名称	编制期
预算会计报表	会政预 01 表	预算收入支出表	年度
	会政预 02 表	预算结转结余变动表	年度
	会政预 03 表	财政拨款预算收入支出表	年度

类 别	编 号	报 表 名 称	编 制 期
财务报表	会政财 01 表	资产负债表	月度、年度
	会政财 02 表	收入费用表	月度、年度
	会政财 03 表	净资产变动表	年度
	会政财 04 表	现金流量表	年度
		附注	年度

政府决算报告的编制主要以收付实现制为基础，以预算会计核算生成的数据为准。政府财务报告的编制主要以权责发生制为基础，以财务会计核算生成的数据为准。

二、政府会计报表的编制要求

（1）财务报表的编制主要以权责发生制为基础，以单位财务会计核算生成的数据为准；预算会计报表的编制主要以收付实现制为基础，以单位预算会计核算生成的数据为准。

（2）财务报表由会计报表及其附注构成。会计报表一般包括资产负债表、收入费用表和净资产变动表，单位可根据实际情况自行选择编制现金流量表。

（3）预算会计报表至少包括预算收入支出表、预算结转结余变动表和财政拨款预算收入支出表。

（4）单位应当至少按照年度编制财务报表和预算会计报表。

（5）单位应当根据相关制度规定编制真实、完整的财务报表和预算会计报表，不得违反制度规定随意改变财务报表和预算会计报表的编制基础、编制依据、编制原则和方法，不得随意改变制度规定的财务报表和预算会计报表有关数据的会计口径。

（6）财务报表和预算会计报表应当根据登记完整、核对无误的账簿记录和其他有关资料编制，做到数字真实、计算准确、内容完整、编报及时。

（7）财务报表和预算会计报表应当由单位负责人和主管会计工作的机构负责人（会计主管人员）签名并盖章。

行政事业单位应开展会计信息化工作，应当符合财政部制定的相关会计信息化工作规范和标准，确保利用现代信息技术手段开展会计核算及生成的会计信息符合政府会计准则和会计制度的规定。

第二节 政府会计财务报表的编审

一、资产负债表的编审

资产负债表是反映政府会计主体在某一特定日期的财务状况的报表，格式如表 13-2 所示。

表 13-2　资产负债表　　　　　　　　　　　会政财 01 表

编制单位：　　　　　　　　　　年　月　日　　　　　　　　　　单位：元

资　产	期末余额	年初余额	负债和净资产	期末余额	年初余额
流动资产：			流动负债：		
货币资金			短期借款		
短期投资			应交增值税		
财政应返还额度			其他应交税费		
应收票据			应缴财政款		
应收账款净额			应付职工薪酬		
预付账款			应付票据		
应收股利			应付账款		
应收利息			应付政府补贴款		
其他应收款净额			应付利息		
存货			预收账款		
待摊费用			其他应付款		
一年内到期的非流动资产			预提费用		
其他流动资产			一年内到期的非流动负债		
流动资产合计			其他流动负债		
非流动资产：			流动负债合计		
长期股权投资			非流动负债：		
长期债券投资			长期借款		
固定资产原值			长期应付款		
减：固定资产累计折旧			预计负债		
固定资产净值			其他非流动负债		
工程物资			非流动负债合计		
在建工程			受托代理负债		
无形资产原值			负债合计		
减：无形资产累计摊销					
无形资产净值					
研发支出					
公共基础设施原值					
减：公共基础设施累计折旧（摊销）					
公共基础设施净值					
政府储备物资					
文物文化资产					

续表

资　产	期末余额	年初余额	负债和净资产	期末余额	年初余额
保障性住房原值					
减：保障性住房累计折旧			净资产：		
保障性住房净值			累计盈余		
长期待摊费用			专用基金		
待处理财产损溢			权益法调整		
其他非流动资产			无偿调拨净资产 *		
非流动资产合计			本期盈余 *		
受托代理资产			净资产合计		
资产合计			负债和净资产合计		

注："＊"标识项目为月报项目，年报中不需列示。

资产负债表编制说明如下：

（1）本表反映单位在某特定日期全部资产、负债和净资产的情况。

（2）本表"年初余额"栏内各项数字，应当根据上年年末资产负债表"期末余额"栏内数字填列。

如果本年度资产负债表规定的项目的名称和内容与上年度不一致，应当对上年年末资产负债表项目的名称和数字按照年末的规定进行调整，将调整后数字记入本表"年初余额"栏内。

如果本年度单位发生了因前期差错更正、会计政策变更等调整以前年度盈余的事项，还应当对"年初余额"栏中的有关项目金额进行相应调整。

（3）本表中"资产总计"项目期末（年初）余额应当与"负债和净资产总计"项目期末（年初）余额相等。

资产负债表"期末余额"栏各项目的内容和填列方法如下。

（一）资产类项目

（1）"货币资金"项目，反映单位期末库存现金、银行存款、零余额账户用款额度、其他货币资金的合计数。本项目应当根据"库存现金""银行存款""零余额账户用款额度""其他货币资金"科目的期末余额的合计数填列。若单位存在通过"库存现金""银行存款"科目核算的受托代理资产，还应当按照前述合计数扣减"库存现金"及"银行存款"科目下"受托代理资产"明细科目的期末余额后的金额填列。

（2）"短期投资"项目，反映事业单位期末持有的短期投资账面余额。本项目应当根据"短期投资"科目的期末余额填列。

（3）"财政应返还额度"项目，反映单位期末财政应返还额度的金额。本项目应当根据"财政应返还额度"科目的期末余额填列。

（4）"应收票据"项目，反映事业单位期末持有的应收票据的票面金额，本项目应当根据"应收票据"科目的期末余额填列。

（5）"应收账款净额"项目，反映单位期末尚未收回的应收账款减去已计提的坏账准备后的净额。本项目应当根据"应收账款"科目的期末余额减去"坏账准备"科目中对应收账款计提的坏账准备的期末余额后的金额填列。

（6）"预付账款"项目，反映单位期末预付给商品或者劳务供应单位的款项。本项目应当根据"预付账款"科目的期末余额填列。

（7）"应收股利"项目，反映事业单位期末因股权投资而应收取的现金股利及应当分得的利润。本项目应当根据"应收股利"科目的期末余额填列。

（8）"应收利息"项目，反映事业单位期末因债券投资等而应收取的利息。事业单位购入的到期一次还本付息的长期债券投资持有期间应收的利息不包括在本项目内。本项目应当根据"应收利息"科目的期末余额填列。

（9）"其他应收款净额"项目，反映单位期末尚未收回的其他应收款减去已计提的坏账准备后的净额。本项目应当根据"其他应收款"科目的期末余额减去"坏账准备"科目中对其他应收款计提的坏账准备的期末余额后的金额填列。

（10）"存货"项目，反映单位期末存储的存货的实际成本。本项目应当根据"在途物资""库存物品""加工物品"科目的期末余额的合计数填列。

（11）"待摊费用"项目反映单位期末已经支出，但应当由本期和以后各期负担的，分摊期在 1 年以内（含 1 年）的各项费用。本项目应当根据"待摊费用"科目的期末余额填列。

（12）"一年内到期的非流动资产"项目，反映单位期末非流动资产项目中将在 1 年内（含 1 年）到期的金额，如事业单位将在 1 年内（含 1 年）到期的长期债券投资金额。本项目应当根据"长期债券投资"等科目的明细科目的期末余额分析填列。

（13）"其他流动资产"项目，反映单位期末除本表中上述各项之外的其他流动资产的合计金额。本项目应当根据有关科目期末余额的合计数填列。

（14）"流动资产合计"项目，反映单位期末流动资产的合计数。本项目应当根据本表中"货币资金""短期投资""财政应返还额度""应收票据""应收账款净额""预付账款""应收股利""应收利息""其他应收款净额""存货""待摊费用""一年内到期的非流动资产""其他流动资产"项目金额的合计数填列。

（15）"长期股权投资"项目，反映事业单位期末持有的长期股权投资的账面余额。本项目应当根据"长期股权投资"科目的期末余额填列。

（16）"长期债券投资"项目，反映事业单位期末持有的长期债券投资的账面余额。本项目应当根据"长期债券投资"科目的期末余额减去其中将于 1 年内（含 1 年）到期的长期债券投资余额后的金额填列。

（17）"固定资产原值"项目，反映单位期末固定资产的原值。本项目应当根据"固定资产"科目的期末余额填列。

"固定资产累计折旧"项目，反映单位期末固定资产已计提的累计折旧金额。本项目应当根据"固定资产累计折旧"科目的期末余额填列。

"固定资产净值"项目，反映单位期末固定资产的账面价值。本项目应当根据"固定资产"科目的期末余额减去"固定资产累计折旧"科目的期末余额后的金额填列。

（18）"工程物资"项目，反映单位期末为在建工程准备的各种物资的实际成本。本项目应当根据"工程物资"科目的期末余额填列。

（19）"在建工程"项目，反映单位期末所有的建设项目工程的实际成本。本项目应当根据"在建工程"科目的期末余额填列。

（20）"无形资产原值"项目，反映单位期末无形资产的原值。本项目应当根据"无形资产"科目的期末余额填列。

"无形资产累计摊销"项目，反映单位期末无形资产已计提的累计摊销金额。本项目应当根据"无形资产累计摊销"科目的期末余额填列。

"无形资产净值"项目，反映单位期末无形资产的账面价值。本项目应当根据"无形资产"科目的期末余额减去"无形资产累计摊销"科目的期末余额后的金额填列。

（21）"研发支出"项目，反映单位期末正在进行的无形资产研发项目在研究、开发阶段发生的累计支出数。本项目应当根据"研发支出"科目的期末余额填列。

（22）"公共基础设施原值"项目，反映单位期末控制的公共基础设施的原值。本项目应当根据"公共基础设施"科目的期末余额填列。

"公共基础设施累计折旧（摊销）"项目，反映单位期末控制的公共基础设施已计提的累计折旧和累计摊销金额。本项目应当根据"公共基础设施累计折旧（摊销）"科目的期末余额填列。

"公共基础设施净值"项目，反映单位期末控制的公共基础设施的账面价值。本项目应当根据"公共基础设施"科目期末余额减去"公共基础设施累计折旧（摊销）"科目期末余额后的金额填列。

（23）"政府储备物资"项目，反映单位期末控制的政府储备物资的实际成本。本项目应当根据"政府储备物资"科目的期末余额填列。

（24）"文物文化资产"项目，反映单位期末控制的文物文化资产的成本。本项目应当根据"文物文化资产"科目的期末余额填列。

（25）"保障性住房原值"项目，反映单位期末控制的保障性住房的原值。本项目应当根据"保障性住房"科目的期末余额填列。

"保障性住房累计折旧"项目，反映单位期末控制的保障性住房已计提的累计折旧金额。本项目应当根据"保障性住房累计折旧"科目的期末余额填列。

"保障性住房净值"项目，反映单位期末控制的保障性住房的账面价值。本项目应当根据"保障性住房"科目期末余额减去"保障性住房累计折旧"科目期末余额后的金额填列。

（26）"长期待摊费用"项目，反映单位期末已经支出，但应由本期和以后各期负担的分摊期限在1年以上（不含1年）的各项费用。本项目应当根据"长期待摊费用"科目的期末余额填列。

（27）"待处理财产损溢"项目，反映单位期末尚未处理完的各种资产的净损失或净溢余。本项目应当根据"待处理财产损溢"科目的期末借方余额填列，如"待处理财产损溢"科目期末为贷方余额，以"－"填列。

（28）"其他非流动资产"项目，反映单位期末除本表中上述各项之外的其他非流动资产的合计数。本项目应当根据有关科目的期末余额合计数填列。

（29）"非流动资产合计"项目，反映单位期末非流动资产的合计数。本项目应当根据本表中"长期股权投资""长期债券投资""固定资产净值""工程物资""在建工程""无形资产净值""研发支出""公共基础设施净值""政府储备物资""文物文化资产""保障性住房净值""长期待摊费用""待处理财产损溢""其他非流动资产"项目金额的合计数填列。

（30）"受托代理资产"项目，反映单位期末受托代理资产的价值。本项目应当根据"受托代理资产"科目的余额与"库存现金""银行存款"科目下"受托代理资产"项目金额的合计数填列。

（31）"资产总计"项目，反映单位期末资产合计数。本项目应当根据本表中"流动资产合计""非流动资产合计""受托代理资产"项目金额的合计数填列。

（二）负债类项目

（1）"短期借款"项目，反映事业单位期末短期借款的余额。本项目应当根据"短期借款"科目的期末余额填列。

（2）"应交增值税"项目，反映单位期末应缴未缴的增值税税额。本项目应当根据"应交增值税"科目的期末余额填列，如"应交增值税"科目期末为借方余额，以"－"填列。

（3）"其他应交税费"项目，反映单位期末应缴未缴的除增值税以外的税费金额。本项目应当根据"其他应交税费"科目的期末余额填列，如"其他应交税费"科目期末为借方余额，以"－"填列。

（4）"应缴财政款"项目，反映单位期末应当上缴财政但尚未缴纳的款项。本项目应当根据"应缴财政款"科目的期末余额填列。

（5）"应付职工薪酬"项目，反映单位期末按有关规定应付给职工及为职工支付的各种薪酬。本项目应当根据"应付职工薪酬"科目的期末余额填列。

（6）"应付票据"项目，反映事业单位期末应付票据的金额。本项目应当根据"应付票据"科目的期末余额填列。

（7）"应付账款"项目，反映单位期末应当支付但尚未支付的偿还期限在1年以内（含1年）的应付账款的金额。本项目应当根据"应付账款"科目的期末余额填列。

（8）"应付政府补贴款"项目，反映负责发放政府补贴的行政单位期末按照规定应当支付给政府补贴接受者的各种政府补贴款余额。本项目应当根据"应付政府补贴款"科目的期末余额填列。

（9）"应付利息"项目，反映事业单位期末按照合同约定应支付的借款利息。事业单位到期一次还本付息的长期借款利息不包括在本项目内。本项目应当根据"应付利息"科目的期末余额填列。

（10）"预收账款"项目，反映事业单位期末预先收取但尚未确认收入和实际结算的款项余额。本项目应当根据"预收账款"科目的期末余额填列。

（11）"其他应付款"项目，反映单位期末其他各项偿还期限在1年内（含1年）的应付及暂收款项余额。本项目应当根据"其他应付款"科目的期末余额填列。

（12）"预提费用"项目，反映单位期末已预先提取的已经发生但尚未支付的各项费用。本项目应当根据"预提费用"科目的期末余额填列。

（13）"一年内到期的非流动负债"项目，反映单位期末将于1年内（含1年）偿还的非流动负债的余额。本项目应当根据"长期应付款""长期借款"等科目的明细科目的期末余额分析填列。

（14）"其他流动负债"项目，反映单位期末除本表中上述各项之外的其他流动负债的合计数。本项目应当根据有关科目的期末余额的合计数填列。

（15）"流动负债合计"项目，反映单位期末流动负债合计数。本项目应当根据本表"短期借款""应交增值税""其他应交税费""应缴财政款""应付职工薪酬""应付票据""应付账款""应付政府补贴款""应付利息""预收账款""其他应付款""预提费用""一年内到期的非流动负债""其他流动负债"项目金额的合计数填列。

（16）"长期借款"项目，反映事业单位期末长期借款的余额。本项目应当根据"长期借款"科目的期末余额减去其中将于 1 年内（含 1 年）到期的长期借款余额后的金额填列。

（17）"长期应付款"项目，反映单位期末长期应付款的余额。本项目应当根据"长期应付款"科目的期末余额减去其中将于 1 年内（含 1 年）到期的长期应付款余额后的金额填列。

（18）"预计负债"项目，反映单位期末已确认但尚未偿付的预计负债的余额。本项目应当根据"预计负债"科目的期末余额填列。

（19）"其他非流动负债"项目，反映单位期末除本表中上述各项之外的其他非流动负债的合计数。本项目应当根据有关科目的期末余额合计数填列。

（20）"非流动负债合计"项目，反映单位期末非流动负债合计数。本项目应当根据本表中"长期借款""长期应付款""预计负债""其他非流动负债"项目金额的合计数填列。

（21）"受托代理负债"项目，反映单位期末受托代理负债的金额。本项目应当根据"受托代理负债"科目的期末余额填列。

（22）"负债合计"项目，反映单位期末负债的合计数。本项目应当根据本表中"流动负债合计""非流动负债合计""受托代理负债"项目金额的合计数填列。

（三）净资产类项目

（1）"累计盈余"项目，反映单位期末未分配盈余（或未弥补亏损）以及无偿调拨净资产变动的累计数。本项目应当根据"累计盈余"科目的期末余额填列。

（2）"专用基金"项目，反映事业单位期末累计提取或设置但尚未使用的专用基金余额。本项目应当根据"专用基金"科目的期末余额填列。

（3）"权益法调整"项目，反映事业单位期末在被投资单位除净损益和利润分配外所有者权益变动中累积享有的份额。本项目应当根据"权益法调整"科目的期末余额填列。如"权益法调整"科目期末为借方余额，以"－"填列。

（4）"无偿调拨净资产"项目，反映单位本年度截至报告期期末无偿调入的非现金资产价值扣减无偿调出的非现金资产价值后的净值。本项目仅在月度报表中列示，年度报表中不列示。月度报表中本项目应当根据"无偿调拨净资产"科目的期末余额填列；"无偿调拨净资产"科目期末为借方余额时，以"－"填列。

（5）"本期盈余"项目，反映单位本年度截至报告期期末实现的累计盈余或亏损。本项目仅在月度报表中列式，年度报表中不列示。月度报表中本项目应当根据"本期盈余"科目的期末余额填列；"本期盈余"科目期末为借方余额时，以"－"填列。

（6）"净资产合计"项目，反映单位期末净资产合计数。本项目应当根据本表中"累计盈余""专用基金""权益法调整""无偿调拨净资产"（月度报表）、"本期盈余"（月度报表）项目金额的合计数填列。

（7）"负债和净资产总计"项目，应当按照本表中"负债合计""净资产合计"项目金额的合计数填列。

二、收入费用表的编审

收入费用表是反映政府会计主体在一定会计期间运行情况的报表，格式如表 13-3 所示。

表 13-3　收入费用表

会政财 02 表

编制单位：　　　　　　　　　　　　　年　月　　　　　　　　　　　　　单位：元

项　目	本　月　数	本年累计数
一、本期收入		
（一）财政拨款收入		
其中：政府性基金收入		
（二）事业收入		
（三）上级补助收入		
（四）附属单位上缴收入		
（五）经营收入		
（六）非同级财政拨款收入		
（七）投资收益		
（八）捐赠收入		
（九）利息收入		
（十）租金收入		
（十一）其他收入		
二、本期费用		
（一）业务活动费用		
（二）单位管理费用		
（三）经营费用		
（四）资产处置费用		
（五）上缴上级费用		
（六）对附属单位补助费用		
（七）所得税费用		
（八）其他费用		
三、本期盈余		

收入费用表编制说明如下：

（1）本表反映单位在某一会计期间内发生的收入、费用及当期盈余情况。

（2）本表"本月数"栏反映各项目的本月实际发生数。编制年度收入费用表时，应当将本栏改为"本年数"，反映本年度各项目的实际发生数。

本表"本年累计数"栏反映各项目自年初至报告期期末的累计实际发生数。编制年度收入费用表时，应当将本栏改为"上年数"，反映上年度各项目的实际发生数，"上年数"栏应当根据上年年度收入费用表中"本年数"栏内所列数字填列。

如果本年度收入费用表规定的项目的名称和内容同上年度不一致，应当对上年度收入费用表项目的名称和数字按照本年度的规定进行调整，将调整后的金额记入本年度收入费用表的"上年数"栏内。

如果本年度单位发生了因前期差错更正、会计政策变更等调整以前年度盈余的事项，还应当对年度收入费用表中"上年数"栏中的有关项目金额进行相应调整。

收入费用表"本月数"栏各项目的内容和填列方法如下。

（一）本期收入

（1）"本期收入"项目，反映单位本期收入总额。本项目应当根据本表中"财政拨款收入""事业收入""上级补助收入""附属单位上缴收入""经营收入""非同级财政拨款收入""投资收益""捐赠收入""利息收入""租金收入""其他收入"项目金额的合计数填列。

（2）"财政拨款收入"项目，反映单位本期从同级政府财政部门取得的各类财政拨款。本项目应当根据"财政拨款收入"科目的本期发生额填列。"政府性基金收入"项目，反映单位本期取得的财政拨款收入中属于政府性基金预算拨款的金额。本项目应当根据"财政拨款收入"相关明细科目的本期发生额填列。

（3）"事业收入"项目，反映事业单位本期开展专业业务活动及其辅助活动实现的收入。本项目应当根据"事业收入"科目的本期发生额填列。

（4）"上级补助收入"项目，反映事业单位本期从主管部门和上级单位收到或应收的非财政拨款收入。本项目应当根据"上级补助收入"科目的本期发生额填列。

（5）"附属单位上缴收入"项目，反映事业单位本期收到或应收的独立核算的附属单位按照有关规定上缴的收入。本项目应当根据"附属单位上缴收入"科目的本期发生额填列。

（6）"经营收入"项目，反映事业单位本期在专业业务活动及其辅助活动之外开展非独立核算经营活动实现的收入。本项目应当根据"经营收入"科目的本期发生额填列。

（7）"非同级财政拨款收入"项目，反映单位本期从非同级政府财政部门取得的财政拨款，不包括事业单位因开展科研及其辅助活动从非同级财政部门取得的经费拨款。本项目应当根据"非同级财政拨款收入"科目的本期发生额填列。

（8）"投资收益"项目，反映事业单位本期股权投资和债券投资所实现的收益或发生的损失。本项目应当根据"投资收益"的本期发生额填列；如为投资净损失，以"—"填列。

（9）"捐赠收入"项目，反映单位本期接受捐赠取得的收入。本项目应当根据"捐赠收入"科目的本期发生额填列。

（10）"利息收入"项目，反映单位本期取得的银行存款利息收入。本项目应当根据"利息收入"科目的本期发生额填列。

（11）"租金收入"项目，反映单位本期经批准利用国有资产出租取得并按规定纳入本单位预算管理的租金收入。本项目应当根据"租金收入"科目的本期发生额填列。

（12）"其他收入"项目，反映单位本期取得的除以上收入项目外的其他收入的总额。本项目应当根据"其他收入"科目的本期发生额填列。

（二）本期费用

（1）"本期费用"项目，反映单位本期费用总额。本项目应当根据"业务活动费用""单位管理费用""经营费用""资产处置费用""上缴上级费用""对附属单位补助费用"填列。

（2）"业务活动费用"项目，反映业务活动及其辅助活动所发生的各项费用。本项目应当根据"业务活动费用"科目本期发生额填列。

（3）"单位管理费用"项目，反映事业单位本期本级行政及后勤管理部门开展管理活动发生的各项费用，以及由单位统一负担的离退休人员经费、工会经费、诉讼费、中介费等。本项目应当根据"单位管理费用"科目的本期发生额填列。

（4）"经营费用"项目，反映事业单位本期在专业业务活动及其辅助活动之外开展非独立核算经营活动发生的各项费用。本项目应当根据"经营费用"科目的本期发生额填列。

（5）"资产处置费用"项目，反映单位本期经批准处置资产时转销的资产价值以及在处置过程中发生的相关费用或者处置收入小于处置费用形成的净支出。本项目应当根据"资产处置费用"科目的本期发生额填列。

（6）"上缴上级费用"项目，反映事业单位按照规定上缴上级单位款项发生的费用。本项目应当根据"上缴上级费用"科目的本期发生额填列。

（7）"对附属单位补助费用"项目，反映事业单位用财政拨款收入之外的收入及附属单位补助发生的费用。本项目应当根据"对附属单位补助费用"科目的本期发生额填列。

（8）"所得税费用"项目，反映有企业所得税缴纳义务的事业单位本期计算应缴纳的企业所得税。本项目应当根据"所得税费用"科目的本期发生额填列。

（9）"其他费用"项目，反映单位本期发生的除以上费用项目外的其他费用的总额。本项目应当根据"其他费用"科目的本期发生额填列。

（三）本期盈余

"本期盈余"项目，反映单位本期收入扣除本期费用后的余额。本项目应当根据本表中"本期收入"项目金额减去"本期费用"项目金额后的金额填列；如为负数，以"－"填列。

三、净资产变动表的编审

净资产变动表是反映单位净资产变动数额及其因素的报表，格式如表 13-4 所示。

表 13-4 净资产变动表　　　　　　　　　　　　会政财 03 表

编制单位：　　　　　　　　　　　　年　　　　　　　　　　　　单位：元

项　　目	本　年　数				上　年　数			
	累计盈余	专用基金	权益法调整	净资产合计	累计盈余	专用基金	权益法调整	净资产合计
一、上年年末余额								
二、以前年度盈余调整（减少以"－"填列）		－	－				－	－
三、本年年初余额								
四、本年变动金额（减少以"－"填列）								
（一）本年盈余		－	－				－	－
（二）无偿调拨净资产		－	－				－	－

项　　目	本　年　数				上　年　数			
	累积盈余	专用基金	权益法调整	净资产合计	累积盈余	专用基金	权益法调整	净资产合计
（三）归集调整预算结转结余	—	—			—	—		
（四）提取或设置专用基金								
其中：从预算收入中提取	—				—			
从预算结余中提取							—	
（五）使用专用基金								
（六）权益法调整	—	—			—	—		
五、本年年末余额								

注："—"表示单元格不需要填列。

净资产变动表编制说明如下。

（1）本表反映单位在某一会计年度内金资产项目的变动情况。

（2）本表"本年数"栏反映本年度各项目的实际变动数。本表"上年数"栏反映上年度各项目的实际变动数，应当根据上年度净资产变动表中的"本年数"栏内所列数字填列。

如果上年度净资产变动表规定的项目的名称和内容与本年度不一致，应对上年度净资产变动表项目的名称和数字按照本年度的规定进行调整，将调整后金额填入本年度净资产变动表"上年数"栏内。

净资产变动表"本年数"栏各项目的内容和填列方法如下。

（1）"上年年末余额"行，反映单位净资产各项目上年年末的余额。本行各项目应当根据"累计盈余""专用基金""权益法调整"科目上年年末余额填列。

（2）"以前年度盈余调整"行，反映单位本年度调整以前年度盈余的事项累计盈余进行调整的余额。本行"累计盈余"项目应当根据本年度"以前年度盈余调整"科目转入"累计盈余"科目的金额填列；如调整减少累计盈余，以"—"填列。

（3）"本年年初余额"行，反映经过以前年度盈余调整后，单位净资产各项目的本年年初余额。本行"累计盈余""专用基金""权益法调整"项目应当根据其各自在"上年年末余额"和"以前年度盈余调整"行对应项目金额的合计数填列。

（4）"本年变动金额"行，反映单位净资产各项目本年变动总金额。本行"累计盈余""专用基金""权益法调整"项目应当根据其各自在"本年盈余""无偿调拨净资产""归集调整预算结转结余""提取或设置专用基金""使用专用基金""权益法调整"行对应项目金额的合计数填列。

（5）"本年盈余"行，反映单位本年发生的收入、费用对净资产的影响。本行"累计盈余"项目应当根据年末由"本期盈余"科目转入"本年盈余分配"科目的金额填列。如转入时借记"本年盈余分配"科目，则以"—"填列。

（6）"无偿调拨净资产"行，反映单位本年无偿调入、调出非现金资产事项对净资产的影响。本行"累计盈余"项目应当根据年末由"无偿调拨净资产"科目转入"累计盈余"科目的金额填列；如转入时借记"累计盈余"科目，则以"—"填列。

（7）"归集调整预算结转结余"行，反映单位本年财政拨款结转结余资金归集调入，归集上缴或调出，以及非财政拨款结转资金缴回对净资产的影响。本行"累计盈余"项目应当根据"累计盈余"科目明细账记录分析填列；如归集调整减少预算结转结余，则以"－"填列。

（8）"提取或设置专用基金"行，反映单位本年提取或设置专用基金对净资产的影响。本行"累计盈余"项目应当根据"从预算结余中提取"行"累计盈余"项目的金额填列。本行"专用基金"项目应当根据"从预算收入中提取""从预算结余中提取""设置的专用基金"行"专用基金"项目金额的合计数填列。

"从预算收入中提取"行，反映单位本年从预算收入中提取专用基金，对净资产的影响。本行"专用基金"项目应当通过对"专用基金"科目明细账记录的分析，根据有关规定，按从预算收入中提取基金的金额填列。

"从预算结余中提取"行，反映单位本年根据有关规定从本年度结余或经营结余中提取专用基金对净资产的影响。本行"累计盈余""专用基金"项目应当通过对"专用基金"科目明细账记录的分析，根据有关规定，按从本年度非财政拨款结余和经营结余中提取专用基金的金额填列；本行"累计盈余"项目以"－"填列。

"设置的专用基金"行，反映单位本年根据有关规定设置的其他专用基金对净资产的影响。本行"专用基金"项目应当通过对"专用基金"科目明细账记录的分析，根据有关规定，按设置的其他专用基金的金额填列。

（9）"使用专用基金"行，反映单位本年按规定使用专用基金对净资产的影响，本行"累计盈余""专用基金"项目应当通过对"专用基金"科目明细账记录的分析，根据规定，按使用专用基金的金额填列；本行"专用基金"项目以"－"填列。

（10）"权益法调整"行，反映单位本年按照被投资单位除净损益和利润分配以外的所有者权益变动份额而调整长期股权投资账面余额对净资产的影响。本行"权益法调整"项目应当根据"权益法调整"科目本年发生额填列；若本年净发生额为借方时，以"－"填列。

（11）"本年年末余额"行，反映单位本年各净资产项目的年末余额。本行"累计盈余""专用基金""权益法调整"项目应当根据其各自在"本年年初余额""本年变动金额"行对应项目金额的合计数填列。

（12）本表各行"净资产合计"项目，应当根据所在行"累计盈余""专用基金""权益法调整"项目金额的合计数填列。

四、现金流量表的编审

现金流量表是反映政府会计主体在一定会计期间现金及现金等价物流入和流出情况的报表，格式如表 13-5 所示。

表 13-5　现金流量表

会政财 04 表

编制单位：　　　　　　　　　　　　年　　　　　　　　　　　　　　单位：元

项　　　目	本 年 金 额	上 年 金 额
一、日常活动产生的现金流量：		
财政基本支出拨款收到的现金		

续表

项　　目	本年金额	上年金额
财政非资本性项目拨款收到的现金		
事业活动收到的除财政拨款以外的现金		
收到的其他与日常活动有关的现金		
日常活动的现金流入小计		
购买商品、接受劳务支付的现金		
支付的各项税费		
支付的其他与日常活动有关的现金		
日常活动的现金流出小计		
日常活动产生的现金流量净额		
二、投资活动产生的现金流量		
收回投资收到的现金		
取得投资收益收到的现金		
处置固定资产、无形资产、公共基础设施等收回的现金净额		
收到的其他与投资活动有关的现金		
投资活动的现金流入小计		
购建固定资产、无形资产、公共基础设施等支付的现金		
对外投资支付的现金		
上缴固定资产、无形资产、公共基础设施等净收入支付的现金		
支付的其他与投资活动有关的现金		
投资活动的现金流出小计		
投资活动产生的现金流量净额		
三、筹资活动产生的现金流量		
财政资本行项目拨款收到的现金		
取得借款收到的现金		
收到的其他与筹资活动有关的现金		
筹资活动的现金流入小计		
偿还借款支付的现金		
偿还利息支付的现金		
支付的其他与筹资活动有关的现金		
筹资活动的现金流出小计		
筹资活动产生的现金流量净额		
四、汇率变动对现金的影响额		
五、现金净增加额		

现金流量表编制说明如下。

(1) 本表反映单位在某一会计年度内现金流入和流出的信息。

(2) 本表所指的现金，是指单位的库存现金以及其他可以随时用于支付的款项，包括库存现金、可以随时用于支付的银行存款、其他货币资金、零余额账户用款额度、财政应返还额度，以及通过财政直接支付方式支付的款项。

(3) 现金流量表应当按照日常活动、投资活动、筹资活动的现金流量分别反映。本表所指的现金流量，是指现金的流入和流出。

(4) 本表"本年金额"栏反映各项目的本年实际发生数。本表"上年金额"栏反映各项目的上年实际发生数，应当根据上年现金流量表中"本年金额"栏内所列数字填列。

(5) 单位应当采用直接法编制现金流量表。

现金流量表"本年金额"栏各项目的填列方法如下。

▶ 1. 日常活动产生的现金流量

(1) "财政基本支出拨款收到的现金"项目，反映单位本年接受财政基本支出拨款取得的现金。本项目应当根据"零余额账户用款额度""财政拨款收入""银行存款"等科目及其所属明细科目的记录分析填列。

(2) "财政非资本性项目拨款收到的现金"项目，反映单位本年接受除用于固定资产、无形资产、公共基础设施等资本性项目以外的财政项目拨款取得的现金。本项目应当根据"银行存款""零余额账户用款额度""财政拨款收入"等科目及其所属明细科目的记录分析填列。

(3) "事业活动收到的除财政拨款以外的现金"项目，反映事业单位本年开展专业行业活动及其辅助活动取得的除财政拨款以外的现金。本项目应当根据"库存现金""银行存款""其他货币资金""应收账款""应收票据""预收账款""事业收入"等科目及其所属明细科目的记录分析填列。

(4) "收到的其他与日常活动有关的现金"项目，反映单位本年收到的除以上长期项目之外的与日常活动有关的现金。本项目应当根据"库存现金""银行存款""其他货币资金""上级补助收入""附属单位上缴收入""经营收入""非同级财政拨款收入""捐赠收入""利息收入""租金收入""其他收入"等科目及其所属明细科目的记录分析填列。

(5) "日常活动的现金流入小计"项目，反映单位本年日常活动产生的现金流入的合计数。本项目应当根据本表中"财政基本支出拨款收到的现金""财政非资本性项目拨款收到的现金""事业活动收到的除财政拨款以外的现金""收到的其他与日常活动有关的现金"项目金额的合计数填列。

(6) "购买商品、接受劳务支付的现金"项目，反映单位本年在日常活动中用于购买商品、接受劳务支付的现金。本项目应当根据"库存现金""银行存款""财政拨款收入""零余额账户用款额度""预付账款""在途物资""库存物品""应付账款""应付票据""单位管理费用""经营费用"等科目及其所属明细科目的记录分析填列。

(7) "支付给职工以及为职工支付的现金"项目，反映单位本年支付给职工以及为职工支付的现金。本项目应当根据"库存现金""银行存款""零余额账户用款额度""财政拨款收入""应付职工薪酬""业务活动费用""单位管理费用""经营费用"等科目及其所属明细科目的记录分析填列。

(8) "支付的各项税费"项目，反映单位本年用于缴纳日常活动相关税费而支付的现金。本项目应当根据"库存现金""银行存款""零余额账户用款额度""应交增值税""其他应交税费""业务活动费用""单位管理费用""经营费用""所得税费用"等科目及其所属明细科目的记录分析填列。

（9）"支付的其他与日常活动有关的现金"项目，反映单位本年支付的除上述项目之外与日常活动有关的现金。本项目应当根据"库存现金""银行存数""零余额账户用款额度""财政拨款收入""其他应付款""业务活动费用""单位管理费用""经营费用""其他费用"等科目及其所属明细科目的记录分析填列。

（10）"日常活动的现金流出小计"项目，反映单位本年日常活动产生的现金流出的合计数。本项目应当根据本表中"购买商品、接受劳务支付的现金""支付给职工以及为职工支付的现金""支付的各项税费""支付的其他与日常活动有关的现金"项目金额的合计数填列。

（11）"日常活动产生的现金流量净额"项目，应当按照本表中"日常活动的现金流入小计"项目金额减去"日常活动的现金流出小计"项目金额后的金额填列；如为负数，以"－"填列。

▶ 2. 投资活动产生的现金流量

（1）"收回投资收到的现金"项目，反映单位本年出售、转让或者收回投资收到的现金。本项目应该根据"库存现金""银行存款""短期投资""长期股权投资""长期债券投资"等科目的记录分析填列。

（2）"取得投资收益收到的现金"项目，反映单位本年因对外投资而收到被投资单位分配的股利或利润，以及收到投资利息而取得的现金。本项目应当根据"库存现金""银行存款""应收股利""应收利息""投资收益"等科目的记录分析填列。

（3）"处置固定资产、无形资产、公共基础设施等非流动资产所收回的现金净额"项目，反映单位本年处置固定资产、无形资产、公共基础设施等非流动资产所取得的现金减去为处置这些资产而支付的有关费用之后的净额，由自然灾害所造成的固定资产等长期资产损失而收到的保险赔款收入也在本项目反映。本项目应当根据"库存现金""银行存款""待处理财产损溢"等科目的记录分析填列。

（4）"收到的其他与投资活动有关的现金"项目。反映单位本年收到的除上述项目之外与投资活动有关的现金。对于金额较大的现金流入，应当单列项目反映。本项目应当根据"库存现金""银行存款"等有关科目的记录分析填列。

（5）"投资活动的现金流入小计"项目，反映单位本年投资活动产生的现金流入的合计数。本项目应当根据本表中"收回投资收到的现金""取得投资收益收到的现金""处置固定资产、无形资产、公共基础设施等收回的现金净额""收到的其他与投资活动有关的现金"项目金额的合计数填列。

（6）"购建固定资产、无形资产、公共基础设施等支付的现金"项目，反映单位本年购买和建造固定资产、无形资产、公共基础设施等非流动资产所支付的现金。融资租入固定资产支付的租赁费不在本项目反映，在筹资活动的现金流量中反映。本项目应当根据"库存现金""银行存款""固定资产""工程物资""在建工程""无形资产""研发支出""公共基础设施""保障性住房"等科目的记录分析填列。

（7）"对外投资支付的现金"项目，反映单位本年为取得短期投资、长期股权投资、长期债券投资而支付的现金。本项目应当根据"库存现金""银行存款""短期投资""长期股权投资""长期债券投资"等科目的记录分析填列。

(8)"上缴处置固定资产、无形资产、公共基础设施等净收入支付的现金"项目，反映本年单位将处置固定资产、无形资产、公共基础设施等非流动资产所收回的现金净额予以上缴财政所支付的现金。本项目应当根据"库存现金""银行存款""应缴财政款"等科目的记录分析填列。

(9)"支付的其他与投资活动有关的现金"项目，反映单位本年支付的除上述项目之外与投资活动有关的现金。对于金额较大的现金流出，应当单列项目反映。本项目应当根据"库存现金""银行存款"等有关科目的记录分析填列。

(10)"投资活动的现金流出小计"项目，反映单位本年投资活动产生的现金流出的合计数。本项目应当根据本表中"购建固定资产、无形资产、公共基础设施等支付的现金""对外投资支付的现金""上缴处置固定资产、无形资产、公共基础设施等净收入支付的现金""支付的其他与投资活动有关的现金"项目金额的合计数填列。

(11)"投资活动产生的现金流量净额"项目，应当按照本表中"投资活动的现金流入小计"项目金额减去"投资活动的现金流出小计"项目金额后的金额填列。如为负数，以"一"填列。

▶ 3. 筹资活动产生的现金流量

(1)"财政资本性项目拨款收到的现金"项目，反映单位本年接受用于购建固定资产、无形资产、公共基础设施等资本性项目的财政项目拨款取得的现金。本项目应当根据"银行存款""零余额账户用款额度""财政拨款收入"等科目及其所属明细科目的记录分析填列。

(2)"取得借款收到的现金"项目，反映事业单位本年举借短期、长期借款所收到的现金。本项目应当根据"库存现金""银行存款""短期借款""长期借款"等科目记录分析填列。

(3)"收到的其他与筹资活动有关的现金"反映单位本年收到的除上述项目之外与筹资活动有关的现金。对于金额较大的现金流入，应当单列项目反映。本项目应当根据"库存现金""银行存款"等相关科目的记录分析填列。

(4)"筹资活动的现金流入小计"项目，反映单位本年筹资活动产生的现金流入的合计数。本项目应当根据本表中"财政资本性项目拨款收到的现金""取得借款收到的现金""收到的其他与筹资活动有关的现金"项目金额的合计数填列。

(5)"偿还借款支付的现金"项目，反映事业单位本年偿还借款本金所支付的现金。本项目应当根据"库存现金""银行存款""短期借款""长期借款"等科目的记录分析填列。

(6)"偿付利息支付的现金"项目，反映事业单位本年支付的借款利息等。本项目应当根据"库存现金""银行存款""应付利息""长期借款"等科目的记录分析填列。

(7)"支付的其他与筹资活动有关的现金"项目，反映单位本年支付的除上述项目之外与筹资活动有关的现金，如融资租入固定资产所支付的租赁费。本项目应当根据"库存现金""银行存款""长期应付款"等科目的记录分析填列。

(8)"筹资活动的现金流出小计"项目，反映单位本年筹资活动产生的现金流出的合计数。本项目应当根据本表中"偿还借款支付的现金""偿付利息支付的现金""支付的其他与筹资活动有关的现金"项目金额的合计数填列。

(9)"筹资活动产生的现金流量净额"项目，应当按照本表中"筹资活动的现金流入小计"项目金额减去"筹资活动的现金流出小计"金额后的金额填列；如为负数，以"一"填列。

▶ 4. 汇率变动对现金的影响额

"汇率变动对现金的影响额"项目反映单位本年外币现金流量折算为人民币时，所采用的现金流量发生日的汇率折算的人民币金额与外币现金流量净额按期末汇率折算的人民币金额之间的差额。

▶ 5. 现金净增加额

"现金净增加额"项目反映单位本年现金变动的净额，应当根据本表中"日常活动产生的现金流量净额""投资活动产生的现金流量净额""筹资活动产生的现金流量净额""汇率变动对现金的影响额"项目金额的合计数填列；如为负数，以"－"填列。

五、预算收入支出表的编审

预算收支出表是反映单位在一定会计期间运行情况的报表，格式如表 13-6 所示。

表 13-6　预算收入支出表　　　　　　　　会政预 01 表

编制单位　　　　　　　　　　年　　　　　　　　　　单位：元

项　　目	本　年　数	上　年　数
一、本年预算收入		
（一）财政拨款预算收入		
其中：政府性基金收入		
（二）事业预算收入		
（三）上级补助预算收入		
（四）附属单位上缴预算收入		
（五）经营预算收入		
（六）债务预算收入		
（七）非同级财政拨款预算收入		
（八）投资预算收益		
（九）其他预算收入		
其中：利息预算收入		
捐赠预算收入		
租金预算收入		
二、本年预算支出		
（一）行政支出		
（二）事业支出		
（三）经营支出		
（四）上缴上级支出		
（五）对附属单位补助支出		
（六）投资支出		
（七）债务还本支出		
（八）其他支出		
其中：利息支出		
捐赠支出		
三、本年预算收支差额		

预算收入支出表编制说明如下：

（1）本表反映单位在某一会计年度内各项预算收入、预算支出和预算收支差额的情况。

（2）本表"本年数"栏反映各项目的本年实际发生数。本表"上年数"栏反映各项目上年度的实际发生数，应当根据上年度预算收入支出表中"本年数"栏内所列数字填列。如果本年度预算收入支出表规定的项目的名称和内容与上年度不一致，应当对上年度预算收入支出表项目的名称和数字按照本年度的规定进行调整，将调整后金额填入本年度预算收入支出表的"上年数"栏。

预算收入支出表"本年数"栏各项目的内容和填列方法如下。

▶ 1. 本年预算收入

（1）"本年预算收入"项目，反映单位本年预算收入总额。本项目应当根据本表中"财政拨款预算收入""事业预算收入""上级补助收入""附属单位上缴预算收入""经营预算收入""债务预算收入""非同级财政拨款预算收入""投资预算收益""其他预算收入"项目金额的合计数填列。

（2）"财政拨款预算收入"项目，反映单位本年从同级政府财政部门取得的各类财政拨款。本项目应当根据"财政拨款欢预算收入"科目的本年发生额填列。

"政府性基金收入"项目，反映单位本年取得的财政拨款收入中属于政府性基金预算拨款的金额。本项目应当根据"财政拨款预算收入"相关明细科目的发生额填列。

（3）"事业预算收入"项目，反映事业单位本年开展专业业务活动及其辅助活动取得的预算收入。本项目应当根据"事业预算收入"科目的本年发生额填列。

（4）"上级补助预算收入"项目，反映事业单位本年从主管部门和上级单位取得的非财政补助预算收入。本项目应当根据"上级补助预算收入"科目的本年发生额填列。

（5）"附属单位上缴预算收入"项目，反映事业单位本年收到的独立核算的附属单位按照有关规定上缴的预算收入。本项目应当根据"附属单位上缴预算收入"科目的本年发生额填列。

（6）"经营预算收入"项目，反映事业单位本年在专业业务活动及其辅助活动之外开展非独立核算经营活动取得的预算收入。本项目应当根据"经营预算收入"科目的本年发生额填列。

（7）"债务预算收入"项目，反映事业单位本年按照规定从金融机构等借入的，纳入部门预算管理的债务预算收入。本项目应当根据"债务预算收入"的本年发生额填列。

（8）"非同级财政拨款预算收入"项目，反映单位本年从非同级政府财政部门取得的财政拨款。本项目应当根据"非同级财政拨款预算收入"科目的本年发生额填列。

（9）"投资预算收益"项目，反映事业单位本年取得的按规定纳入单位预算管理的投资收益。本项目应当根据"投资预算收益"的本年发生额填列。

（10）"其他预算收入"项目，反映单位本年取得的除上述收入以外的纳入单位预算管理的各项预算收入，本项目应当根据"其他预算收入"科目的本年发生额填列。

"利息预算收入"项目，反映单位本年取得的利息预算收入。本项目应当根据"其他预算收入"科目的明细记录分析填列。单位单设利息预算收入科目的，应当根据"利息预算收入"科目的本年发生额填列。

"捐赠预算收入"项目，反映单位本年取得的捐赠预算收入。本项目应当根据"其他预算收入"科目明细账记录分析填列。单位单设"捐赠预算收入"科目的，应当根据"捐赠预算收入"科目的本年发生额填列。

"租金预算收入"项目，反映单位本年预算支出总额。本项目应当根据本表中"其他预算收入"科目明细账记录分析填列。单位单设"租金预算收入"科目的，应当根据"租金预算收入"科目的本年发生额填列。

▶ 2. 本年预算支出

(1)"本年预算支出"项目，反映单位本年预算支出总额。本项目应当根据本表中"行政支出""事业支出""经营支出""上缴上级支出""对所属单位补助支出""投资支出""债务还本支出""其他支出"项目金额的合计数填列。

(2)"行政支出"项目，反映行政单位本年履行职责实际发生的支出。本项目应当根据"行政支出"科目的本年发生额填列。

(3)"事业支出"项目，反映事业单位本年开展专业业务活动及其辅助活动发生的支出。本项目应当根据"事业支出"科目的本年发生额填列。

(4)"经营支出"项目，反映事业单位本年在专业业务活动及其辅助活动之外开展非独立核算经营活动发生的支出。本项目应当根据"经营支出"科目的发生额填列。

(5)"上缴上级支出"项目，反映事业单位本年按照财政部门和主管部门规定上缴上级单位的支出。本项目应当根据"上缴上级支出"科目的本年发生额填列。

(6)"对附属单位补助支出"项目，反映事业单位本年财政拨款收入之外的收入对附属单位补助发生的支出。本项目应当根据"对附属单位补助支出"科目的本年发生额填列。

(7)"投资支出"项目，反映事业单位本年以货币资金对外投资发生的支出。本项目应当根据"投资支出"科目的本年发生额填列。

(8)"债务还本支出"项目，反映事业单位本年偿还自身承担的纳入预算管理的从金融机构举措的债务本金的支出。本项目应当根据"债务还本支出"科目的本年发生额填列。

(9)"其他支出"项目，反映单位本年除以上支出以外的各项支出。本项目应当根据"其他支出"科目的本年发生额填列。

"利息支出"项目，反映单位本年发生的利息支出。本项目应当根据"其他支出"科目明细账记录分析填列。单位单设"利息支出"科目的，应当根据"利息支出"科目的本年发生额填列。

"捐赠支出"项目，反映单位本年发生的捐赠支出，本项目应当根据"其他支出"科目明细账记录分析填列。单位单设"捐赠支出"科目的，应当根据"捐赠支出"科目的本年发生额填列。

▶ 3. 本年预算收支差额

"本年预算收支差额"项目，反映单位本年各项预算收支相抵后的差额，本项目应当根据表中"本期预算收入"项目金额减去"本期预算支出"项目金额填列，如相减后金额为负数，以"－"填列。

六、预算结转结余变动表

预算结转结余变动表是反映单位财政拨款结转结余和其他资金结转结余及其变化情况的报表，格式如表 13-7 所示。

表 13-7　预算结转结余变动表　　　　　　　　会政预 02 表

编制单位　　　　　　　　　　　　年　　　　　　　　　　　　单位：元

项　　　目	本 年 数	上 年 数
一、年初预算结转结余		
（一）财政拨款结转结余		
（二）其他资金结转结余		
二、年初余额调整（减少以"－"填列）		
（一）财政拨款结转结余		
（二）其他资金结转结余		
三、本年变动金额（减少以"－"填列）		
（一）财政拨款结转结余		
1. 本年收支差额		
2. 归集调入		
3. 归集上缴或调出		
（二）其他资金结转结余		
1. 本年收支差额		
2. 缴回资金		
3. 使用结转结余		
4. 支付所得税		
四、年末预算结转结余		
（一）财政拨款结转结余		
1. 财政拨款结转		
2. 财政拨款结余		
（二）其他资金结转结余		
1. 非财政拨款结转		
2. 非财政拨款结余		
3. 专用结余		
4. 经营结余（如有余额，以"－"填列）		

预算结转结余变动表编制说明如下。

（1）本表反映单位在某一会计年度内预算结转结余的变动情况。

（2）本表"本年数"栏反映各项目的本年实际发生数。本表"上年数"栏反映各项目的实际发生数，应当根据上年度预算结转结余变动表中"本年数"栏填列。如果本年度预算结转结余变动表规定的项目的名称和内容与上年度不一致，应当对上年度预算结转结余变动表项目的名称和数字按照本年度的规定进行调整，调整后的金额填入本年度预算结转结余变动表的"上年数"栏。

（3）本表中"年末预算结转结余"项目金额等于"年初预算结转结余""年初余额调整""本年变动金额"三个项目的合计数。

预算结转结余变动表"本年数"栏各项目的内容和填制方法如下。

▶ 1. "年初预算结转结余"项目

"年初预算结转结余"项目，反映单位成本预算结转结余的年初余额。本项目应当根据本项目下"财政拨款结转结余""其他资金结转结余"项目金额的合计数填列。

（1）"财政拨款结转结余"项目，反映单位本年财政拨款结转结余资金的年初余额。本项目应当根据"财政拨款结转""财政拨款结余"科目本年年初余额合计数填列。

（2）"其他资金结转结余"项目，反映单位本年其他资金结转结余的年初余额。本项目应当根据"非财政拨款结转""非财政拨款结余""专用结余""经营结余"科目本年年初余额的合计数填列。

▶ 2. "年初余额调整"项目

"年初余额调整"项目，反映单位本年预算结转结余年初余额调整的金额。本项目应当根据本项目下"财政拨款结转结余""其他资金结转结余"项目金额的合计数填列。

（1）"财政拨款结转结余"项目，反映单位本年财政拨款结转资金的年初余额调整金额。本项目应当根据"财政拨款结转""财政拨款结余"科目下"年初余额调整"明细科目的本年发生额的合计数填列；如调整减少年初财政拨款结转结余，以"一"填列。

（2）"其他资金结转结余"项目，反映单位本年其他资金结转结余的年初余额调整金额。本项目应当根据"非财政拨款结转""非财政拨款结余"科目下"年初余额调整"明细科目的本年发生额的合计数填列；如调整减少年初其他资金结转结余，以"一"填列。

▶ 3. "本年变动金额"项目

"本年变动金额"项目，反映单位本年预算结转结余变动的金额。本项目应当根据本项目下"财政拨款结转结余""其他资金结转结余"项目金额的合计数填列。

（1）"财政拨款结转结余"项目，反映单位本年财政拨款结转结余资金的变动。本项目应当根据本项目下"本年收支差额""归集调入""归集上缴或调出"项目金额的合计数填列。

① "本年收支差额"项目，反映单位本年财政拨款资金收支相抵后的差额。本项目应当根据"财政拨款结转"科目下"本年收支结转"明细科目本年转入的预算收入与预算支出的差额填列；差额为负数的，以"一"填列。

② "归集调入"项目，反映单位本年按照规定从其他单位调入的财政拨款结转资金。本项目应当根据"财政拨款结转"科目下"归集调入"科目的本年发生额填列。

③ "归集上缴或调出"项目，反映单位本年按照规定上缴的财政拨款结转结余资金及按照规定向其他单位调出的财政拨款结转结余资金。本项目应当根据"财政拨款结转""财政拨款结余"科目下"归集上缴"明细科目，以及"财政拨款结转"科目下"归集调出"明细科目本年发生额的合计数填列，以"一"填列。

（2）"其他资金结转结余"项目，反映单位本年其他资金结转结余的变动。本项目应当根据本项目下"本年收支差额""缴回资金""使用专用结余""支付所得税"项目金额的合计数填列。

① "本年收支差额"项目，反映单位本年除财政拨款外的其他资金收支相抵后的差额。本项目应当根据"非财政拨款结转"科目下"本年收支结转"明细科目、"其他结余"科目、"经营结余"科目本年转入的预算收入与预算支出的差额的合计数填列；如为负数，以"一"填列。

② "缴回资金"项目，反映单位本年按照规定缴回的非财政拨款结转资金。本项目应当根据"非财政拨款结转"科目下"缴回资金"明细科目本年发生额的合计数填列，以"一"填列。

③"使用专用结余"项目，反映本年事业单位根据规定使用从非财政拨款结余或经营结余中提取的专用基金的金额。本项目应当根据"专用结余"科目明细账中本年使用专用结余业务的发生额填列，以"一"填列。

④"支付所得税"项目，反映有企业所得税缴纳义务的事业单位本年实际缴纳的企业所得税金额。本项目应当根据"非财政拨款结余"明细账中本年实际缴纳企业所得税的发生额填列，以"一"填列。

▶ 4."年末预算结转结余"项目

(1)"财政拨款结转结余"项目，反映单位本年财政拨款结转结余的年末余额。本项目应当根据本项目下"财政拨款结转""财政拨款结余"项目金额的合计数填列。

本项目下"财政拨款结转""财政拨款结余"项目，应当分别根据"财政拨款结转""财政拨款结余"科目的本年年末余额填列。

(2)"其他资金结转结余"项目，反映单位本年其他资金结转结余的年末余额。本项目根据本项目下"非财政拨款结转""非财政拨款结余""专用结余""经营结余"项目金额的合计数填列。

本项目下"非财政拨款结转""非财政拨款结余""专用结余""经营结余"项目，应当分别根据"非财政拨款结转""非财政拨款结余""专用结余""经营结余"科目的本年年末余额填列。

七、财政拨款预算收入支出表

财政拨款预算收入支出表是反映单位本年财政拨款预算资金收入、支出及相关变动的报表，格式如表 13-8 所示。

表 13-8　财政拨款预算收入支出表　　　　　　会政预算 03 表

编制单位　　　　　　　　　　年　　　　　　　　　　单位：元

项　　　目	年初财政拨款结转结余		调整年初财政拨款结转结余	本年归集调入	本年归集上缴或调出	单位内部调剂		本年财政拨款收入	本年财政拨款支出	年末财政拨款结转结余	
	结转	结余				结转	结余			结转	结余
一、一般公共预算财政拨款											
(一)基本支出											
1. 人员经费											
2. 日常公用经费											
(二)项目支出											
1. ××项目											
2. ××项目											
……											
二、政府性基金预算财政拨款											
(一)基本支出											
1. 人员经费											
2. 日常公用经费											

续表

项　　目	年初财政拨款结转结余		调整年初财政拨款结转结余	本年归集调入	本年归集上缴或调出	单位内部调剂		本年财政拨款收入	本年财政拨款支出	年末财政拨款结转结余	
	结转	结余				结转	结余			结转	结余
(二)项目支出											
1.××项目											
2.××项目											
……											
总计											

财政拨款预算收入支出表编制说明如下。

(1)本表反映单位本年财政拨款预算资金收入、支出及相关具体情况。

(2)本表各项目应根据各单位取得财政拨款的分项设置。其中"项目支出"项目下根据每个项目设置单位取得的除一般公共财政拨款预算和政府基金预算拨款以外的其他财政拨款的,应当按照财政拨款种类增加相应的资金项目及其他明细项目。

财政拨款预算收入表各栏及其对应项目的内容和填列方法如下。

(1)"年初财政拨款结转结余"栏中各项目,反映单位年初各项财政拨款结转结余的金额。各项目应当根据"财政拨款结转""财政拨款结余"及其明细科目的年初余额填列。本栏中各项目的数额应当与上年度财政拨款预算收入支出表中"年末财政拨款结转结余"栏中各项目的数额相等。

(2)"调整年初财政拨款结转结余"栏中各项目,反映单位对年初财政拨款结转结余的调整金额。各项目应当根据"财政拨款结转""财政拨款结余"科目下"年初余额调整"明细科目及其所属明细科目的本年发生额填列;如调整减少年初财政拨款结转结余,以"-"填列。

(3)"本年归集调入"栏中各项目,反映单位本年按规定从其他单位调入的财政拨款结转资金金额。各项目应当根据"财政拨款结转"科目下"归集调入"明细科目及其所属明细科目的本年发生额填列。

(4)"本年归集上缴或调出"栏中各项目,反映单位成本按规定实际上缴的财政拨款结转结余资金,及按照规定向其他单位调出的财政拨款结转资金金额。各项目应当根据"财政拨款结转""财政拨款结余"科目下"归集上缴"科目和"财政拨款结转"科目下"归集调出"明细科目,及其所属明细科目的本年发生额填列,以"-"填列。

(5)"单位内部调剂"栏中各项目,反映单位本年财政拨款结转结余资金在单位内部不同项目之间的调剂金额。各项目应当根据"财政拨款结转"和"财政拨款结余"科目下的"单位内部调剂"明细科目及其所属明细科目的本年发生额填列;对单位内部调剂减少的财政拨款结余金额,以"-"填列。

(6)"本年财政拨款收入"栏中各项目,反映单位本年从同级财政部门取得的各类财政预算拨款金额。各项目应当根据"财政拨款预算收入"科目及其所属明细科目的本年发生额填列。

(7)"本年财政拨款支出"栏中各项目,反映单位年末财政拨款结转结余的金额。各项目应当根据"财政拨款结转""财政拨款结余"科目及其所属明细科目的年末余额填列。

八、附注

附注是对在会计报表中列示的项目所做的进一步说明，以及对未能在会计报表中列示项目的说明。附注是财务报表的重要组成部分。凡是对报表使用者的决策有重要影响的会计信息，不论本制度是否有明确规定，单位均应当充分披露。

附注主要包括下列内容。

（1）单位的基本情况，包括单位主要职能、主要业务活动、所在地、预算管理关系等。

（2）会计报表编制基础。

（3）遵循政府会计准则、制度的声明。

（4）重要会计政策和会计估计。单位应当采用与其他业务特点相适应的具体会计政策，并充分披露报告期内采用的重要会计政策和会计估计，主要包括以下内容。

① 会计期间。

② 记账本位币，外币折算汇率。

③ 坏账准备的计提方法。

④ 存货类别、发出存货的计价方法、存货的盘存制度，以及低值易耗品和包装物的摊销方法。

⑤ 长期股权投资的核算方法。

⑥ 固定资产分类、折旧方法折旧年限和年折旧率；融资租入固定资产的计价和折旧方法。

⑦ 无形资产的计价方法；使用寿命有限的无形资产，其使用寿命估计情况；使用寿命不确定的无形资产，其使用寿命不确定的判断依据；单位内部研究开发项目划分研究阶段和开发阶段的具体标准。

⑧ 公共基础设施的分类、折旧（摊销）方法、折旧（摊销）年限，以及其确定依据。

⑨ 政府储备物资分类，以及确定其发出成本所采用的方法。

⑩ 保障性住房的分类、折旧方法、折旧年限。

⑪ 其他重要的会计政策和会计估计。

⑫ 本期发生重要会计政策和会计估计变更的，变更的内容和原因。受其重要影响的报表项目名称和金额、相关审批程序，以及会计估计变更开始适用的时点。

（5）会计报表重要项目说明。单位应当按照资产负债表和收入费用项目列示顺序，采用文字和数据描述相结合的方式披露重要项目的明细信息。报表重要项目的明细金额合计，应当与报表项目金额相衔接。

复习思考题

1. 政府会计报表的种类有哪些？

2. 政府会计资产负债表、收入费用表、财政拨款预算收入支出表的编制方法是什么？

参 考 文 献

[1] 王庆成，王彦. 政府与事业单位会计 [M]. 3 版. 北京：中国人民大学出版社，2009.
[2] 王合喜. 政府与事业单位会计[M]. 北京：中国财政经济出版社，2013.
[3] 财政部. 政府会计制度(2018 版)[S].
[4] 财政部. 财政总预算会计制度(2015 版)[S].
[5] 财政部. 中华人民共和国预算法(2017 版)[S].

教师服务

感谢您选用清华大学出版社的教材！为了更好地服务教学，我们为授课教师提供本书的教学辅助资源，以及本学科重点教材信息。请您扫码获取。

➤➤ 教辅获取

本书教辅资源，授课教师扫码获取

➤➤ 样书赠送

会计学类重点教材，教师扫码获取样书

 清华大学出版社

E-mail: tupfuwu@163.com
电话：010-83470332 / 83470142
地址：北京市海淀区双清路学研大厦 B 座 509

网址：http://www.tup.com.cn/
传真：8610-83470107
邮编：100084